불교 공부, 그 시행착오를 없애는

송강 스님의 백문백답

송강 스님

_BBS 불교방송 『자비의 전화』 진행
_BTN 불교방송 『송강 스님의 기초교리 강좌』 진행
_불교신문 『마음으로 보기』 연재
_現 서울 강서 개화사 주지

책을 펴내며

종교만큼 타인에게 전달하기 어려운 것이 없을 것입니다. 왜냐하면 언제나 체험이 따라야 하고 또한 영혼의 울림이 필요하기 때문입니다. 더구나 제 스스로가 글솜씨 없음을 잘 알고 있었기에, 글을 써 달라는 부탁을 수없이 거절해 왔습니다. 그러면서 점차 마음의 빚이 되었습니다.

2007년 송년을 앞두고 불교신문사로부터 원고 청탁을 받고는 더 이상 빚이 되기 싫어 허락을 했고, 2년간 글을 썼습니다. 어눌한 글임에도 공감하는 분들이 있었고, 주위에서 출판을 권유하기에 용기를 내어 책으로 만들었습니다.

대부분의 내용은 익숙한 것입니다. 그러나 또 대부분 잘못 이해하고 있는 경우가 많은 것이기도 합니다. 그런 것들을 바로 알려드렸으면 하는 제 바람을 담았습니다.

자기 삶을 사랑하시는 분들에게 선물로 드리고 싶습니다. 제 모자라는 글을 통해 좀 더 자신을 사랑할 수 있게 된다면, 그래서 모든 이들에게 그 향기가 전해질 수 있다면 참으로 기쁘겠습니다. 행여 잘못 표현된 점이 있다면 전적으로 저의 잘못이니 질책해 주시기 바랍니다.

2011년 신묘년 정초에 개화산 자락에서
時雨 松江 合掌

목 차

佛 _부처님의 향기

001_ 부처님의 생애를 잘 몰라도 되는가 13
002_ 연꽃이 땅에서 솟았다는 뜻은 16
003_ 유아독존의 참뜻은 무엇인가 19
004_ 출가재일과 열반재일은 어떤 날인가 22
005_ 부처님 항마를 어떻게 이해해야 하나 25
006_ 별을 보고 깨달았다는 뜻이 무엇인가 28
007_ 성불을 어떻게 이해하면 좋은가 31
008_ 부처님은 이적을 행하지 않았는가 34
009_ 석가모니부처님은 채식주의자이셨나 37
010_ 부처님을 왜 세 가지 몸으로 설명하는가 40
011_ 지금이 미륵불의 시대인가 43
012_ 적멸보궁은 왜 불단이 비어있나 46

法 _가르침의 빛

013_ 부처님의 가르침을 왜 법륜이라고 하나 51
014_ 업장은 무엇이며 어떻게 소멸시키나 54

015_ 유마의 침묵은 다른 설법보다 훌륭한가　57
016_ 십악업 중에 구업이 가장 많은 이유는　60
017_ 중중무진법계가 무엇인가　63
018_ 원만구족이란 어떤 상태를 가리키나　66
019_ 깨달음이 언어도단이면 경전은 왜 있는가　69
020_ 유통되는 금강경이 왜 서로 다른가　72
021_ 지장경과 지옥설은 부처님 말씀이 아닌가　75
022_ 공과 제법실상은 모순되는 것 아닌가　78
023_ 불교에서 왜 '없다'고 표현하는가　81
024_ 직관이 무엇인가　84
025_ 서유기에서 세 제자는 무엇을 뜻하는가　87
026_ 어떤 것이 바른 방편인가　90

僧 _스님들의 삶

027_ 왜 스님들은 고행을 택하는가　95
028_ 스님은 혼자 삭발하지 못하는가　98
029_ 속인이라는 표현은 무엇을 뜻하나　101
030_ 이판과 사판이 무엇인가　104
031_ 주지스님의 역할은 무엇인가　108
032_ 해제를 하면 스님들은 무엇을 하는가　111
033_ 출가한 스님들이 왜 속명을 쓰나　114

034_ 깨달은 분도 개인적인 비통함이 있나 117
035_ 의발이 바위에 붙었다는 뜻은 120
036_ 왜 운문스님은 싯다르타를 쳤을 것이라고 했나 123
037_ 먹은 물고기를 되살렸다는 뜻은 126

修 _깨달음의 길

038_ 출가해야만 해탈할 수 있나 131
039_ 효과적인 수행의 요건이 있는가 134
040_ 공부를 어떻게 하는 것이 효과적인가 137
041_ 견문각지란 무엇을 뜻하나 140
042_ 기초교리 다음엔 무엇을 공부하나 143
043_ 교학 연구는 수행에 방해되나 146
044_ 일없이 한가롭다는 것이 무슨 뜻인가 149
045_ 해탈의 세계가 정말 있나 152
046_ 무애자재란 어떤 경지인가 155
047_ 깨달음은 비밀리에 전해지는 것인가 158
048_ 평상심이 도라면 왜 수행이 필요한가 161
049_ 화두에 병통이 있다는 말이 무슨 뜻인가 164
050_ 소를 찾는다는 것이 무엇을 뜻하나 167
051_ 인가라는 것이 무엇인가 170
052_ 증상만인은 어떤 사람을 가리키나 173

053_ 감정을 드러내는 치료도 있는가 176
054_ 불교중흥은 어떻게 하는 것인가 179
055_ 생사가 없는 세계란 어떤 것인가 182

信 _신행적인 삶

056_ 어떻게 방생하는 것이 좋은가 187
057_ 불행을 기도로 극복할 수 있는가 190
058_ 기복하는 행위는 불법에 어긋나 193
059_ 등을 밝히는 뜻이 무엇인가 196
060_ 권선이란 어떻게 하는 것인가 199
061_ 영험한 도량이 따로 있는가 202
062_ 신행에 적합한 장소가 따로 있는가 205
063_ 관세음보살은 왜 특이한 모습인가 208
064_ 입춘기도를 어떻게 이해하면 좋은가 211
065_ 삼재풀이는 어떻게 하나 214
066_ 생전예수재는 왜 하는가 217
067_ 절에서 제사를 모실 때 왜 집에서와 다른가 220
068_ 기재를 되풀이하는 이유가 무엇인가 223
069_ 동지불공이 불교적인 것인가 226
070_ 입시기도가 부처님 가르침에 맞는가 229
071_ 성지순례는 어떤 마음으로 하나 232

慧 _지혜로운 생활

072_ 정해진 운세라는 것이 있는가 237
073_ 잘 살려는 것은 무소유에 위배되나 240
074_ 왜 무심한 사람이 되라 하나 243
075_ 기도로도 병이 나을 수 있는가 247
076_ 종교를 바꾸면 벌을 받나 250
077_ 윤회한다는 것을 어떻게 알 수 있나 253
078_ 연기법을 현실에선 어떻게 살필 수 있나 256
079_ 파계하면 벌을 받게 되는가 259
080_ 절에서도 아이들을 키우나 262
081_ 업경대를 어떻게 이해해야 하나 265
082_ 청소년들의 범죄에 어떤 인과가 있나 268
083_ 불만은 어떻게 다스려야 하나 271
084_ 성형으로 운명을 바꿀 수 있는가 274

世 _세상과 소통하기

085_ 사람의 본성은 선과 악 어디에 속하나 279
086_ 화합하기 위해선 어떻게 해야 하나 282
087_ 왜 선행을 감추어야 하는가 285

*088*_ 불교를 금욕주의로 봐도 되는가 289

*089*_ 불교에서 욕망을 어떻게 보나 292

*090*_ 경쟁사회에서 인욕은 손해 아닌가 295

*091*_ 성탄과 성직은 특정 종교에만 있는가 298

*092*_ 선의 화두와 언론의 화두는 같은가 302

*093*_ 정치적 중도와 불교의 중도는 같은가 305

*094*_ 불교에서는 자살을 어떻게 보나 308

*095*_ 불교에는 순교자가 없는가 311

*096*_ 경전에서 옮긴 우화가 많은가 314

*097*_ 나치문양이 왜 卍자와 비슷한가 317

*098*_ 세상이 고해라면 행복은 불가능하지 않은가 320

*099*_ 왜 삼계를 불타는 집이라고 하나 323

*100*_ 불국정토 발원은 불교국가를 원함인가 326

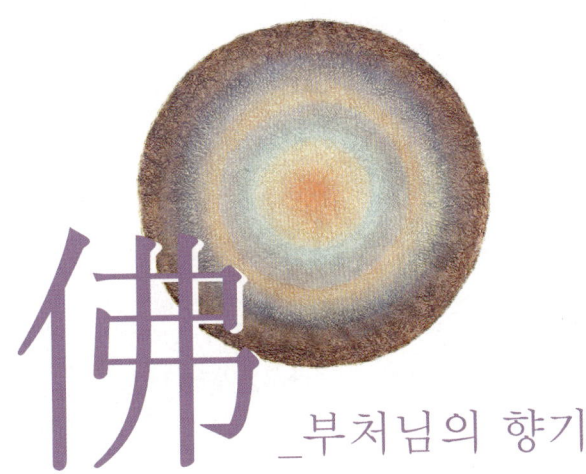

佛 _부처님의 향기

부처님의 생애를 잘 몰라도 되는가?

問 : 다른 종교에서는 가르침을 설하신 분들의 생애에 대한 공부를 많이 하는 것으로 알고 있습니다. 그런데 불교에서는 부처님의 가르침을 중시하면서 부처님의 생애에 대한 교육은 별로 없는 듯합니다. 부처님의 생애를 몰라도 되는 것인지요.

答 : 불자가 석가모니부처님의 생애를 공부하는 것은 당연한 것이겠지요. 부처님의 생애를 정확하게 알고 있어야 바르게 수행할 수 있습니다. 그러므로 출가자나 재가자나 부처님의 일대기를 항상 가까이하면서 거울로 삼아야 할 것입니다.

질문에서 드러나듯이 부처님의 생애를 집중적으로 가르치는 경우가 흔한 것은 아닙니다. 오히려 훨씬 어려운 전문 경전은 가르치면서도 부처님의 생애는 혼자서 공부할 수 있는 기초적인 것으로 생각하는 것 같습니다. 그러나 부처님 일대기는 성불 이후에 교화한 내용이 대부분이라 해도 지나친 말이 아닙니다. 다시 말해 법문한 내용과 자비행이 대부분인 셈이니, 결코 기초적인 것이라 할 수가 없는 것입니다. 오히려 현실적으로 만날 수 있는 갖가지 상황에 최적의 답을 찾을 수 있는 가장 좋은 안내서인 셈입니다.

그러나 저 자신도 출가해서 지금까지 제도적으로는 부처님의 전 생애를 교육받은 일이 없습니다. 스님들의 교학 연구 과정에 부처님 일대기는 교재로 채택하고 있지 않기 때문이지요. 어린 시절에 읽었던 부처님 일대기인 『팔상록』이 출가로 이어지는 계기가 되었음에도, 출가 후에 부처님의 생애에 대한 전문적인 교육을 받을 수 없는 것이 이상했습니다. 그래서 개인적으로 모든 기록을 찾아 수없이 부처님의 발자취를 따라가 보았습니다. 부처님의 생애를 따라가면 먼지를 뒤집어쓴 부처님을 만날 수 있습니다. 땀을 뻘뻘 흘리시는 부처님의 모습도 볼 수 있지요. 모든 중생의 아버지인 모습도 만날 수 있고, 모든 생명의 어머니인 모습도 볼 수 있습니다. 경전에서 제시하는 모든 보살의 모습이 석가모니부처님의 분신인 것을 알 수 있습니다.

불교는 석가모니부처님의 깨달음에서 시작되며, 경은 부처님께서 사람들을 만나 말씀하신 내용을 모아 놓은 것입니다. 그렇기 때문에 경을 공부한다는 것은 부처님께서 우리에게 깨닫게 하시려고 했던 내용이니 만큼 중시하는 것이 당연하지요. 그런데 석가모니부처님의 생애에 대해 자세한 내용을 모른 채 가르침만을 중시하는 공부를 하다 보면 부처님의 인간적인 향기를 느끼기가 좀 어려워집니다. 그래서 곧잘 다른 종교의 절대적 중심인 신처럼 생각하기도 하는 것이지요. 그래서 부처님의 발자취를 따라갈 생각을 하지 않게 되나 봅니다.

경을 통해 공부하는 사람은 어느 순간 큰 법열을 느낄 수 있습니다. 그러나 그 법열을 느낄 수 있을 때까지 노력하는 것이 쉬운 것이 아닙니다. 그래서 불교는 어렵다는 말을 하게 되는 것이지요. 또 경전의 내용은 좋지만 비현실적이라는 말들도 합니다. 그것은 아마도 가르침 자체만 논리적으로 전개하기 때문일 것입니다. 반면에 부처님의 생애를 따라가노라면, 자신이 끊임없이 번민했던 바로 그 갈등의 모습이 보이고, 그 갈등에서 벗어나려는 여러 가지의 노력도 전개되며, 수행과정에서 겪는 각종 문제도 나오고, 이윽고 깨달음의 법열도 느껴지며, 한없이 펼쳐지는 부처님의 자비를 목격할 수 있습니다. 그리고 그 자비의 손길이 바로 우리 주변의 모든 사람들의 모습을 향하고 있음을 알게 됩니다.

불교가 어떤 종교인지 그리고 부처님의 제자가 어떻게 살아야 하는지를 가장 현실적으로 가르쳐 주는 교본은 바로 부처님의 일대기입니다.

연꽃이 땅에서 솟았다는 뜻은?

問 : 부처님의 일대기에는 부처님께서 태어나시자 사방 일곱 걸음을 걸었고, 그때 땅에서 연꽃이 솟아 태자의 발을 받쳤다고 했습니다. 또 다른 곳에서는 부처님께서 성불하신 후 중생제도를 하실 때에도 땅에서 연꽃이 솟아 부처님의 발을 받쳤다고 하였습니다. 쉽게 납득할 수 없는 이 얘기를 왜 하게 된 것입니까?

答 : 질문한 내용과 비슷한 기록을 많은 경전에서 접할 수 있습니다. 이렇게 수없이 그 내용이 등장하는 것은 매우 중요한 의미가 있는 것이지요.

연꽃이라고 하면 불교를 상징하는 꽃이라고 알고 있을 것입니다. 또 연꽃이 진흙탕에 뿌리를 내리고 탁한 물에서 잘 자라고 있다는 것도 알 것입니다. 바로 이 특징 때문에 부처님께서는 연꽃을 비유로 들어 설명한 것이지요.

연꽃은 우리의 모습입니다. 대부분의 사람들은 세상이 참 거칠고 더러운 곳이라고 생각하지만, 그럼에도 불구하고 대부분의 사람들은 양심을 지키며 꼿꼿하게 성장하고 아름답게 살아갑니다. 그것을 연꽃이 진흙탕과 더러운 물에 있음에도 썩지 않고 잘 자라서 아름다운 꽃을 피우는 것으로써 비유한 것이지요. 불교에서는 이를 두고 우리의 본래 모습이 청정하여 더러움에 물들지 않는다고도 표현합니다.

그런데 맨땅에 연꽃이 솟아 발을 받쳤다는 것은 이해하기가 쉽지 않은 상징입니다.

연꽃은 불교의 궁극적 행복의 세계인 연화장세계(蓮華藏世界)를 뜻합니다. 그런데 이 연화장세계란 사실 따로 어떤 공간을 차지하고 있는 별도의 세계가 아닙니다. 그것은 부처님께서 걸어 다니셨던 인도의 땅처럼, 먼지 풀풀 날리는 뜨겁게 달아오른 거친 대지에 숨어 있는 것이지요. 그러나 사실 땅이 그렇게 보이는 것은 땅의 겉모습일 뿐입니다.

마치 우리의 거친 감정이 제멋대로 난무하는 그런 현상만을 보는 것과 같은 것입니다.

대지는 모든 것을 수용할 수 있습니다. 그래서 일체의 생명이 그 대지로부터 솟아나는 것이지요. 바로 대지는 우리의 마음입니다. 하지만 일반 사람들은 마음의 참모습이 아닌 거칠게 요동치는 감정을 마음이라고 보기 때문에, 연꽃이 땅에서 솟아나 발을 받치는 것을 보기 어려운 것입니다.

부처님이 걸을 때마다 땅에서 연꽃이 솟아 발을 받쳤다는 것은 곧 부처님이 이르신 곳마다 불국정토를 구현하셨다는 뜻입니다. 그러나 그 연꽃은 스스로의 마음에 연꽃을 피운 사람에게만 보입니다. 부처님의 가르침을 널리 펴서 사람들을 정토에 들게 하려고 노력하는 사람만이 그 연꽃을 볼 수 있는 것이지요.

부처님의 가르침을 펴 불국정토를 구현하려 노력하는 사람은 자신을 버리지 않으면 안됩니다. 그것은 심청이 아버지를 위해 거친 바닷물에 자신을 던지는 것과 같은 것이지요. 심청은 죽었다고 생각한 바로 그 순간 생명의 근원자리인 용궁에 이르러 어머니를 만나게 됩니다. 뿐만 아니라 다시 이 현실 속으로 돌아올 때엔 거칠었던 그 바다가 이미 고요하게 되고, 심청 또한 이미 연꽃 안의 사람이 되는 것이지요.

이윽고 심청은 눈먼 이들을 위해 잔치를 베풀고, 그들로 하여금 눈을 떠 광명의 세계를 보게 합니다.

부처님이 그러셨듯이, 스스로도 깨닫고 또 남도 깨닫게 하려는 원력을 실천하는 이라면, 틀림없이 걸음걸음 연꽃이 솟아 그 사람의 발을 받칠 것입니다.

유아독존의
참뜻은 무엇인가?

問 : 석가모니부처님께서는 탄생하셨을 때 사방 일곱 걸음을 걷고는 '천상천하유아독존' 이라고 하셨다는데, 이때의 유아독존이라는 표현은 다른 종교의 유일신과 같은 개념이 아닌지요? 그리고 아만에 가득 찬 사람을 표현할 때도 "유아독존적이다"고 표현하는데, 어떻게 받아들여야 할까요.

答 : 질문한 내용은 『수행본기경』에 나오는 「천상천하 유아독존 삼계개고 아당안지(天上天下 唯我獨尊 三界皆苦 我當安之)」라는 구절의 앞부분입니다. 이 전체문장은 "천상에서나 땅에서나 나 홀로 존귀하다. 온 세상이 모두 고통에 잠겨 있으니 내 마땅히 이를 편안케 하리라."는 뜻이

됩니다. 문장의 표현을 일반적 지식으로 해석하면「이 세상에서 오직 나만이 절대적인 신과 같은 존재이다. 그러므로 고통에 빠진 모든 생명들을 내가 구원해서 편안케 해 주겠노라.」하고 풀이할 수도 있을 것입니다. 이렇게 해석할 경우에는 마치 부처님이 스스로를 신격화한 것처럼 느껴지고, 다른 사람들의 입장에서 보면 아만만 가득한 듯 보일 수도 있을 것입니다. 그러나 부처님의 가르침에 따라 열린 마음으로 이 문장을 해석하면 전혀 다른 뜻이 됩니다.

'천상천하'에서 천상(天上)은 신 중심의 세상입니다. 당시 인도는 바라문들이 만들어 낸 수많은 신들이 주관하는 세상이었습니다. 부처님께서는 이것을 타파하셨습니다. 내 삶의 주체는 신(神)이 아니라 바로 나 자신이라는 것이지요. 또한 땅(天下)에서는 개개인의 존엄성이 인정된 것이 아니라 바라문들이 정해 버린 타고난 신분과 운명의 굴레만이 있었습니다. 부처님은 이 신분과 운명의 굴레도 타파해 버립니다. 나의 진짜 모습은 신분과 운명에 갇힌 부자유의 '나'가 아니라 절대자유의 '나'라는 것입니다. 물론 이때의 '나'는 모든 존재들 본체로서의 '나'인 것이고, 육체적 감정적으로 제한된 한 개체만을 가리키는 것이 아니며, 당연히 싯다르타만을 가리킨 것도 아닙니다. 이 '나'를 가리키는 불교용어는 진여·불성·자성·본각·한 물건·이것 등 매우 많습니다.

싯다르타는 바로 이 '나'를 깨닫게 됩니다. 그로부터 붓다·여래·세존·

석가모니 등으로 존칭 되는 것이지요. 석가모니부처님은 일체의 허상을 깨뜨려버리고 스스로가 본래 자유라는 것과 세상이 본래 고요하고 평화로운 것임을 깨달으신 것입니다.

문제는 바로 우리 스스로가 석가모니부처님처럼 깨닫지를 못하고 스스로가 만드는 허깨비 같은 망상으로 인해 고통이 있는 것처럼 느낀다는 것이지요. 부처님께서는 이 사실을 너무나 잘 아셨기에 모든 생명이 당신처럼 깨달음에 이르러 편안해지길 바라신 것입니다. 그래서 부처님의 삶은 모든 이들이 그 사실을 깨닫도록 처방하고 치료하는데 바쳐집니다. 이것이 문장 뒷부분 말씀의 뜻입니다.

경에서 표현한 바로는 싯다르타가 사방 일곱 걸음을 걷고 난 뒤에 위의 구절을 말한 것으로 되어 있습니다. 여섯 걸음까지는 아직도 어리석음의 세계에서 헤매는 육도윤회를 상징하는 것이며, 일곱 번째 걸음은 깨달음을 상징합니다. 일곱 걸음을 걷고 난 뒤에 말씀하셨다는 것은 곧 깨달은 뒤의 가르침과 자비를 함축하는 내용임을 뜻합니다. 그러니 '갓난아기가 어떻게 걷고 어떻게 말을 할 수 있느냐'고 따지는 것은 이 문장의 상징성을 모르거나 모른 체하는 것일 뿐입니다.

열린 마음으로 볼 때에만 진실을 알 수 있습니다. 특히 불교의 언어는 그 말을 해석하는 사람의 정신적인 경지를 여실히 드러냅니다. 단순한 말장난으로 삶을 낭비하는 것보다는 마음의 눈을 뜰 수 있도록 노력해야겠습니다.

출가재일과 열반재일은
어떤 날인가?

問 : 불교의 4대 봉축일 중에 출가재일과 열반재일은 어떤 의미를 갖는지 알고 싶습니다. 그리고 어떤 특별한 행사가 있는지요?

答 : 우리나라 불교계의 현대사를 보면 전통적으로 탄신일인 사월 초파일을 대중적으로 봉축했고, 성도재일은 스님들의 용맹정진으로 대신했으며, 출가재일과 열반재일은 특별한 봉축법회가 없었습니다. 그러다가 십수 년 전에 조계종단에서 출가재일인 음력 이월 초파일에서 열반재일인 음력 이월 보름까지의 팔일 간을 '불교도경건주간' 이라고 하여 전국의 사찰에서 일제히 특별법회를 봉행케 되었습니다. 최근에 와서는 종단적인 행사로는 특별한 것이 없지만, 팔

일 간의 특별기도와 수계 등을 봉행하는 사찰이 많이 있는 것으로 알고 있습니다.

출가재일은 고타마 싯다르타가 수행자의 삶으로 전환한 날이라는 점에서 큰 의미를 갖습니다.

석가모니부처님이 역사상 가장 위대한 스승이시지만, 태어나면서부터의 삶이 그렇다는 것이 아닙니다. 그의 앞에는 두 갈래의 길이 있었습니다. 하나는 위대한 통치자의 길인 전륜성왕의 길이었고, 하나는 모든 것을 버리고 출가자가 되는 길이었습니다. 싯다르타는 출가의 길을 선택합니다. 출가라는 과정을 거쳐 범부의 삶에서 수행자의 삶으로 전환하게 되고, 수행자의 정진하는 삶을 거쳐 이윽고 성도(成道)를 하게 됩니다. 성도재일은 제2의 전환점 즉 정진하는 수행자의 삶에서 열반인 부처의 삶으로의 전환을 이루게 되는 것입니다.

열반재일은 열반(涅槃)의 마지막 모습을 보여 주신 중요한 날입니다. 열반재일을 흔히 '열반에 드신 날'이라고 번역하지만, 엄격히 말하자면 성도의 순간이 열반에 드신 날이고, 그 이후 45년의 삶은 중생들에게 갖가지 열반의 모습을 보여 주신 나날인 것입니다.

사람들은 열반 이후에 대해 과연 어떤 경지일까를 궁금해하기도 합니다. 그런데 스승들이 내려 주는 대부분의 답은 그것은 말로 표현할 수 없다는 것입니다. 그 이유는 석가모니부처님께서 육신을 벗어버린 쿠시나가라 사라쌍수 아래의 그 모습 이후를 생각하기 때문입니다. 그러나 부처님께서는 그 마지막 순간에 이미 제자들에게 밝혀주셨습니다. "아직도 말씀하지 않으신 법이 따로 있습니까?"라는 제자의 질문에 손바닥을 펴보이시면서 "나는 이미 모든 것을 말했고 모든 것을 보여 주었노라. 더 이상의 비밀 따위는 남아 있지 않노라."고 답하신 것입니다.

부처님께서 성도하신 이후 45년간 교화하신 그 모습은 바로 열반의 모습입니다. 이미 모든 번뇌의 불꽃이 사라진 적멸의 삼매를 갖가지 모습과 말씀으로 다 보여 주시고 가르쳐 주신 것입니다. 당신을 비방하거나 해치려는 사람 앞에서도 결코 흔들리지 않는 자비의 평화를 보이셨습니다. 부처님의 삶 그 자체가 살아 움직이는 열반이었던 것입니다. 마지막 숨을 거두시는 모습은 단지 열반이 생사를 넘어서 있음을 보여주는 마무리일 뿐입니다.

우리는 재가자나 출가자나 모두 부처님의 제자로서 부처가 되는 성불(成佛)을 목표로 합니다. 그렇다면 성불의 목적은 무엇일까요. 성불을 해서 무엇을 하려는 것일까요. 어쩌면 우리는 이 목적을 잊어버리고 있는 것은 아닌지 살펴야 할 것입니다.

출가재일에서 열반재일에 이르는 팔일 간의 뜻깊은 기간에 수계도 하고, 하루빨리 자신의 삶이 열반의 일행삼매가 될 수 있도록 노력한다면, 불국정토는 바로 눈앞에 전개될 것입니다.

부처님 항마를 어떻게 이해해야 하나?

問 : 부처님이 성불하시기 직전에 마왕 파순과 그 무리를 항복 받는 내용이 너무나 비현실적이라서 쉽게 수긍이 되지 않는데, 어떻게 이해하면 좋습니까?

答 : 마(魔)는 마라(魔羅, māra)의 줄임말입니다. 마라(魔羅)라는 것은 여러 가지로 번역되는 말이지만 '깨달음을 장애하는 것'이라고 이해하는 것이 가장 합리적일 것입니다. 이 마라에 대해 정의하고 있는 경론의 내용을 종합해보면, 이 세상에 존재하는 모든 현상적인 것들과 또 자신의 육체적 정신적인 모든 것이 포함되고 있습니다. 결국 경론의 설명을 종합해 보면 깨닫기 전의 상태에서 고통을 일으키거나 깨달음에 나아가는

것을 가로막는 모든 것들이 마라인 셈입니다. 부처님께서 마라를 항복 받고 깨달음을 이루셨다고 하는 것은, 부처님은 어떤 상황과 만나더라도 더 이상 괴로움이 되지 않는다는 뜻입니다.

부처님의 일대기를 살펴보면 보리수 아래에서 마왕을 항복 받는(樹下降魔) 과정이 자세히 설명되고 있습니다. 그런데 그 내용이 너무나 상징적인지라 얼핏 보면 비현실적이라는 생각이 들 수 있습니다. 타화자재천의 흔들림에 놀란 마왕 파순이 유혹과 회유와 협박과 공격을 했으나 모두 허사가 되자, '아무도 사문 싯다르타의 깨달음을 인정하지 않을 것'이라는 억지를 부리는데, 이에 대해 부처님이 손가락을 땅에 대며 지신(地神)으로 하여금 증명케 했다는 등의 이야기는 현실적으로는 불가능한 현상들이지요. 그러나 모든 성현들의 행위에 대한 기록들은 대부분 상징적인 내용을 담고 있으며, 진실을 알기 위해서는 그 상징성을 꿰뚫어 봐야 하는 것입니다.

마왕 파순이 머물고 있는 타화자재천은 욕망으로 만들어진 하늘 중에서 가장 높은 천상계입니다. 여기에서는 바라는 일들이 생각만으로도 이루어진다는 곳으로, 사람들이 행복의 자리라고 꿈꾸는, 최고의 권력과 재력 등으로 보면 되겠지요. 그런데 이 세계가 흔들렸다는 것은 기존의 가치관이 무너져 내리는 것을 뜻합니다. 깨달음에 이르기 위해서는 세속적 가치관을 깨뜨리지 않고는 불가능하다는 것입니다.

마왕의 권속들을 보면 그 이름이 모두 선과 악을 망라한 우리의 심리

작용입니다. 이는 우리의 마음이 옳고 그름을 따지며 어딘가에 치우치면, 그것이 바로 자신의 평정을 깨뜨려 괴롭게 할 뿐만 아니라 세상의 평화도 깨뜨리게 되는 것임을 뜻합니다.

부처님의 대응은 고요한 삼매와 관조(觀照)입니다. 마왕의 세 딸이 나타나 유혹할 때도, 그 미모와 그로 인한 쾌락은 순식간에 사라질 것이라는 말씀만으로 바로 노파의 모습으로 바뀌는데, 이는 무상에 대한 철저한 통찰을 뜻합니다. 또한 온갖 무기도 부처님의 자비와 지혜의 빛을 만나는 순간 모두 연꽃으로 변하는데, 이는 현상계의 모든 것이 투쟁적일 때는 무기가 되지만 깨달음의 경지에서는 연꽃 같은 것임을 뜻합니다. 땅에 손가락을 대자 땅의 신이 증명했다는 것은, 부처님께서 이미 청정한 본성자리(땅)에 이르셨기에 한 치의 미혹도 남지 않은 확신의 경지(땅의 신)가 드러났음을 뜻합니다.

도를 깨닫는다는 것은 철저하게 자신과의 만남을 통해 이루어지는 일이며, 결국 최후의 장애는 자신일 수밖에 없고 그것을 해결할 유일한 해결사도 자신밖에 없는 것입니다. 크게 한 번 죽었다 살아나야 한다고 표현되듯이, 자신 속의 모든 것들을 통째로 깨고 스스로가 광명을 발하는 체험을 통하지 않고는 도를 논하는 일이 무의미한 것입니다.

별을 보고 깨달았다는 뜻이 무엇인가?

問 : 부처님께서 도를 이루셨다는 성도재일 특별법회에 참석할 때마다, 새벽에 밝은 별을 보고 깨달으셨다는 법문을 들었습니다. 그러나 별을 보고 깨닫는다는 것이 잘 이해되지 않습니다.

答 : 불교를 공부하는 사람이라면 누구나 가지는 의문이지요. 그런데 그 의문을 지속하는 것이 대단히 중요합니다. 그래서 스님들은 그 의문에 대한 설명을 잘 하지 않습니다. 왜냐하면 설명 들은 것을 정답으로 잘못 알고는 의심을 멈춰 버릴 수가 있기 때문이지요. 그것은 마치 사진으로만 본 풍경을 자신이 직접 가본 것처럼 착각하는 것이나 다름없기 때문입니다.

우리는 저 히말라야 외줄기 산길을 찍은 사진을 보면 문득 그 길을 직접 걷고 싶다는 생각을 할 수 있습니다. 저 멀리 보이는 만년설과 계곡의 그림 같은 작은 마을, 그리고 잉크를 뿌린 것 같은 하늘과 맑은 눈빛의 아이들이 사진에 있다면, 사람들은 현지와는 전혀 상관도 없는 상상을 하게 됩니다. 그래서 그 길 위에 선다면 마치 천상의 길을 걷듯이 행복할 것이라고 믿어 버립니다. 그러나 정작 그 길에 서 보면 이전의 상상이 얼마나 부질없는 것이었나를 알게 됩니다.

책이나 법문을 통해 알게 되는 부처님 성도의 장면이나 옛 스님들의 깨달음에 대한 얘기는 사람들을 상상의 세계로 이끕니다. 그래서 매력적인 것들을 다 떠올리게 되지요. 이런 상상을 한 사람들이 출가를 원할 때, 그 출가목적을 들어보면 피식 웃음이 나올 얘기들을 나열합니다. 그들은 출가생활을 얼마 하지 않아 자신이 얼마나 황당한 상상을 했는지를 알게 됩니다. 그 결과로 포기하는 사람과 생각을 바꿔 본격적인 수행의 길로 들어서는 사람으로 나뉘게 되지요.

흔히 도를 깨닫는다는 말을 할 경우에, 대체로 '도(道)'라는 고정된 실체를 얻는 것처럼 생각하지만, 이렇게 공부해서는 끝내 불가능하지요. 그래서 어떤 이들은 껍질을 깨뜨린다는 표현을 하기도 합니다. 이 경우라면 '행복을 담고 있는 알'을 가정해 보면 좋겠습니다. 행복이라는 것이 단단한 껍질 속에 있는데, 그 껍질을 깨뜨리면 행복을 만날 수 있다는 것이지요. 그러나 문제는 껍질이 한 겹이 아니라는 것입니다. 하나를 깨고 나면 그 안에 또 껍질이 나타나지요. 이것을 계속 되풀이하면 결국엔 마지막 껍질까지 깰 수가 있을 것입니다. 그 안에 있는 행복이 어떤 모양인지는 아무도 설명해 줄 수가 없습니다. 직접 깬 사람만이 알 수 있는 것이니까요. 사람에 따라서는 겹겹의 껍질을 한꺼번에 깨 버리는 이도 있을 것이고, 하나씩 어렵게 깨는 이도 있을 것입니다. 그 껍질에는 번뇌라고도 하고 괴로움이라고도 하는 것이 같이 있지요.

부처님께서는 별을 보시고 도를 이루셨다고 하는데, 이 또한 아무도 설명해 줄 수가 없습니다. 만약 누군가가 캄캄한 밤 섣달의 추위에 몸을 떨며 하늘의 별을 응시한다면, 어쩌면 문득 깨달을 수도 있을 것입니다. 그러나 하늘의 별이 깨달음을 주지 않는다는 것은 확실합니다. 부처님이 보셨다는 별도 문득 어디서 새로 나타난 것은 아니지요. 늘 그 자리에 있었던 것입니다. 그런데 왜 하필 그때였을까요?

부처님께서는 항상 당신이 새롭게 만든 것이 하나도 없다고 말씀하셨습니다. 늘 그렇게 있던 것을 보고 설명했을 뿐이라는 것이지요. 항상 앞에 있어도 보지 못하면 어리석다고 표현하는 것이고, 확연히 보고 최후의 의심까지 사라지면 깨달았다고 할 뿐입니다.

성불을 어떻게
이해하면 좋은가?

問 : 불교에서는 수행의 목표가 부처가 되는 것이라고 하는데, 흔히 말하는 깨달음과 같은 뜻인지요? 매일을 바쁘게 살아가는 평범한 사람으로서는 너무나 막연한 내용입니다.

答 : 불교의 가르침을 요약하면 바로 부처가 되라는 것입니다. 부처라는 말이 깨달은 사람이라는 뜻의 '붓다'에서 비롯된 것이니 만큼, 깨달음이 부처가 되기 위한 필수 요건임에는 틀림없습니다. 그런데 경전에는 부처님 외에도 '깨달은 사람'이라는 뜻의 연각(緣覺)이니 독각(獨覺)이니 하는 표현이 있습니다. 그러므로 깨달음만으로는 부처라고 할 수 없음을 짐작할 수 있습니다.

깨달음은 매우 중요합니다. 깨달음을 포기한다면 이미 부처님의 제자가 아닙니다. 불자라면 당연히 깨달아야 하는 것이며, 다른 사람들로 하여금 모두가 깨닫도록 인도해야 하는 것이지요. 그러나 자신의 작은 깨달음에 머물러 버리면 부처의 경지는 아닙니다. 그래서 경전에서는 독각(獨覺) 또는 연각(緣覺)이라는 표현을 하고 있으며, 부처님의 경지와는 확연히 다른 것임을 밝히고 있는 것이지요.

우리가 흔히 잘못 알고 있는 것처럼 남방불교를 소승불교라고 하는 것이 아니라, 중생의 깨달음을 위한 헌신적인 자비가 사라진 독각이나 연각의 삶을 지향하는 것을 소승이라고 하는 것입니다. 혼자만 탈 수 있는 작은 조각배처럼 소승은 오직 자각의 경지만을 목적으로 하는 것이지요. 그러므로 이것을 두고 성불이라고는 하지 않는 것입니다.

한 가지 주의할 것은 깨달음이 수행의 끝이긴 하지만 결코 불교의 궁극적 목표는 아니라는 것이지요. 깨달은 사람들이야 많았겠지만 그들이 부처님처럼 살지 않았기에 성불과는 거리가 먼 것입니다.

우리는 싯다르타가 보리수 아래에서 대각을 이룬 그 시점만을 두고 위대한 스승이라고 하진 않습니다. 그것은 과정일 뿐이고, 그 이후의 삶이 더욱 중요한 것입니다. 그래서 부처님께서 쿠시나가라에서 입멸하신 그 순간을 대반열반이라고 하는 것입니다. 보리수 아래의 깨달음도 열반의 경지이긴 하지만 45년간 베푼 자비를 빼고는 부처님의 생애는 성립할 수 없는 것이지요.

부처가 된다는 것은 석가모니께서 한평생 하셨던 것처럼 생각하고 말하고 행동하는 것입니다. 그렇다고 2600여 년을 거슬러 올라가 외적인 모양을 똑같이 할 필요는 없겠지요. 중요한 것은 석가모니처럼 중도의 삶을 계속하면서, 밝고 맑은 지혜로 만나는 사람들의 삶을 비춰주고 무한한 자비로 일체중생을 어루만질 수 있느냐 하는 것입니다.

불교에서는 목표설정을 발원이라고 하는데, 가장 기본적인 사홍서원에는 "중생이 한없이 많아도 제도하길 서원합니다."라고 하였습니다. 또 여래십대발원문의 마지막은 "중생들이 있는 곳이라면 어느 곳이라도 몸을 나타내, 모든 중생을 널리 제도하겠노라."고 하였지요. 그리고 『불본행집경(佛本行集經)』 등에서는 '일체중생을 제도하기 위하여 성불할 것이다.'고 하였습니다. 남방불전에서도 이와 비슷한 내용이 수없이 언급되고 있습니다.

경전에는 석존께서 중생의 해탈을 위해서 성불하셨다고 강조합니다. 특히 묘법연화경에서는 부처님께서 세상에 출현하신 것은 일체중생들로 하여금 부처님의 깨달음을 열게 하고 보게 하며 깨닫게 하여 부처가 되게 하려는 오직 하나의 이유에 의해서라고 했습니다. 바로 이것이 진정한 성불의 모습일 것입니다.

부처님은 이적을
행하지 않았는가?

問 : 다른 종교에서는 교주의 신비한 행적에 대해 많이 언급하고 있으며, 또한 설교 등을 통해 이적을 강조함으로써 자기 종교의 우월성을 나타내려 합니다. 그에 비해 불교에서는 석가모니부처님의 신비한 행적을 잘 가르치지 않는데, 그런 기록이 없는 것인지요?

答 : 부처님의 생애를 따라가면 신비로운 행적에 대한 기록들이 매우 많습니다. 하지만 그런 기록들은 상징성을 풀어 봐야만 진실을 알 수 있습니다. 여기 한 사건을 예로 들어 신통과 기적의 문제를 풀어 보도록 하겠습니다.

부처님께서 깨달음을 이루신 후 얼마 지나지 않은 시기에 당시에 가장 큰 종교집단이었던 가섭 삼 형제와 천명의 무리를 제자로 거두게 됩니다. 이것은 부처님의 신비로운 행적 중에서도 대표적인 것이라 할 수 있습니다.

「고타마는 불을 섬기는 집단의 지도자 우루빈나(우루벨라) 가섭을 찾아가 화룡(火龍)을 모시는 사당에 하룻밤 머물기를 청했다. 가섭은 화룡에 목숨을 잃게 될 것이라며 만류하다가 결국 허락을 하였다. 밤이 되자 화룡은 자기의 처소에 들어온 사문을 향해 불길을 토하기 시작했다. 고타마는 가부좌를 틀고 앉아 화광삼매에 들었다. 고타마의 몸에서도 불이 나오기 시작하여 밤새도록 사당은 불길에 휩싸였다. 그것을 지켜보던 가섭과 제자들은 "안타깝게도 저 사문이 목숨을 잃게 되었구나!"하며 불쌍히 생각했다. 그러나 다음 날 아침 고타마는 아무 일도 없었다는 듯이 사당의 문을 열고 나왔으며, 놀랍게도 고타마의 발우 안에는 화룡이 작은 뱀처럼 되어 있었다. 가섭은 매우 놀랐으나 자신이 더 훌륭하다고 생각하여 거듭해서 계속 신통을 겨뤘지만 계속 패했다. 이윽고 가섭은 자신이 고타마를 이길 수 없음을 실토하고 제자가 되었다.」

옛 인도에는 사상가들끼리는 논쟁을 해서 우열을 가리는 전통이 있었습니다. 옛 문헌의 여러 곳에서 언급하고 있는 이 사상논쟁은 대부분 많은 대중들이 지켜보는 가운데 이루어졌으며, 국가적인 인물이 논쟁자일 경우에는 국왕과 대신들까지도 참석했던 것으로 보입니다. 논쟁에 진 사람은 승자에게 목숨까지도 내놓는 엄청난 일인데, 부처님과 가섭의 사건도 이 사상논쟁으로 보면 좋겠습니다.

우루빈나 가섭은 이미 국왕과 대중들의 귀의를 받고 있던 인물이었으며, 고타마도 출가 이전부터 명성이 높았던지라 두 사람의 논쟁은 큰 관심사였을 것입니다. 그렇지만 당시 가섭은 화룡과 같은 절대적 존재였고, 고타마는 아직 수행의 정도가 잘 알려지지 않았으니, 논쟁을 시작할 때 사람들은 고타마가 무모한 일을 시작한다고 생각했을 것입니다. 위대한 가섭의 불길과 같은 위력 앞에 젊은 고타마가 쉽게 무너질 것이라고 예상했으며, 그것은 자청해서 화룡의 사당에 들어가 불길에 타 죽으려는 미친 사람처럼 보였던 것 같습니다. 그러나 시간이 흐를수록 고타마의 존재는 빛나기 시작했고, 화룡 같았던 가섭은 작은 뱀처럼 초라해져 갔던 것입니다. 이미 백세가 넘은 위대한 존재인 가섭을 삼십 대 후반의 고타마가 논쟁에서 이겨 제자로 삼은 것이지요.

이미 세상의 존경을 받는 탁월한 사상가로 하여금 자신의 사상을 버리고 다른 사상을 따르도록 하는 것은 아마도 이 세상에서 가장 어려운 일일 것입니다. 인류 역사상 고타마가 가섭 삼 형제를 제도한 일만큼 단시간에 거대한 사상집단을 다른 사상체제로 바꾼 예가 없습니다. 이것이야말로 기적이며 신통인 것이지요.

부처님의 삶은 그 자체가 모두 이적(異蹟)이며 신통이라고 할 수 있습니다. 세상을 편케 하고 고통에 빠진 사람을 행복하게 해주는 것보다 더한 신통은 없는 것이니까요.

석가모니부처님은 채식주의자이셨나?

問 : 한국불교는 육식(肉食)을 금하는 것으로 알고 있습니다. 이것은 부처님이 채식주의자임을 뜻합니까?

答 : 불교를 처음 공부하는 이들이라면 출가자와 재가자가 모두 부처님은 채식주의자라고 생각합니다. 그러나 결론적으로 말하자면 부처님은 채식주의자가 아닙니다. 채식주의자가 될 수도 없었지요. 부처님은 걸식(乞食)으로 식사를 해결했으며 제자들에게는 식사의 선택을 근본적으로 금하셨습니다. 그것은 밥을 얻을 때 집을 가리지 말고 차례대로 얻어야 한다고 말씀하신 것에서 알 수 있습니다. 각각의 집에서는 그들의 취향대로 음식을 만들 것이며, 평소에 자신들이 먹는 음식을 그대로

 제공하기에 걸식으로 얻은 음식은 매양 다를 수밖에 없고 또 다양할 수밖에 없는 것입니다.

부처님 당시의 수행자는 모두 걸식으로 식사를 해결했습니다. 부처님도 당연히 그 관행을 따랐지요. 걸식을 한 가장 큰 이유는 수행에 집중하기 위함이며, 일반인들에게는 모든 수행자들이 정신적인 스승이 되므로 음식을 제공하는 것이 좋은 공덕이 되는 일이었습니다. 수행을 끝낸 부처님께서는 걸식하는 시간을 통해 많은 사람들을 만나며 그들의 고민도 들어주고 가르침도 베풀었던 것입니다. 걸식하는 입장에서 생각해 보면 어떤 음식이든지 모두 감사할 따름이지요. 당시 수행자들의 식사는 취향에 따라 식당을 선택하는 오늘날의 여유로운 일반인들과는 완전히 다릅니다. 부처님도 마찬가지로 음식을 주문해 두고 걸식하는 입장이 아닌 것은 당연한 것이며, 그러므로 채식만 하겠다는 채식주의자가 애당초 될 수가 없는 것입니다.

초기 경전에 의하면 부처님께서는 깨끗한 마음으로 제공해 준 음식은 청정하다고 말씀하셨습니다. 이 말씀을 하신 뜻은 음식에 대한 여러 가지 시비를 없애고 아울러 음식에 대한 집착도 끊는데 있을 것입니다. 수행자들에게는 음식이 수행생활을 계속할 수 있도록 건강을 지켜주는 약입니다. 지금도 스님들의 공양 시간에는 우주에 가득한 각종 생명들에 대한 안위와 나눔 의식을 행하는데, 그 가운데는 다음과 같은 내용도 포함되어 있습니다. "지금 내게 주어진 이 음식을 받고 보니, 수행이 부족한

나로서는 부끄럽기 짝이 없다. 그러나 도를 이뤄 만 중생을 이롭게 하기 위해, 약으로 삼아 생명을 유지하려 한다."

　오래전에 세계의 불교 지도자들이 교류도 하고 또한 공동의 관심사도 해결하기 위해 남방불교국가에서 모였을 때, 우리나라의 노스님들은 차례진 음식을 보고 크게 놀랐다고 합니다. 음식의 반 이상이 육식이었기 때문입니다. 그래서 "어찌 부처님께서 먹지 말라고 한 육식을 이렇게 많이 내놓았습니까?" 하고 물었더니, 남방의 스님께서는 "부처님께서 언제 육식을 하지 말라고 했습니까?" 하고 되묻더라는 것입니다. 그 뒤 스리랑카 등의 남방불교와 우리나라 등의 북방불교의 계율을 비교해 보니 상당 부분이 다른 것을 알게 되었습니다.

　남방 경전을 통해 살펴본 바로는 부처님께서는 오히려 재가신자에게 육식을 금해야 할 경우를 말씀하셨는데, 가장 핵심은 살아 있는 생명을 직접 죽이거나 다른 이에게 죽이라고 시켜서 먹어서는 안 된다는 것입니다. 재가의 신자는 취향에 따라 얼마든지 살생을 할 수 있기 때문에 살생을 피하기 위한 노력을 당부한 것입니다.

　부처님의 가르침은 그 핵심이 지혜와 자비입니다. 만 생명이 서로 존중되어질 때 이 땅이 정토가 됨을 아는 것이 지혜라면, 다른 생명을 나의 생명과 같이 이끼는 것이 자비입니다.

부처님을 왜
세 가지 몸으로 설명하는가?

問 : 역사적으로 볼 때 석가모니부처님 한 분만 계십니다. 그런데 부처님을 설명하면서 왜 법신과 보신과 화신으로 설명하는 것입니까?

答 : 우리는 모두 석가모니부처님처럼 될 수 있습니다. 그것은 본질적으로 차별이 없기 때문이며, 이것이 바로 법신의 입장입니다. 그러나 현상적으로는 부처와 중생이 엄연히 다릅니다. 그것은 수행과 원력에 의해 깨달음을 이루고 교화하는 부처의 경지가 있고, 끝없이 악업을 지으며 괴로움을 일으키는 중생의 경계가 있기 때문입니다. 바로 보신과 화신의 유무에 따라 달라진 것이지요. 다시 말해 법신과 보신 그리고 화신의 모습까지 두루 갖추었을 때라야 진정한

부처님이 된다고 할 수 있는 것이지요.

법신은 '청정한 진리의 몸(淸淨法身)'이라고 합니다. 불교에서의 청정은 더러움을 없앤 깨끗함이라기보다는 본래부터의 깨끗함이며, 더럽혀질 수 없는 깨끗함입니다. 바로 진공(眞空)에 해당하는 것이며 우리의 본성자리이기도 한 것입니다. 그래서 법신불은 모양이 없는 '빛'으로 표현되는데, 바로 비로자나불 또는 대일여래라는 존호가 그것을 뜻합니다.

보신은 '수행의 결과로 이뤄진 원만한 몸(圓滿報身)'이라고 합니다. 우리의 본성이 청정하다고 해서 현재의 괴로워하는 모습까지도 청정한 것은 아니기에 수행에 의해 큰 깨달음을 이루고, 더 이상 괴로움을 일으키지 않는 경지에 이르게 되니 곧 지혜의 완성이라고 볼 수 있을 것입니다. 바로 보리수 아래의 석가모니께서 대각(大覺)을 이룬 상태입니다.

화신은 '무수하게 변화하는 몸(千百億化身)'이라고 합니다. 이는 증득한 지혜를 자비로 베풀어 나가는 단계이니 곧 이타행의 모습이지요. 그러므로 석가모니부처님의 45년 교화가 여기에 해당합니다.

전기를 가지고 삼신사상을 설명해 보지요. 전기라는 본질은 누가 발견했거나 말거나 있던 것입니다. 그러나 우리 눈에는 전혀 보이질 않습니다. 우리 몸에도 있고 우리 몸 밖에도 있으며 온 우주 법계에 충만한 것입니다. 또한 본질적인 전기는 누가 만든 것도 아니며 누가 사고팔 수도 없는 것이지요. 이것이 바로 부처님의 삼신 중 법계에 충만한 법신의 경우에 해당합니다.

전기를 처음 인식한 것은 석가모니부처님께서 교화하시던 거의 비슷한 시기에 그리스에서 시작되었다고 하지요. 그 후 오랜 세월에 걸쳐 수많은 사람들의 연구로 이윽고 우리가 언제라도 사용할 수 있는 전기를 만들어 모아 두게 됩니다. 하지만 전기 그 자체만으로는 할 수 있는 것이 별로 없습니다. 바로 이것이 부처님의 삼신 중 수행에 의해 이뤄진다는 보신의 경우에 해당합니다.

이어 사람들은 이 전기라는 에너지를 응용하여 실제 생활에 매우 편리하게 사용하게 됩니다. 처음에는 이용하는 장치가 단순한 것들만 있었기에 단순하게 활용됩니다. 그러다가 오늘날에 이르게 되면 이제 전기로 기차를 움직이고, 온갖 복잡한 공장을 가동시키며, 컴퓨터를 작동시키고, 밤을 낮처럼 밝히기도 하며, 밥도 하는 등 그야말로 천백억으로 이용하게 되었습니다. 전기는 장치에 따라 열로 바뀌기도 하고 동력으로 바뀌기도 하며 빛으로 바뀌기도 합니다. 이것은 방편에 따라 무한으로 전개되는 부처님의 자비와 비슷합니다. 그러므로 부처님의 삼신 중에서는 화신에 해당한다고 볼 수 있을 것입니다.

우리 모두는 본래 부처입니다. 그러나 수행과 원력이 없다면 공허한 말밖에 되지 않는 것이며, 해탈도 적멸도 불가능한 것입니다. 이것이 바로 세 몸을 갖춰야 하는 까닭입니다.

지금이 미륵불의 시대인가?

問 : 석가모니부처님의 시대는 과거였고 지금은 미륵불의 시대이기 때문에 이제는 미륵불을 믿어야 한다는 말을 들었습니다. 정확한 내용을 알고 싶습니다.

答 : 아마도 질문의 내용을 경전에서 본 것이 아니라 어떤 부류의 사람들로부터 들었을 것입니다. 만약 누군가가 부처님의 명호를 인용하고 교리의 일부를 인용하면서 그럴듯하게 설명을 해도 그것이 정법에 어긋나는 것이라면 사이비(似而非)입니다. 얼핏 들을 때는 그럴듯하게 느껴지지만(似) 그러나 자세히 살피면 잘못된 것임(而非)을 알 수 있을 것입니다.

부처님은 유행처럼 정해진 시기가 있는 것이 아닙니다. 누군가가 석가모니부처님께서 세상에 계실 때만을 석가의 시대라고 생각하여 석가의 시대는 과거에 끝났다고 한다면, 이 사람은 불법을 전혀 모를뿐더러 부처님이 어떤 분인지를 모르고 있는 것입니다. 우리가 부처님이라고 표현할 때는 진리를 깨달으신 분이면서 동시에 그 진리를 깨우쳐 주신 분이라는 뜻입니다. 그러므로 부처님이라고 할 때는 대체로 부처님의 가르침과 동일시합니다. 만약 석가모니부처님의 가르침이 오늘날에는 전혀 맞지 않는 잘못된 이론에 불과하다면 석가의 시대는 끝났다고 할 수 있겠지요. 그러나 부처님의 가르침은 시간과 공간을 초월하여 모든 이들을 자유롭게 하고 행복하게 하기에, 우리는 그 가르침을 영원한 진리라고 하는 것이지요. 그렇기 때문에 석가모니부처님을 우리의 영원한 스승이라고 하는 것입니다. 어떤 사람이 부처님의 가르침을 깨닫는다면 그 사람은 바로 석가모니부처님과 함께하는 것이 됩니다.

석가모니부처님께서 미래의 부처로서 미륵불을 제시한 데는 깊은 뜻이 있습니다. 바로 우리 모두가 성불해야 함을 일깨워 주신 것입니다. 미륵불은 우리가 성취해야 할 우리들의 미래의 모습입니다.

석가모니부처님은 우리의 영원한 스승이시지만, 우리가 석가모니부처님의 제자로서만 만족하고 있다면, 그것은 부처님의 가르침을 잘못 이해한 것입니다. 석가모니부처님은 우리 모두가 성불하기를 바라셨고 그렇게 가르치셨습니다. 뿐만 아니라 우리가 성취해야 할 표본으로서 미륵불을 제시하셨고, 우리 모두가 미륵불이 되기를 바라신 것입니다.

　미륵불에 대한 말씀은 여러 경전에서 언급되고 있지만, 대표적인 경은 『미륵상생경』과 『미륵하생경』일 것입니다. 경전은 상징성을 지니며 문자 그대로 해석해선 안 되는 것이지만, 만약 경전에서 밝힌 내용을 그대로 받아들인다고 한다면 미륵불은 56억 년쯤 뒤에나 출현하실 수 있습니다. 결코 지금이 미륵불의 시대라고 한 곳이 없습니다.

　어떤 이들은 경전의 가르침을 제멋대로 자신의 필요성에 따라 고치는 경우가 있습니다. 그래서 석가모니부처님의 시대는 끝났다고 합니다. 그리고 석가모니부처님의 법력도 끝났다고 합니다. 그렇기 때문에 이제는 미륵불을 맞이해야 되며, 미륵불을 위해 헌신해야 된다고 강변합니다. 이것이야말로 혹세무민하는 대표적인 사이비가 될 것입니다.

　부처님께서는 단 한 번도 당신을 위해 헌신하라고 하신 적이 없습니다. 미륵경에도 미륵불을 위한 맹목적 헌신을 가르치진 않습니다. 오직 스스로의 성불을 위해 스스로에게 헌신하고, 중생의 성불을 위해 중생에게 헌신하라고 가르칠 뿐입니다. 그럼에도 미륵불을 향한 맹목적인 헌신을 강조하면서 자신이 미륵인 것처럼 그 헌신을 받으려 한다면 이는 분명 미륵불을 팔아 자신의 이익을 챙기는 사이비입니다.

　미륵은 미래의 우리 모습입니다. 모두 열심히 정진해서 스스로가 세상을 밝히는 미륵불이 되어야겠습니다.

적멸보궁은 왜 불단이 비어있나?

問 : 석가모니부처님의 사리를 모신 적멸보궁에 가끔 가서 기도를 합니다. 그런데 부처님의 사리도 친견할 수 없을 뿐 아니라 불상도 없기 때문에 가끔은 기도를 마친 후에 허전해지기도 합니다. 일정한 때를 정해 사리를 친견할 수 있게 하거나 아니면 차라리 불상을 모시고 기도하면 더 나은 방법이 아닐까요?

答 : 석가모니부처님의 진신사리(眞身舍利)를 모신 곳을 적멸도량(寂滅道場) 또는 적멸보궁(寂滅寶宮)이라고 하며, 그 법당은 불상을 모시지 않고 있습니다. 그렇기 때문에 사리친견도 할 수 없는데다, 불단의 빈자리나 빈 벽을 향해 기도해야 하는 입장에서는 좀 막연할 수도 있겠지요. 물론

통도사처럼 유리벽을 통해 사리탑을 보면서 하는 경우는 좀 나을 수도 있겠군요. 그러나 불상과 사리탑은 모두가 거울과 같은 작용을 하는 것이고, 거울작용이라는 것은 관상기도(觀相祈禱)인 셈입니다. 즉 장엄한 불상을 보건, 빈 벽을 보건, 마음에 부처님을 떠올려 그 체온과 향기를 느끼며 기도할 때만이 관상기도의 효과가 있을 것입니다.

그러나 정작 더 중요한 것은 관상기도를 넘어서야 한다는 것입니다. 초보자일 경우에는 시청각적인 것에 의지해서 방향을 잡고 그 방향을 따라 나아가면 되지만, 그것은 부처님께서 우리에게 가르쳐 보이려 했던 깨달음의 자리와는 너무나 멀리 있는 것이지요. 그래서 다음에는 눈에 보이는 불상이 아닌 마음에 그려지는 부처님의 모습을 관하는 기도를 하는 것이고, 이 경지가 되면 언제 어디서나 부처님의 형상을 관하면서 기도를 할 수 있게 됩니다. 하지만 부처님의 가르침에도 분명히 말씀하셨듯이 형상 있는 모든 것은 그림자 같고 물거품 같은 것일 뿐입니다. 그것을 붙들고 집착하게 되면 다시 또 큰 병통이 되는 것이지요. 그래서 결국은 형상 없는 자리로 향해 나아가야 하는 것입니다.

사람들이 행복의 조건이라고 생각하는 대부분의 것들은 사실은 스스로가 일으킨 욕망의 그림자입니다. 이 욕망의 그림자는 욕망이 커질수록 허전한 마음도 동시에 더 커지는 특징을 가지고 있습니다. 마치 바다에 표류하는 이들이 목마르다고 바닷물을 마시게 되면 잠깐은 나아진 듯하지만 곧바로 걷잡을 수 없는 갈증이 생기는 것과 같은 이치입니다.

다음 단계로는 욕망을 다스릴 수는 있지만 아직도 손에 잡히는 물질적인 것에 의존하는 심리입니다. 주머니에 돈이 없으면 괜히 불안해하다가 얼마간의 돈이 있으면 든든하게 생각하는 심리입니다. 이것이 사람들로 하여금 막연한 행복감을 갖도록 착각을 일으키게 합니다.

이윽고는 정신적 만족감이 사람들로 하여금 행복하다고 착각하게 만듭니다. 이 경우는 학문적인 업적이 될 수도 있고, 예술적 성취감도 될 수 있으며, 종교적 신앙심도 될 수 있습니다. 그러나 이도 또한 순간적인 것에 불과하다는 것이지요. 그래서 결국은 더 높은 곳을 향해서 맹목적으로 치닫게 만듭니다.

이상에서 살펴본 행복의 조건들은 언제나 더 많이 채워야 한다는 특징을 갖는데, 그게 마음대로 될 수 있는 것이 아니지요. 그래서 결국은 고뇌로 가득 차게 됩니다. 그러므로 선지식들은 앞의 원인부터 완전히 비우라고 합니다. 완전히 비운 자리를 일반적인 용어로 표현하자면 한없는 평화인데, 그것을 불교에서는 적멸이라고도 하지요.

우리는 부처님을 끝없이 밖에서 찾고 있습니다. 그러나 결국엔 우리가 찾던 것이 그저 허상이라는 것을 알게 됩니다. 그리하여 부처님은 내 안에 살아 있음을 자각하게 되는 것이지요. 그것이 진정한 적멸도량입니다. 물론 그 도량에 '나와 내 것'은 없지요.

法 _가르침의 빛

부처님의 가르침을 왜 법륜이라고 하나?

問 : 부처님의 가르침을 법륜이라고 하고 또 설법을 전법륜이라고 하는데 정확한 뜻을 알고 싶습니다.

答 : 법륜(法輪)은 '진리의 수레바퀴'라는 뜻이며 전법륜(轉法輪)은 '진리의 수레바퀴를 굴리다'라는 뜻이 됩니다. 바퀴는 무언가를 목적지까지 이르게 하는 도구입니다. 바퀴는 가만히 있어도 바퀴지만 가만히만 있다면 이미 바퀴로써의 효능을 상실하고 있지요. 부처님의 제자는 먼저 가르침에 따라 자신의 삶을 바르게 하여 괴로움이 없는 경지로 나아가야 합니다. 그러기 위해서는 부단한 노력이 있어야 하겠지요. 그러나 언제까지나 자신의 삶만 생각하고 자신에만 치중한다면 올바른 불자라고

하기는 어렵습니다. 그것은 부처님께서 경계하신 이기적인 삶입니다.

부처님께서는 비가 계속되는 우기엔 제자들을 한곳에 모여 수행시키는 안거(安居)의 방법을 취하셨지만, 비가 오지 않는 시기에는 언제나 돌아다니며 당신의 가르침을 전하라고 말씀하셨습니다. 그것은 수행자들이 행복 그 자체를 나누어주는 것이 아니라 행복해지는 방법을 가르쳐주는 입장이기 때문인 것이지요. 그렇기 때문에 배운 만큼이라도 사람들에게 전해주면, 그 가르침을 접한 사람은 새로운 방향으로 나아갈 수 있는 것입니다.

부처님의 최초 다섯 제자 중의 한 분이셨던 아설시스님(Assaji)은 사리불로부터 부처님의 가르침이 어떤 것이냐는 질문을 받고는 "나는 아직 공부가 깊지 못해 자세히 설명하긴 어렵지만, 스승님께서는 '모든 것이 인연 따라 생기고 인연 따라 멸한다.'고 가르치십니다."고 답했습니다. 이 말을 들은 사리불존자는 망설임 없이 목련존자와 더불어 제자들을 데리고 부처님을 찾았던 것이지요. 이처럼 부처님의 가르침 그 자체가 어떤 인연을 만나면 엄청난 힘을 발휘하게 되는 것입니다. 그렇기 때문에 자신의 수행은 수행대로 하되 기회가 될 때마다 부처님의 가르침을 전하는 일도 최선을 다해야 하는 것입니다.

출가한 스님은 누군가에게서 부처님의 가르침을 전해 들었을 뿐 그이로부터 깨달음 자체를 전해 받은 것은 아니었습니다. 그러나 '전해 들은 말씀'이 있었기에 출가를 할 수 있는 결단을 내리게 된 것입니다. 그렇기 때문에 성불할 때까지는 내 공부만 하겠다고 한다면 은혜를 저버리는 일인 것이지요.

만약 재가불자라면 바로 부처님의 말씀이 자신을 돌아보게 했으며, 이전의 삶보다 훨씬 여유롭고 편안한 삶을 가능케 했음을 상기해야 합니다. 그래서 이제는 자신이 다른 사람에게 그 말씀을 전해야 하는 것입니다.

자신이 먼 길을 가기 위해 지나쳐 온 마을에서 물을 얻었는데, 지금 목이 말라 괴로워하는 사람을 만났다면 어떻게 해야 할까요? 자신이 아무리 물을 마셔도 목마른 사람에게는 도움이 되질 않습니다. 뿐만 아니라 그 사람의 목마름을 분석하고 목마르지 않을 비법을 찾으려 시간을 끌 필요도 없습니다. 그러는 사이에 목마른 사람은 죽을 수도 있으니까요.

그러니 그냥 얻었던 물만 나눠주면 됩니다. 물이 목마름의 괴로움을 해결하고 그 사람을 살릴 것입니다. 부처님의 가르침은 이 물과 같은 것입니다.

우리는 더불어 사는 존재입니다. 그러므로 모든 이들이 함께 행복해져야 자신도 행복해집니다. 따라서 자기가 아는 만큼이라도 부처님의 가르침을 전해야만 합니다. 바로 부처님의 제자인 우리에게 진리의 수레바퀴를 굴릴 책임이 있기 때문입니다.

업장은 무엇이며 어떻게 소멸시키나?

問 : 불교를 공부하면서 숙업(宿業-과거세의 업)이라는 것을 배웠습니다. 정말 무언가가 이유도 모른 채로 되지 않을 때는 과거세의 업장이 나를 가로막고 있구나 하는 생각도 듭니다. 어떻게 하면 과거생의 업장(業障-업으로 인한 장애)을 소멸할 수 있는지요?

答 : 지금의 내 삶에는 분명 과거의 업이 영향을 미치고 있습니다. 그래서 남들과 똑같은 노력을 하는데도 제대로 되는 일이 없을 때가 분명히 있지요. 그렇기 때문에 사람들은 과거생의 업장이라는 것을 어렴풋이 느끼게 되고, 그 업장이라는 것을 없애버리고 싶어 합니다. 그렇지만 숙세의 업으로 인한 장애를 소멸한다고 말하지 숙세의 업을 소멸한다고 표

현하지는 않습니다. 과거의 내 삶을 바꿀 수는 없습니다. 이미 지나간 것을 되돌릴 수 없다는 것은 어린아이도 아는 사실이지요. 그렇지만 과거의 일로 인한 그림자에 끌려다니는 사람이 있고, 과거의 그림자로부터 벗어나 자유로운 삶을 창출하는 사람이 있습니다. 예컨대 대통령이 한반도대운하를 하겠다고 공약한 것은 바꿀 수가 없는 과거의 사건입니다. 그래서 대통령은 대운하를 해야겠다고 주장하고, 그 결과로 지금 반대운동이 일어나고 다른 국정운영에까지 걸림돌이 되고 있는 것은 업장인 셈입니다. 그럼 이것은 대통령만의 업장일까요? 그렇지 않습니다. 매일 반대운동을 해야 하는 국민들도 역시 스스로가 과거 업에 대한 장애를 받고 있는 것입니다. 대운하를 하겠다는 이를 대통령으로 뽑았기 때문에 생업에 충실하지 못하고 집회를 해야 하는 상황이 벌어진 것입니다. 같은 나라에 살기에 함께 겪는 공통적인 업장인 셈입니다.

그렇다면 우리는 업으로부터 자유로울 수 없는 것일까요?

업으로부터 자유로워지는 것을 업장소멸이라고 합니다. 업장소멸은 어떻게 가능할까요? 옛 스님들은 가장 빠른 방법을 늘 말씀해 주셨습니다. 방하착(放下着)하라는 것이지요. 다시 말해 이것저것 너무 따지지 말고 탁 내려놓으라는 것입니다. 대통령이 대운하를 하겠다고 공약했던 과거와 그로 인한 여러 가지를 계속 따지고 있으면 일은 점점 꼬이게 될 것이고, 그것을 억지로 밀어붙이려면 더 큰 장애를 만들게 되겠지요. 물론 없었던 일로 하겠다고 선언하면 모든 장애가 다 사라지는 것은 아닙니다. 대운하로 이익을 볼 것이라고 기대했던 사람들은 당연히 반대의견을 낼 것이고, 그로 인해 다시 소란스러울 것은 당연합니다. 그것이 바로 정치인의 업장입니다.

그렇다면 정치인의 업장을 녹일 수 있는 힘은 어디에서 나올 수 있을까요? 그것은 현 대통령이 깊은 신앙심을 가지고 있다면 바로 그 답을 알 것입니다. 바로 사랑입니다. 자신의 명예나 이익이 아닌 자기 양심을 사랑하고, 자신이 속한 이 땅을 사랑하고, 나아가 대통령으로서 국민을 사랑한다면, 정치인의 업장을 봄눈 녹이듯 소멸할 수 있을 것입니다.

만 생명을 위한 차별 없는 사랑은 업장을 녹이는 유일한 힘입니다. 참된 사랑은 곧 생명입니다. 거대한 코끼리의 목숨과 작은 생쥐의 목숨이 같음을 아는 것이 사랑입니다. 진정한 사랑은 동체대비입니다. 즉 그와 하나가 되어 그를 사랑하는 방법입니다. 진정한 사랑에 눈뜨게 되면 바로 참된 생명의 빛이 발현됩니다. 그 빛이 지혜라는 것이지요. 이 지혜는 업으로부터 자유롭게 해주는 근원적 힘입니다.

과거를 바꿀 수는 없지만 과거의 그림자에서 벗어날 수는 있습니다. 과거의 그림자를 지울 수 있는 지우개가 자비입니다. 그리고 과거의 잘못을 되풀이하지 않는 힘이 지혜입니다. 자비로 모든 생명을 살리고, 지혜로 일체의 생명을 자유롭게 할 때에만 비로소 자신의 업장이 소멸되고 해탈할 수 있습니다.

유마의 침묵은 다른 설법보다 훌륭한가?

問 : 유마경을 보면 유마거사가 문수보살을 비롯한 많은 보살들의 불이법문(不二法門)에 대한 설명을 듣고 난 후 자신은 침묵으로 불이법문을 표현했고 문수보살은 유마거사를 찬탄했는데, 그렇다면 유마의 침묵만이 최고의 법문이라 할 수 있는지요?

答 : 침묵도 하나의 설명이 됩니다. 특히 유마의 침묵은 이미 많은 보살들의 설명이 있었고, 특히 언어로서는 더 이상 완벽할 수 없는 문수보살의 자세한 설명 후의 침묵이기에, 앞에서 말로 표현한 것들의 진실을 드러낸 것이라 할 수 있을 것입니다. 그러나 그것 역시 문수보살의 찬탄에 의해 빛을 발하게 됩니다.

부처님께서도 이 침묵의 방법을 가끔 쓰셨는데, 그것은 언어적 유희인 말의 희롱에 대한 말 없는 설법인 셈입니다. 이 침묵을 거친 후에 부처님께서는 상대방에게 진실을 볼 수 있도록 다시 말로써 설법을 하시곤 했습니다. 예컨대 닭이 먼저냐 달걀이 먼저냐를 따지는 것은 하나의 답이 나올 수 없는 문제인 것입니다. 이 경우에는 논쟁을 하는 이유와 논쟁자의 심리적인 측면에 초점이 있는 것이지요. 그렇기 때문에 두 논쟁자가 문제를 해결하기 위해서는 닭과 달걀을 동시에 놓아버려야 하는 것입니다. 설법으로서의 침묵은 일체를 놓게 하여 본체를 깨닫게 하려는 것입니다. 그러니 말로 하는 설법과 침묵의 설법을 두고 우열을 따지는 것이 부질없는 일입니다.

길을 잘 아는 두 사람과 길을 잘 모르는 한 사람이 차를 타고 간다고 할 때, 길을 잘 아는 사람이 운전한다면 길에 대해서 물을 것도 없고 가르쳐 줄 것도 없는 것입니다. 그러나 길을 잘 모르는 사람이 운전을 한다면 당연히 길에 대해 물어야 하고, 또 질문을 받은 이는 잘 가르쳐주어야 합니다. 만약 길을 잘 아는 두 사람이 침묵한다면 길을 모르는 운전자만 잘못된 곳으로 가는 것이 아니라 길을 잘 아는 사람마저도 동승한 까닭에 엉뚱한 곳으로 가게 되는 것이지요.

우리가 깨달음에 대해서는 침묵을 지키는 것이 최상이라고 아무런 역할도 하지 않는다면 우리가 동승하고 있는 불교계가 우왕좌왕하게 되고, 불교계가 속한 국가가 방향을 잃고 헤매게 됩니다. 결국은 지혜로운 사람까지도 한 배를 타고 있는 까닭에 시끄러워지는 것이지요. 역사적으로 불교계가 핍박받을 때에는 선지식들도 강제로 퇴속해야하는 상황이 전개되기도 했던 것을 알 수 있습니다. 이것이 바로 문수의 언어가 없으면 유마의 침묵이란 아무 소용이 없게 됨을 뜻합니다. 그 결정적인 예는 석가모니부처님이십니다. 만약 석가모니께서 깨닫고 난 뒤 침묵으로 일관하셨다면 우리는 지금 그 깨달음을 짐작도 못 하고 있을 것입니다.

유마가 침묵을 할 수 있었던 것은 길에 대해 너무나 잘 아는 문수보살이 있었기 때문입니다. 그럼 왜 문수보살은 굳이 아는 것을 물었을까요? 그것은 다른 이들을 위한 보살심이 있었기 때문입니다. 유마의 침묵은 대승의 침묵이라고 할 수 있습니다. 혼자만 편하고자 침묵한 것이 아니라, 진실을 깨닫게 하려는 보살의 마음으로 침묵한 것이기 때문입니다.

그러므로 유마거사의 침묵과 문수보살의 설명은 마치 손바닥과 손등처럼 별개의 것이 아니며, 또한 우열을 가려야 하는 성질의 것이 아닙니다. 만약 그런 생각을 한다면 그것이야말로 불이법문을 등지는 셈이지요.

십악업 중에 구업이 가장 많은 이유는?

問 : 열 가지 나쁜 업 가운데 입으로 짓는 업이 가장 많은데, 그렇다면 차라리 말을 하지 않는 것이 오히려 좋을 듯합니다. 그것이 부처님께서 말씀하시지 않았던 것이나 혹은 선사들이 말씀을 간략하게 한 것과 연관이 있는지요?

答 : 업(業)이란 우리가 살아가면서 생각하거나 행동하는 모든 것을 아우르는 말로, 간단하게는 우리의 삶 그 자체라고 할 수 있습니다. 그중에는 좋은 결과를 부르는 선업도 있고, 나쁜 결과를 부르는 악업도 있으며, 나쁜 것도 좋은 것도 아닌 중립적인 것도 있지요. 업에 대해서는 여러 복잡한 이론도 많지만 간단하게는 몸으로 짓는 것과 입으로 짓는 말과

마음으로 짓는 생각의 세 가지로 구분합니다. 그중에서 나쁜 결과를 부르는 대표적인 업을 십악업(十惡業)이라고 하는데, 몸으로 짓는 것이 셋이고 입으로 짓는 것이 넷이며 생각으로 짓는 것이 셋입니다.

입으로 짓는 업 가운데 나쁜 결과를 부르는 것으로는 거짓말(妄語)·욕설(惡語)·이간질시키는 말(兩舌)·아첨하는 말(綺語)이 대표적입니다. 이런 말들은 결코 좋은 결과로 이어지지 않는 것이며, 세상을 거칠고 고통스럽게 만드는 것이지요.

말이란 생각의 표현이면서 아울러 다시 생각으로 연결되는 도구이지요. 그러므로 어떤 말을 사용하느냐에 따라 그 사람의 현재 생각이 상대에게 전달되면서 감정을 변화시키기도 하는 것입니다. 그러므로 상대와의 관계에서 가장 빠르게 변화를 일으키는 것이 말이며, 간단한 말 한마디가 수백만의 사람이 죽게 하는 전쟁으로 진행되기도 하는 것이지요.

말은 상대에게만 영향을 미치는 것이 아닙니다. 비록 혼잣말을 한다고 해도 부정적인 말을 되풀이하는 사람의 마음은 더욱 부정적으로 바뀌는 것이며, 슬픔을 표현하는 말을 되풀이해서 중얼거리다 보면 마음은 더욱 슬퍼지는 법입니다. 혼자서 하는 생각이 비록 타인에게는 영향을 미치지 않겠지만 결국은 자신의 신체에 나쁜 영향을 주게 되는 것입니다. 예컨대 혼자서 어떤 저주를 퍼붓고 있다면 대상이 되는 사람은 듣지 않으니 직접적인 영향을 받지 않겠지만, 그 나쁜 감정이 곧바로 자신의 몸

각 기관에 나쁜 영향을 미치게 됩니다. 그런 결과로 세포는 긴장 상태로 빠지게 되고, 나쁜 물질이 형성되며, 면역력의 약화로 이어져서 건강이 나빠지는 결과를 일으킵니다.

 이 모든 것을 개선시키기 위해서는 진실한 말·부드러운 말·화합시키는 말·성실한 말을 사용해야 하는 것이며, 그래야만 자신도 편안해지고 세상도 아름답고 즐겁게 되는 것입니다.

 부처님께서 때때로 말씀을 하지 않은 것이나 선사들이 말씀을 아주 간략하게 한 것은 또 다른 차원의 문제입니다.

 말이 가장 편리한 도구이지만 그렇다고 완벽한 것은 아닙니다. 말로써 표현할 수 없는 것은 거의 없겠지만 그러나 그 어떤 것도 완벽하게 표현할 수는 없는 것입니다. 그러므로 부처님께서는 말로써 더 이상 효과를 거두기 어려울 때면 말씀을 하지 않는 침묵을 사용했습니다. 선사들은 상대가 말로 인해 진실로부터 멀리 벗어나는 것을 막기 위해 번잡한 설명을 피했습니다. 말이 지나치게 많아지면 뜻이 흐려지기 때문이기도 하지요.

 말은 우리가 가진 가장 편리한 도구이면서 동시에 가장 해악이 많은 도구입니다. 그러므로 중도에 어긋나지 않도록 사용하는 것이 매우 중요한 것이지요.

중중무진법계가 무엇인가?

問 : 불교 서적을 보던 중에 '중중무진법계'라는 말을 많이 접하게 되었습니다. 사전의 설명을 봤지만 현실적으로 이해하기가 매우 어려운 것 같습니다. 좀 쉽게 이해할 수는 없을까요?

答 : 세상의 무한 다양성과 연관관계를 설명하는 말입니다. 얼핏 정반대인 것처럼 생각되겠지만, 공(空)이라는 말과 뜻은 같으면서 표현이 다른 것이지요.

　사람들은 살아가면서 점차 사물이나 삶을 개념적으로 굳히는 경향이 있습니다. 그래서 선과 악을 분명하게 나누거나, 희망적이라거나 절망적이라는 상반되는 결론을 내리기도 합니다. 그러나 이것은 단순 이분

법적인 사고에 의한 것이지요. 이분법적인 생각의 틀을 깨고 보면, 눈앞의 상황은 무한한 가능성을 갖게 되는 것입니다.

1+1=2는 산수에서만 있는 답입니다. 우리의 삶이나 세상에서는 모든 수가 다 맞을 수 있는 것이지요. 예컨대 남자와 여자가 만나면 0에서 무한대까지가 답이 될 수 있습니다. 원수인 남녀라면 0 혹은 1이 될 수 있을 것이고, 사랑하는 부부가 자식을 계속 갖게 된다면 숫자는 계속 많아질 것입니다. 만약 땅과 씨앗이 만나면 답을 정한다는 것이 불가능함을 알게 될 것입니다.

분석적 차원에서 보겠습니다. 나의 몸은 하나입니다. 그러나 뼈와 근육으로 나누면 훨씬 많아지지요. 세포로 들어가고 다시 DNA로 전개되면 무수해집니다. DNA 안의 정보까지 들어가면 이젠 헤아리는 것이 불가능해집니다. 그 모든 것이 소중한 것이지요.

반대로 공간을 보는 시각을 확장하는 차원이라면 어떨까요? 처음에는 방이 보이다가 다음에는 집이 보입니다. 곧 마을이 보이고 더 큰 도시가 나타나며, 다시 국가가 보이다가 지구로 전개됩니다. 이윽고 태양계로 확대되다가 다시 수많은 태양계로 확장할 것입니다. 그리고는 무한으로 가는 것이지요. 이 모든 것은 별개의 것이 아닙니다.

이처럼 시간적이나 공간적, 또는 분석적이나 통합적인 어느 것으로도 제한적이지 않은 것이 우리의 삶이며 이 세상인 것입니다. 그러므로 우리는 개개인이 모두 존귀하며, 우리가 만나는 그 모든 시간과 공간이 다

소중한 것이지요. 뿐만 아니라 찰나인 지금이 없는 영원도 없고 영원 없는 찰나도 없으며, 티끌이 없는 우주도 없고 우주 없는 티끌도 없는 것이지요.

우리의 인생을 말하자면, 모든 사람과 한 줄로 세워 등수를 매길 필요가 전혀 없는 것입니다. 똑같은 것이 하나도 없는데도 계속 비교하며 저울질을 하기에 점차 불행해지는 것이지요.

예컨대 우리나라가 세계에서 일등 할 가능성이 가장 높은 것은 우리나라의 전통적인 것들일 것입니다. 온돌이나 한복이나 김치와 같은 것들이겠지요. 그것들은 이미 일등입니다. 문제는 세계화를 어떻게 시키느냐의 고민과 노력이 남아 있는 것이겠지요. 그러나 대부분 다른 나라가 일등인 것을 따라가려고만 하지요. 가장 대표적인 것이 영어공부일 것입니다. 우리나라가 영어공부에 쏟는 노력만큼 한국어를 연구하고 세계화하는데 힘쓴다면, 세월이 흐른 후에 전혀 다른 결과가 나올 수 있겠지요. 개개인의 경우도 마찬가지입니다. 자신이 가장 잘하는 것을 연구하고 연마한다면 성공하기가 쉽겠지요.

세상에는 의미 없는 것이 하나도 없습니다. 또한 자신의 삶에 있어서도 소중하지 않은 순간이란 있을 수 없지요. 그러므로 순간의 모습으로 전체를 평가하려 해서도 안 되며, 전체만 중시하느라 순간을 무시해서도 안 될 것입니다. 하나는 무한으로 통하고, 무한은 하나 위에 있기 때문입니다.

원만구족이란 어떤 상태를 가리키나?

問 : 경전에서나 스님들의 법문에서나 원만구족(圓滿具足)이라는 표현을 많이 접합니다. 이것은 어떠한 상태인 것이며 현실에서 가능한 것인지요?

答 : 불자들이라면 익히 알고 있는 용어 중에 오유지족(吾唯知足)이 있을 것입니다. 흔히 붓글씨로 많이 만났을 이 말은 '나는 오직 만족할 줄을 안다'는 뜻이 됩니다. 원만구족을 현실에서 찾는다면 바로 이 오유지족의 경지에서 비로소 가능해진다고 볼 수 있을 것입니다.

원만구족은 깨달음의 경지이면서 부처님의 삶이라고 할 수 있습니다. 그런데 일반인의 눈에 석가모니부처님의 삶이 과연 만족스러울까요?

석가모니부처님은 당신의 몫이 될 왕국을 버리고 평생을 걸식으로 얻어먹으며 살았으며, 출가 이후는 언제나 무더운 인도의 땅 위를 걸어 다니셨던 분입니다. 겉모습만 보자면, 요즘 사람들의 기준으로는 철저히 실패한 표본이라고도 볼 수 있는 삶이 아닐까요? 그런데도 그분은 이천 오백 년이 지난 지금 세상에서 가장 위대한 스승이 되어 있습니다.

사람들은 평범한 보통의 삶이 얼마나 넉넉한지를 잘 모릅니다. 우선 있는 그대로의 몸만 하더라도 원만구족입니다. 크게 불편한 곳이 없는 자신의 육체를 정말로 감사하게 생각하며 행복해하는 사람을 별로 보질 못했습니다. 늘 불만만 얘기하지요. 그러나 사고를 당해 팔다리가 불편해지면, 이전의 몸이 얼마나 완전했는지를 비로소 알게 됩니다. 그냥 평범하게 가고 싶은 곳으로 걸어갈 수 있는 다리가 얼마나 완전한지는 다리를 못 쓰게 되면 바로 알 수 있습니다. 그냥 뚫려 있어 전혀 신경도 쓰지 않던 콧구멍이 막혀 숨쉬기가 불편해지면 그때에야 비로소 이전의 코가 완벽했음을 알게 됩니다. 우리의 신체는 이처럼 타고난 그대로 완벽한 것이지만, 문제는 그렇게 생각하는 이들이 별로 없다는 것이지요.

마음은 또 어떨까요? 어떤 부질없는 생각이 일어나기 전의 마음은 원만구족입니다. 그러나 부족하다는 생각이 일어나는 순간 원만구족은 깨어집니다. 그래서 불교에서는 무념(無念)을 강조합니다. 하지만 어찌 사람이 아무 생각이 없이 살 수 있느냐고 반문할 것입니다. 불교의 무념은 아무 생각이 없다는 뜻이 아니라 '부질없는 생각이 없는 상태'라고 이해하면 좋습니다. 다시 말해 눈앞에 전개되는 모든 상황을 있는 그대로 바라보는 것입니다. 모든 생각에는 어느 것 하나 고정적인 실체가 없습니다. 그러나 한 가지 생각을 되풀이하며 그 생각에 집착하게 되면, 눈앞의 상황을 엉뚱하게 받아들이게 되는 것이지요. 그러므로 눈앞의 상황에 대해 수용이 어렵게 됩니다. 이미 원만구족과는 멀어진 것입니다.

욕심을 계속 일으키면서 그것이 계속 채워지는 삶이란 불가능합니다. 물론 노력하면 일시적으로 만족할 수는 있겠으나 곧바로 다시 부족한 상태가 되기 때문에 결과적으로는 결국 불만이 쌓이고 괴롭게 될 것입니다. 부유함과 가난함, 사치스러움과 검소함 등의 표현은 어디까지나 하나의 잣대일 뿐입니다. 잣대를 들이대면 넘치거나 모자라거나 둘 중의 하나겠지요. 게다가 그 잣대가 수시로 변한다면 어떻게 될까요? 그러므로 그 어떤 잣대도 저울도 없는 상태가 되어야 합니다. 그 때에만 원만구족이 무엇인지를 진정 알게 될 것입니다.

객관적인 원만구족, 모든 사람이 번뇌를 일으키면서도 행복해 할 그런 원만구족은 세상 어디에도 없습니다.

깨달음이 언어도단이면 경전은 왜 있는가?

問 : 부처님께서 깨달으신 것을 다른 이들에게 설명한 것이 경전이라고 알고 있습니다. 그런데 한편으로 선사들은 깨달음은 언어도단(言語道斷)의 경지라 하여 말로 표현할 수 없다고도 하는데, 그렇다면 경전이 엉터리라는 뜻인지요?

答 : 불교는 깨달음을 직접 경험해야 한다고 해서 체득(體得)의 종교 혹은 증득(證得)의 종교라고도 하지요. 다시 말해 부처님의 말씀을 외우고 믿는다고 해서 곧 마음이 자유롭고 행복해지는 것이 아니라 부처님처럼 깨달아야만 그것이 가능하다는 뜻입니다. 그런데 사실 다른 종교도 그 핵심에 다가서면 직접적인 실천을 통해

성현들이 깨달은 경지를 체험케 하려는 것임을 알게 됩니다.

　언어도단이란 '언어의 길이 끊어졌다' 는 말인데, 이것은 언어의 방법만으로는 실체에 도달할 수 없다는 뜻입니다. 경전이 부처님의 가르침을 기록한 것이긴 하지만, 그 경전을 통해 마치 지어진 밥을 주듯이 깨달음을 줄 수 있는 것은 아닙니다. 밥을 직접 줄 수는 없지만 쌀로 밥을 지어 먹고 건강하게 살 수 있는 것을 가르쳐 줄 수는 있습니다. 그래서 벼농사 짓는 법에서부터 밥을 지어 먹는 것까지를 자세히 설명하는 것이지요. 그러나 아무리 그 얘기를 되풀이해 들어도 말로 설명되는 밥이 입에 들어오는 것은 아닙니다. 그것은 어디까지나 '언어의 밥' 일 뿐이기 때문이며, 아무리 밥에 대한 설명을 들어도 배는 계속 고플 수밖에 없지요. 그렇기 때문에 설명을 들은 후에는 직접 쌀을 구해서 밥을 지어 먹어야만 건강한 삶을 유지할 수 있는 것입니다.

　선사들은 독창적으로 그렇게 말씀한 것이 아닙니다. 오히려 부처님의 말씀을 오해한 사람들에게, 선사들은 부처님의 가르치신 내용이 그런 것이 아니라는 것을 일깨워주고 있는 것이지요. 경전을 자세히 살펴보면 이미 모든 곳에서 부처님은 직접적인 체득을 강조하십니다. 오히려 맹목적으로 믿고 따르는 것을 경계하셨지요. 만약 경전에서 믿음을 강조한 내용이 있었다면 우선 그 가르침을 믿고 실천해 보라는 뜻에서 강조한 것입니다. 왜냐하면 직접 깨닫기 전에는 부처님의 말씀을 실감할 수 없기 때문에, 많은 이들이 의심하고 다시 또 괴로운 길로 가버릴 수가 있기 때문이지요.

한 가지 예를 들어 설명해 보겠습니다. 우리는 삼독을 쉽게 설명합니다. 탐욕과 성냄과 지혜롭지 못함은 독과 같아서 우리를 고통스럽게 만든다고 누구나 설명은 합니다. 그러나 실제의 삶에서는 그렇게 호락호락하지 않습니다. 상당히 오래 수행을 한 이가 법문에서 청산유수같이 설명하던 때와는 달리, 권력과 명예 등으로부터 자유롭지 못함을 흔히 보게 됩니다. 닭 벼슬보다도 못하다는 자리를 두고 어지럽게 싸우기도 하고, 관속에 넣어 갈 수도 없는 명예를 얻으려는 몸부림에 일생의 공덕이 봄날에 지는 꽃잎처럼 떨어져 내리기도 합니다.

경전에서는 이미 이런 것들이 허깨비 같은 것이며 물거품 같은 것이므로, 여기에 끌려가서는 결코 해탈할 수 없다고 가르쳐 주셨습니다. 그리고 그 가르침은 권세나 명예를 탐한 이들도 익히 알고 있는 것이지요. 그러나 '아는 것'이 아무 소용 없음을 우리는 현실에서 아주 쉽게 볼 수 있습니다. 그러니 해탈이니 무애자재니 하는 경지가 언어도단의 세계라고 하는 것입니다.

깨달음은 설명만으로 전달되는 것이 아니며, 이해만으로 얻을 수 있는 것이 결코 아닙니다. 그렇지만 경전이나 선지식의 도움을 받는 것이 가장 빠릅니다.

유통되는 금강경이
왜 서로 다른가?

問 : 금강경을 독송하고 사경하는 것을 수행으로 삼고 있습니다. 그런데 대하는 금강경마다 약간씩 차이가 있어 혼란스럽습니다. 대한불교조계종 교육원에서 펴낸 '표준금강경'도 기존의 것과는 발음이나 한자가 다른데 어떻게 이해해야 합니까?

答 : 경을 독송하고 사경(寫經)하는 분이라면 대부분 겪는 일일 것입니다. 이 문제는 스님들도 많이 생각했던 일이지요. 그래서 고심 끝에 '표준금강경'을 만들었겠지요. 그렇지만 스님들은 여전히 목판본으로 된 금강경(金剛經五家解)을 교재로 씁니다. 물론 크게 문제가 되지도 않습니다. 왜냐하면 스님들은 금강경을 통해 부처님의 마음을 읽으려

애쓰기 때문입니다.

경전은 녹음된 부처님 말씀을 그대로 문자화한 것이 아닙니다. 부처님께서 열반에 드신 후 외워서 전승했던 것을 수백 년이 지나서야 문자화하게 되지요. 그런데다 대부분 필사(筆寫)로 전해왔기 때문에 낱낱 단어까지 그대로 전해지기란 쉽지 않은 것입니다.

흔히 팔만대장경이라고 일컫는 '고려대장경'은 잘못된 글자나 빠진 글자가 없는 것으로 유명합니다. 현재 전해지는 많은 대장경이 있지만, 고려대장경이 세계적으로 인정받는 데는 바로 정확성이 큰 몫을 하고 있는 것이지요. 그러나 고려대장경에 들어 있는 경문이라고 처음 것이 그대로 전해졌다는 뜻은 아닙니다. 고려대장경을 만들면서 저본으로 삼았던 판본을 옮길 때 오자나 탈자가 없었다는 뜻입니다.

금강경은 범본(梵本-인도어 경)이 있고 한역본이 있는데, 범본도 한 가지만 있는 것이 아니고 한역본은 대표적인 여섯 가지가 있습니다. 우리나라를 비롯해 중국과 일본에서도 널리 통용되는 구마라집스님의 한역본은 독송하기에는 최상이라고 할 수 있지만, 범본이나 다른 번역본과는 많은 부분에서 차이가 납니다. 삼십 년 전쯤 승가대학에서 수학할 때 금강경의 범본과 한역본 6종을 비교분석하며 연구한 일이 있습니다. 이전에 금강경오가해(金剛經五家解)를 통해 공부하면서 오직 한 가지 금강경만 있을 것이라고 생각했던 때라, 그때 받은 충격은 대단했습니다. 그러나 비교분석이 끝났을 때는 충격에서 완전히 벗어날 수가 있었지요. 구마라집스님의 역본보다 3분의 1 정도의 분량이 더 있고 게다가 범본에 충실한 현장스님의 역본이나 그 외의 다른 모든 역본들이, 모두 근본적인 부처님의 가르침에는 차이가 없었기 때문입니다.

　조계종교육원의 '표준금강경' 편집은 늦은 감이 있습니다. 또한 많은 고심이 있었겠지만 이왕이면 좀 더 여유를 가지고 범어의 발음부분이나 경문의 첨삭 등 문제를 심도 있게 다뤘으면 좋았겠다고 생각했습니다. 범본에서 한역하고 그것을 다시 우리말로 옮기는 과정에서의 불합리한 점 등은 모두가 공감하고 있던 것이었지만, 전통적으로는 경문을 수정할 수 없다는 불문율 같은 것이 있기에 개인이 하기에는 무척 부담이 되는 일이지요. 그렇기 때문에 교육원의 새로운 편집이 좋은 기회였던 셈입니다.

　경을 필사하거나 독송하는 것은 행복한 삶을 위한 수단일 것입니다. 그렇기 때문에 경문의 문제 등은 전문가들에게 맡기고 부처님의 가르침을 자기 것으로 하는 것이 중요합니다. 금강경을 받아 지니고 독송하며 베껴 쓰고 다른 사람에게 설명하는 수행의 근본은, 바로 부처님의 마음을 파악하여 자신도 그러한 마음 상태로 되는 것이기 때문입니다.

지장경과 지옥설은 부처님 말씀이 아닌가?

問 : 백중기도를 하면서 '지장본원경'을 공부하고 있습니다. 그런데 어떤 학자가 보더니 부처님이 직접 말씀하신 경이 아니라고 하면서 독송할 가치가 없다고 하였습니다. 뿐만 아니라 부처님께서는 지옥을 설명하신 적도 없다고 하였습니다. 이런 점들이 혼란스럽게 합니다.

答 : '지장본원경'은 인과의 원리와 결과를 철저히 밝힌 경입니다. 그러나 학자들은 대부분 인정하지 않으려고 하지요. 어떤 이들은 대승경전 대부분을 인정하지 않으려 하기도 합니다. 대승경전은 부처님이 직접 말씀하신 것이 아니라는 '대승비불설(大乘非佛說)'을 강조하며, 오직 아함경 등의 초기 불전만을 부처님의 가르침이라고 주장합니다.

불교의 역사적인 흐름이나 여러 상황으로 봐서는 학자들의 의견도 일리가 있습니다. 그렇지만 그런 주장은 언어문자적인 해석일 뿐입니다.

지옥에 대한 설명은 대승경전에서 시작된 것이 아닙니다. 이미 초기경전에서 소상하게 설명되는 부분이 많습니다. 한 예로 부처님의 설법에서 비교적 초기의 것으로 추측되는 『숫타니파타』의 '꼬깔리야의 경'에는 부처님께서 한 사건을 계기로 지옥에 가게 되는 사람과 그 지옥의 고통 등에 대해 자세히 설명하셨지요. 이처럼 지옥의 얘기나 인과의 말씀은 부처님께서 모두 직접 말씀하신 것들을 토대로 이루어졌다고 볼 수 있는 것입니다.

지옥이 실재하는 것이냐를 두고 따지는 것은 우리들의 삶에 별 도움이 되지 않습니다. 세상을 둘러보면 현재 지구상에서 일어나는 비극적인 현상들이 바로 지옥의 고통이며, 지금 이 순간에도 괴로움으로 몸부림치는 사람이라면 그 마음이 바로 지옥일 것입니다. 가장 중요한 것은 지옥이라는 실물에 핵심이 있는 것이 아닐 것입니다. 어리석은 사람에게 끝없이 일어나는 마음의 고통을 어떻게 멈출 수 있느냐는 것이지요. 부처님의 말씀은 언제나 이 고통을 멈추게 하고 해탈케 하는 데 목적이 있습니다.

'대승경전은 부처님 말씀이 아니다'는 주장은 오래전에 일본학자들로부터 시작된 불교학 연구의 측면입니다. 우리나라에서는 근래에 이런 주장들이 나오고 있지요. 그러나 일본에서는 부처님의 핵심적인 가르침이 전개된 것이라면 불설(佛說)로 보는 것에 무리가 없다는 식으로 정리되었던 것으로 알고 있습니다.

　만약 가르침의 내용을 중시하지 않고 오직 부처님이 직접 말씀하신 것만을 불경이라고 한다면, 우리는 어떤 것이 진짜라고 확언할 수 없습니다. 왜냐하면 초기 경전도 스님들이 수백 년간 외워 전해온 것을 나중에야 문자화하였기 때문이지요.

　외형적인 것은 모두 그 시대의 요구에 따라 변하기 마련입니다. 부처님의 가르침을 보다 효과적으로 전하기 위해 대승경전이 편찬되었다고 볼 때, 가르침의 핵심을 왜곡하지 않는다면 문제 될 것이 없는 것이지요. 마치 우리의 몸과 정신이 태어날 때의 것이 아니지만 여전히 부모님의 자식이라 하고, 또 끊임없이 육체와 정신상태가 변해왔지만 여전히 '나'라고 인정하는 것과 같은 이치입니다.

　불교를 수행하는 사람으로 역사적인 입장에서만 경전을 따지는 것은 바람직하지 않습니다. 그보다 더 중요한 것은 지금 자신의 삶을 어떻게 개선시키고 자유롭게 하며 행복하게 할 수 있느냐는 것이겠지요.

　부처님께서도 이미 이런 상황에 대해 설명하셨습니다. 당신의 가르침은 마치 뗏목과 같아서 고통의 강을 건너는 데 필요할 뿐이며, 건너지 못한 사람은 의지하고 이미 건넌 사람은 버리라고 하셨습니다. 그러니 고통의 강을 건너는 데 도움이 되는 방법을 따르면 좋겠습니다.

공과 제법실상은 모순되는 것 아닌가?

問 : 모든 것이 실체가 없다는 공(空)과 모든 것이 실제의 모양이라는 제법실상(諸法實相)은 아무래도 모순인 것 같습니다. 왜 이렇게 모순되는 내용을 가르치는 것입니까?

答 : 공과 제법실상은 표현의 차이일 뿐이며, 실제로 가리키고 있는 것은 같은 것입니다. 이는 마치 우리나라에서는 오라는 표현을 할 때 손바닥을 아래로 해서 상하로 흔들지만, 미국에서는 손바닥을 위로해서 손가락을 전후로 움직이는 것과 같은 것이지요. 단순히 손 모양을 보면 서로 반대이지만 표현하는 내용은 동일한 것입니다.

공과 제법실상도 단어의 해석만 보면 반대인 것처럼 받아들일 수 있습니다. 그러나 공이나 제법실상이라는 용어를 통해 깨쳐주려는 내용은 동일한 것이라고 보면 좋겠습니다. 주의할 것은 이 가르침이 각기 다른 입장의 사람에게 사용된다는 점입니다.

공이란 비어 있음을 뜻하는 말입니다. 비어 있음은 없음과는 다른 말입니다. 없음은 말 그대로 '그 무언가가 없는 것'이라면 비어 있음은 '그 무언가가 오고 가는 그 자리가 비어 있다'는 뜻이지요. 없음이 한 단면을 표현하고 있다면 공은 연속성을 설명하고 있습니다.

우리의 몸을 보면 무게와 부피를 지닌 엄연한 공간구성체입니다. 그러므로 극히 짧은 찰나의 단면에서는 일정한 무게와 부피를 지닙니다. 하지만 불과 몇 시간 뒤에는 이미 달라져 있는 것을 확인할 수 있습니다. 좀 더 분석해 보면 몸이라는 것이 세포나 피나 여러 호르몬 등이 어느 한 순간도 멈춘 상태가 없는 것이며 변화하고 있는 것이지요. 이것이 끝없는 변화인 공(空)인 것입니다.

사람들은 모두 하나의 몸으로 평생을 산다고 생각하고 있습니다. 실제로 어릴 적의 큰 상처가 평생 가기도 하니까, 그렇게 생각하는 것도 무리는 아니지요. 아울러 그 몸으로 밥 먹고 잠자고 똥 싸는 일을 했지 완전히 별개의 몸으로 한 것이 아닙니다. 그러므로 변하는 상태로 쓰고 있는 그 몸이 곧 모든 것을 느끼고 행동하는 실제의 몸인 것이지요. 이런 입장에서 볼 때 몸은 곧 실상(實相)인 것입니다.

생각도 끝없이 변하고 있으므로 고정된 영원불변의 생각은 없습니다.

그래서 마음이 공하다고 표현합니다. 그러나 끝없이 변하는 그 생각들로 인해 괴로워하기도 하고 행복해하기도 합니다. 또한 긍정적인 생각을 하면 삶이 건전해지고, 부정적인 생각을 하면 삶이 비관적으로 바뀝니다. 따라서 생각도 바로 실제적인 기운으로 움직이게 되는 실상이라고 볼 수 있지요.

이 두 가지 어울릴 것 같지 않은 가르침은 상반되게 생각하는 사람들 때문에 비롯된 것입니다. 만약 사물이나 생각을 영원히 변치 않을 것이라고 집착하는 사람은 변화를 받아들일 수 없게 됩니다. 그런 사람은 끝없이 변하는 자신의 생각과 몸은 말할 것도 없고 타인의 생각과 눈앞의 사물이 변하는 것으로 인해 언제나 괴로워하게 됩니다. 이런 사람에게는 바로 공의 원리를 깨닫게 함으로써 괴로움으로부터 해탈케 하려는 것입니다. 또 만약 공이나 무(無)를 오해하여 모든 것이 다 부질없다는 허무주의에 빠지면 자학적인 생활을 함으로써 괴로워하게 됩니다. 이런 사람에게는 모든 존재가 참답다는 원리를 깨우치게 함으로써 자유롭고 행복한 삶을 꾸려가게 할 수 있는 것이지요.

깨닫지 못한 입장에서 단어만 분석하면 공과 제법실상은 반대되는 것으로 보이겠지만, 깨닫고 보면 공과 제법실상은 같은 것입니다.

불교에서 왜 '없다'고 표현하는가?

問 : 불교에서는 '무엇이 없다'는 표현을 많이 하는데, 이런 표현을 많이 쓰는 데는 특별한 이유가 있습니까?

答 : 불교에서 즐겨 쓰는 '없음'은 초월적인 경지인 해탈을 설명하려는 표현입니다. 예컨대 '눈·귀·코·입·살갗이 없다'고 할 경우, 눈·귀·코·입·살갗의 한계를 넘어섰다는 것을 뜻합니다. 그러므로 단순히 '있다'의 반대인 '없다'는 뜻으로 풀이하면 전혀 엉뚱한 곳을 보게 됩니다.

사람들은 무언가가 있다는 전제하에서 모든 것을 시작합니다. 그래서 태어남도 있고 늙음도 있고 병듦도 있고 죽음도 있다고 생각합니다.

현실적으로도 눈앞에서 그렇게 전개되고 있으니 믿지 않을 도리가 없겠지요. 당연히 그에 따른 갖가지 괴로움도 느끼게 될 것입니다. 생로병사가 실재하는 것이라는 상황에서 보면 괴로움도 실재하는 것이 됩니다. 이 실재하는 괴로움에서부터 벗어나기 위해 또 갖가지 노력을 합니다. 그래서 즐겁다고 생각되는 것들을 찾게 되지요.

처음에는 비교적 빨리 와 닿는 감각적인 것들을 찾게 될 것입니다. 그래서 눈·귀·코·입·살갗으로 느끼는 것들에 탐닉하게 됩니다. 하지만 감각적인 것들은 빨리 느껴지기도 하지만 또 금방 싫어지기도 하는 것이지요. 그래서 점차 자극이 강한 쪽으로 흘러갑니다. 그렇게 계속 추구하면 결국 쾌락주의자가 되는데, 많은 사례에서 알 수 있듯이 파멸로 이어질 가능성이 매우 높습니다.

다음으로는 보다 고급스러운 인식적인 측면에서 즐거움을 찾으려 노력하게 됩니다. 이 경우는 다양한 문화적인 형태의 취미생활이라든지 사유의 훈련인 명상이라든지 하는 것들이 있을 수 있겠지요. 이는 상대적으로 덜 자극적이며 더 진지한 사람을 만들어 줍니다. 그렇지만 진지하다고 해서 모두가 편안해지는 것은 아니지요. 그 진지한 이면에 깔려 있는 고뇌의 아픔 또한 감내하기 어려운 세계이기도 합니다.

반대적인 성향을 보이는 사람들이 있습니다. 그들은 세상의 모든 것들은 모두 부질없는 것일 뿐이라는 염세적인 태도를 보입니다. 그래서 세상을 등진 채로 사회로부터 도피하려는 경향을 보입니다. 고립적인 삶을 살면서 부정적인 시각으로 사회를 무시하려는 태도로 일관하지요. 그런 다고 그 자신이 편안해질까요? 그렇게 살아 본 사람은 그것이 편안한 삶이 아니라는 것을 알 것입니다.

불교의 유일한 목적은 사람들을 편케 하는 것입니다. 그렇기 때문에 소위 깨달은 사람은 편안해진 사람이라는 뜻이기도 합니다.

깨달은 이들은 일반 사람들이 있다고 하는 그것이 바로 자기의 생각에서 비롯되는 그림자인 것을 압니다. 쾌락적인 것도 넘어서고 염세적인 것도 벗어납니다. 그래서 생로병사도 없는 경지에 이릅니다. 사람들에게 생로병사라고 마음에 각인되는 것은 그것이 괴로움의 현상으로 쉽게 넘어설 수 없는 장벽처럼 느껴지기 때문입니다. 그러나 깨달은 사람에게는 그것이 그냥 변화하는 우주의 원리일 따름인 것입니다.

불교에서의 '없음(無)'의 경지는 깨어 있음의 다른 표현입니다. 그 무엇에도 휘둘리지 않고 끌려다니지 않으면서, 일하고 밥 먹으며 놀고 잠자는 '자유자재'인 것입니다. 물론 거기에는 고착된 '나'란 없지요.

직관이 무엇인가?

問 : 불교공부를 시작하면서 직관이라는 말을 많이 들었습니다. 설명을 들어도 명확하게 이해가 되질 않습니다. 직관이란 어떤 것입니까?

答 : 아주 간단하게 말하자면 있는 그대로를 파악하는 관찰력이라고 할 수 있는데, 이 직관(直觀)은 누구에게나 있는 능력입니다. 그러나 이 직관의 능력을 실제로 사용할 수 있는 사람은 그리 많지 않을 것입니다. 왜냐하면 배우거나 습득되는 것이 아니기 때문입니다.

비유하자면 직관은 햇빛처럼 모든 사물의 본래 모습을 드러나게 하는 능력입니다. 그러나 이 햇빛도 여러 가지의 환경적인 조건에 의해 본래의 제 힘을 발휘할 수 없게도 되지요. 우선 구름이 끼면 대부분의 햇빛이 통과를 할 수 없게 되어 구름 아래의 사물은 흐릿하게 보입니다.

 햇빛이 시골의 깨끗한 시냇물을 만난다면 굴절이 되면서 물속의 사물이 훨씬 가깝게 보일 것입니다. 만약 수영을 하지 못하는 사람이 그 시냇물 속의 자갈을 보면서 그리 깊지 않다고 생각해서 물속으로 들어간다면 자칫 목숨을 잃을 수도 있겠지요.

 햇빛은 투명하기에 모든 것을 그대로 보이게 하는 것이지만, 만약에 프리즘을 통과한다면 무지개처럼 많은 색으로 바뀝니다. 보기에는 예쁘지 모르지만 다른 것을 비춰 그 모습을 드러나게 할 수는 없는 것이지요.

 햇빛이 흙탕물을 만나면 작은 흙의 입자들에 부딪혀 물의 깊이를 전혀 가늠할 수 없게 하고, 또 석회질이 많은 웅덩이의 물을 만나면 짙은 비취빛으로 보여 한없이 깊게 보이게도 합니다.

 이처럼 햇빛도 수많은 조건에 따라 사물의 본래 모습을 드러내지 못할 경우가 너무나 많습니다. 그렇다고 햇빛의 공능이 없어진 것은 결코 아니지요.

 직관이 누구에게나 있는 능력이긴 하지만, 위에서 살펴본 햇빛처럼 그 능력을 발휘할 수 없게 되는 경우가 무수히 많습니다. 그 장애하는 것들을 번뇌라고 합니다.

 직관력이 발휘될 수 없도록 하는 것 중에 대표적인 것으로는 탐욕과 분노와 불신 등을 들 수 있습니다. 이런 것들은 실제 상황을 너무나 심하게 왜곡시키므로 마치 흙탕물이나 프리즘을 통과한 무지개색처럼 직관력을 차단해 버립니다.

　직관력을 완전히 차단하지는 않더라도 착각에 빠지게 하는 대표적인 것으로 지식을 들 수 있지요. 이 지식은 얼핏 맑은 시냇물처럼 투명한 것 같지만 실제보다 가깝거나 얕게 보이게 함으로써 그릇된 판단을 내리게 합니다. 여기에 기쁨이나 슬픔 등의 감정이 아지랑이나 안개처럼 끼면 실제와는 더 멀어지지요.

　직관은 맑게 갠 날 높은 산꼭대기에서 사방을 분명히 볼 수 있는 것과 같습니다. 산의 정상에서는 어느 곳을 가면 낭떠러지가 있는지 또는 편안한 길이 있는지를 알 수 있는 것처럼, 장애요인을 벗어난 직관은 미래를 내다보는 선견지명이 가능해지는 것이며, 괴로움으로 가는 어리석음을 범하지 않게 됩니다.

　직관이 있는 그대로를 파악하는 능력이라고 해서 보이고 들리는 대로 판단하는 것이라고 생각해선 안 됩니다. 오히려 보지 않고 보며 듣지 않고 듣는 경지라고 할 수 있지요. 왜냐하면 생각으로 인한 가림이나 굴절이 없는 통찰력이기 때문입니다. 그러므로 직관은 깨달음으로 말미암아 드러나는 우리 본래의 지혜인 것입니다.

서유기에서 세 제자는 무엇을 뜻하는가?

問 : 서유기를 읽었습니다. 내용이 현장법사의 구법(求法)을 소설화한 것처럼 보이는데, 왜 현실에서는 있지도 않았고 또 있을 수도 없는 세 제자를 등장시켰는지가 궁금합니다.

答 : 서유기는 현장스님의 구법을 토대로 하여 소설화한 것입니다. 그래서 삼장법사와 세 제자를 등장시켜 그 과정을 상징적으로 보여줍니다. 신심과 용맹심으로 삼장법사가 천축을 향해 길을 떠나지만, 그 길은 앞날을 예측할 수 없는 난행고행의 길입니다. 뿐만 아니라 생존도 보장받을 수 없는 길이지요. 모든 수행자의 길이 바로 그러합니다.

삼장법사는 바로 수행자의 마음자리에 해당하는데, 이 마음자리는 깨닫기 전까지는 때때로 무기력하게 느껴질 수도 있습니다. 그래서 계정혜(戒定慧)의 세 가지 수행법(三學)을 의지하라고 가르칩니다.

불교에서는 많은 번뇌 중에서 탐진치(貪瞋癡) 삼독(三毒)을 가장 경계합니다. 능력의 범주를 훨씬 벗어나 버린 욕심(貪)과 조절 범주를 벗어나 버린 분노(瞋)와 방향을 상실해 버린 어리석음(癡)은 그 자체로서 독소가 되지요. 이것은 누구에게나 있는 가장 강력한 심리작용입니다. 그렇기 때문에 누구라도 괴로움으로부터 자유롭지 못하다고 하는 것이지요. 그런데 이 삼독이 일어나는 자리는 따로 있는 것이 아니라 깨달음을 이룰 수 있는 그 마음에 있습니다. 그래서 삼독으로 쏠리는 힘을 깨달음으로 나아갈 수 있도록 전환하는 것이 필요하지요. 전환하는 그 자체를 수행이라고 하며, 삼독이 전환된 것을 바로 계정혜 삼학이라고 합니다.

서유기에서 삼장법사는 깨달음에 이른 스승의 모습이라기보다는 구법의 과정에 있는 존재로 설정되어 있다고 보는 것이 좋습니다. 그래서 세 제자는 삼장법사의 삼독이면서 동시에 삼학인 것입니다. 이는 수행과정에서 빈번하게 일어나는 갈등의 구조를 설명하고 있는 셈입니다. 세 제자는 늘 말썽을 일으킵니다. 세 제자의 말썽은 삼장법사가 본능을 따르거나 숙업에 끌려가는 것이라고 볼 수 있습니다. 그래서 곤란에 처하게 만들지요. 그렇지만 또 문제를 해결하는 것도 세 제자입니다. 이때의 제자는 삼장법사가 수행자 본연의 자세를 잘 견지하여 모든 것을 잘 조절

할 수 있는 계학(戒學)과 어떤 경우라도 동요되지 않는 정학(定學)과 늘 깨어 있는 혜학(慧學)의 경지에 있는 것을 뜻하지요. 결국 저팔계는 삼장법사의 탐심(貪心)이면서 계학이고, 사오정은 삼장법사의 진심(瞋心)이면서 정학이며, 손오공은 삼장법사의 치심(癡心)이면서 혜학인 셈입니다.

삼장법사는 세 제자와 더불어 여래를 뵙고 본래의 목적인 경전을 구하여 돌아오게 되는데, 공교롭게도 광풍에 경전이 날리면서 손오공이 경이 백지인 것을 밝혀냅니다. 그래서 글자로 된 경으로 바꿔 오지요. 이것은 바로 손오공의 법명인 '공을 깨닫다(悟空)'라는 뜻과 직결됩니다. 백지와 같은 공을 깨닫고 중생을 위한 대자비로 전환한 지혜의 경을 가져오는 것이라고 보면 됩니다.

세상에서 가장 성공하기 쉬운 인물을 들자면 바로 손오공과 같은 사람일 것입니다. 재주 많고 정의감도 뛰어나며 마음먹은 일은 기어코 하고야 마는 성격이지요. 바로 이것이 불교에서 갈파한 어리석음입니다. 일반적으로 생각하는 멍청한 것과는 완전히 다른 것이지요.

불교에서 가장 문제라고 보는 어리석음은 '일체가 비어 있고 끝없이 변해가는 무한의 세계인 공(空)'을 깨달을 때에만 사라집니다.

어떤 것이 바른 방편인가?

問 : 불교공부를 하면서 방편이라는 말을 아주 많이 접합니다. 어떤 경우에는 뭔가 불합리하다고 느낄 때가 있는데, 방편이라고 하면 모든 것이 정당화될 수 있는 것입니까?

答 : 질문에서의 요지는 마음에 들지 않는 행위를 하면서 방편이라는 말로 변명을 삼는 것 같다는 뜻인 듯합니다. 물론 방편이라는 말로 모든 것이 정당화될 수도 없고, 그렇게 사용해서도 안 되는 말입니다. 그렇지만 스승이 바른 방편을 썼다고 해도 제자가 그것을 통해 마음의 눈이 열리지 않았다면, 제자의 입장에서는 뭔가 억지스럽다는 생각을 할 수 있습니다.

방편(方便)은 '접근·도달·수단·방책·공부·기교' 등의 뜻이 있는 범어 우빠–야(upāya)를 한역(漢譯)한 말입니다. 이 우빠–야의 다른 한역어로는 '방계(方計)·교편(巧便)·권(權)·권방편(權方便)' 등이 있지요. 위의 뜻이나 한역어를 잘 살펴보면 방편이란 목적지에 이르기 위해 동원되는 모든 수단이라는 것을 짐작할 수 있을 것입니다. 그러니 목적지가 아니라는 점에서는 임시적이고 거짓이라는 느낌이 강한 것도 사실입니다.

방편이 정당성을 인정받으려면 반드시 그 목적이 정당해야 합니다. 예컨대 동생의 떡을 뺏어 먹으려는 목적으로 "내가 별 만들어 줄게" 하며 떡을 베어 먹는 것은 방편이 될 수 없습니다. 그냥 속임수인 것이지요. 반면에 울음을 그치지 않는 아이를 보고 엄마가 "계속 울면 호랑이가 물어 간다"고 하는 것은 정당한 목적을 위한 거짓말이므로 방편이 되는 것입니다.

불교에서 방편이라는 말을 즐겨 사용하는 데는 매우 중요한 뜻이 있습니다. 불교의 목표는 부처님처럼 사는 것입니다. 부처님처럼 깨닫고 부처님처럼 사람들을 자유와 평화로 인도하면서 행복한 삶을 사는 것입니다. 문제는 부처님처럼 한다는 것이 너무나 어렵다는 것이지요.

우선 깨달음만 하더라도 부처님께서 우리에게 만병통치약과 같은 '깨달음의 환'을 빚어 전해줄 수 있는 것이 아닙니다. 그러니 그 깨달음에 이르는 방법만 말씀하실 수밖에 없었던 것이지요. 물론 깨달음에 대한 설명도 곁들여 말씀하셨습니다. 만약 세상에 알려지지 않은 깊은 산속 샘물을 누군가가 맛보고는 다른 사람들에게 설명하면 모두 그 맛을 알 수 있을까요? 경험이 많은 사람이라면 미뤄 짐작하는 정도겠지요. 결국 그 맛을 정확히 알기 위해서는 샘에 가서 물을 마시는 방법밖에 없습니다.

샘을 찾아가기로 마음을 내었다면 다음으로는 가는 방법을 가르쳐 줘야 하겠지요. 하지만 이것도 산을 잘 타는 사람과 그렇지 못한 사람이 있을 것이고, 산의 어느 방향에 있느냐에 따라서 샘에 이르는 방법은 여러 가지가 될 것입니다. 이것이 바로 수행이라는 것입니다.

부처님께서는 당신께서 말씀하신 가르침이 강을 건너기 위해 필요한 뗏목과 같고, 고기를 잡기 위한 통발과 같다고 하셨습니다. 뿐만 아니라 강을 건넌 자는 뗏목을 버릴 것이고, 고기를 잡은 자는 고기만 가져가면 된다고 하셨지요. 이 말씀이야말로 방편에 대한 정확한 설명이 될 것입니다.

방편은 모름지기 정당해야만 합니다. 비록 그것이 목적을 이루기 위한 수단이라 할지라도 처음도 좋고 중간도 좋고 끝도 좋아야만 하지요. 그것을 '훌륭하고 멋진 수단'이라는 뜻에서 선교방편(善巧方便)이라고 합니다.

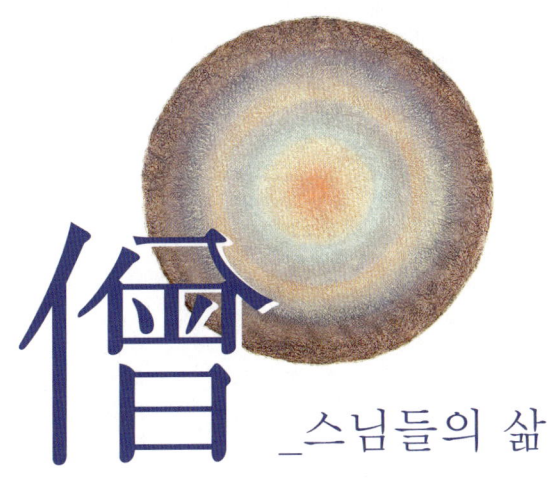

僧 _스님들의 삶

왜 스님들은 고행을 택하는가?

問 : <u>왜 스님들은 고행을 선택하나요?</u> 아무리 생각해도 살기 좋은 세상을 떠나 출가하는 것이 이해하기 어렵습니다.

答 : 스님들의 출가생활은 고행처럼 보일 수도 있습니다. 평생의 독신생활, 매일 계속하는 독경과 염불, 종일 이어지는 면벽좌선, 며칠씩 자지 않는 용맹정진, 방대한 경론의 평생 연구 등이 평범한 일상과는 멀게 생각되기 때문일 것입니다. 사실 그 생활이 쉽지 않기 때문에 처절한 결심을 했던 출가자들이 20년이 지나면 10% 정도만 남는지도 모릅니다.

하지만 누가 행복한 삶을 등지고 고통의 세계로 가려고 하겠습니까? 부처님도 그러하셨고 스님들도 행복해지려고 출가한 것입니다.

흔히 고행의 길을 택했다고 하지만, 사실은 새로운 길을 선택한 것입니다.

고행의 대표적인 예를 든다면 단연 싯다르타의 6년 고행이 으뜸이 될 것입니다. 곡식 몇 알로 하루하루를 연명했는가 하면 목욕도 삭발도 하지 않는 정좌 생활을 6년간 했기에 머리에는 새가 집을 지어 새끼를 길렀다는 얘기도 전해집니다. 파키스탄의 라호르박물관에는 싯다르타의 고행상이 모셔져 있는데, 핏줄이 덩굴처럼 뼈 위를 지나고 있고, 눈은 움푹 들어가 있습니다. 마주하고 앉아 응시하노라면 그 평화로운 모습에 동화되지만, 정작 부처님께서는 그 고행으로 깨닫지를 못했습니다. 6년 고행은 정해진 고행의 기간을 완수한 것이 아니라, 싯다르타가 고행이라는 방향이 잘못된 것임을 알고 그만둘 때까지의 기간일 뿐입니다. 당시로서는 다른 이들의 눈에 수행을 포기하는 것처럼 보이는 결정이었지요. 그 때문에 같이 고행을 하던 다섯 동료는 싯다르타가 타락했다고 비난하며 곁을 떠나버립니다. 그 이후 기운을 차린 싯다르타는 자리를 옮겨 선정과 관조로 이윽고 깨닫게 되는 것입니다. 깨달으신 후 부처님께서는 맹목적이고 극단적인 고행은 깨달음에 도움이 되지 않는다고 말씀하셨습니다.

일반인들의 삶도 고행이지요. 모든 어머니들과 아버지들은 당신들의 책임을 다하느라 뼈를 깎는 고통을 감내하지만, 요즘의 세태로는 자식들의 존경도 받지 못하는 실정입니다. 또 학자들의 잠을 잊은 연구도 고행이라고 표현해야 할 것입니다. 이처럼 모든 이들이 고행이라고 할 삶을 이어갑니다. 만약 고행만으로 깨닫고 행복해질 수 있는 것이라면, 대부분의 어머니들은 보살이 되어 있어야 마땅할 것이고, 아버지들은 도인이 되어 있어야 마땅하며, 학자들도 선지식이 되었어야 할 것입니다.

스님들이 선택한 길은 고행이 아니라 새로운 방향의 삶입니다. 지금까지 너무나 당연하게 여기고 있던 것들로부터 벗어나고, 습관처럼 되풀이하는 생각의 틀을 깨뜨리는 행위를 출가라고 하는 것입니다. 그러므로 그 생각의 틀을 깨뜨리지 못하고 타성에 젖어 살면 정말로 평생 독신으로 사는 것 등이 고행이 될 것이고, 깨어 있는 사람이라면 일반적으로 힘들고 어렵다는 난행고행(難行苦行)도 봄날의 바람처럼 가벼울 것입니다. 출가의 중요성은 고행에 있지 않습니다. 부처님이 중생 곁으로 가셨듯이, 수행자도 자기 공부의 결과를 사회에 되돌려줘야 하는 것이지요.

누구라도 지금 있는 그 자리에서 굳어진 생각을 깨 버릴 수 있다면 정신적인 출가자가 될 수 있습니다. 정신적 출가는 자신도 남도 자유롭게 합니다. 그리하여 행복한 삶에 이르게 됩니다.

스님은 혼자 삭발하지 못하는가?

問 : 스님들은 스스로 머리를 깍지 못한다는 속담이 아주 빈번히 사용되는데, 그 뜻은 무엇이며 또 바르게 쓰이는 것인지를 알고 싶습니다.

答 : 질문한 속담은 아마도 스스로는 자신의 문제를 해결하지 못한다는 뜻으로 사용되는 것 같습니다. 그렇지만 자신의 문제를 철저하게 자신이 해결하는 것이 출가의 정신이기 때문에 아주 잘못된 비유이며, 속담으로 쓰일 수 없는 것입니다.

만약에 위의 속담이 '스님들이 혼자서는 삭발을 하지 못한다'는 뜻이라면 잘못 알고 있는 것입니다. 스님들은 혼자서도 얼마든지 삭발을 합니다. 안전면도기가 만들어져 있는 요즘은 말할 것도 없거니와 예전에도 여러 스님들과 함께 있지 않을 때는 혼자서 삭발을 했던 것입니다. 삭발의 시작은 석가모니부처님으로부터 비롯되는데, 왕궁을 떠난 싯다르타는 숲에 이르자 스스로 긴 머리카락을 잘라 따라왔던 시종에게 주며 자신의 출가를 왕궁에 알리라고 합니다. 이처럼 의지의 표현으로 나타나는 삭발은 얼마든지 혼자서 할 수 있습니다.

만약에 혼자서 출가할 수 없다는 뜻으로 사용된 것이라면 더욱 잘못된 것입니다. 부처님의 예에서도 알 수 있듯이 출가는 스스로 하는 것입니다. 누군가에 의해 선택되어 출가하는 것이 아니며, 또 선택된 특별한 사람만 하는 것도 아닙니다. 누구든지 스스로가 결심하고 스스로 선택한 길이 출가이기 때문에, 출가야말로 완벽하게 혼자 결정할 문제입니다. 특히 모든 부모님들이 출가를 반대하는 우리의 정서에서는 혼자 결심하는 것뿐만 아니라, 그것을 행동으로 옮기는 자체가 엄청난 반대에 부딪히는 것이지요. 그러므로 정말로 흔들리지 않는 의지가 아니면 출가는 불가능합니다.

만약에 스승이 있어야 스님으로서 자격을 얻을 수 있다는 뜻이라 해도 잘못 사용된 예가 됩니다. 부처님은 스승이 하락해서 출가할 수 있었던 것이 아닙니다. 물론 요즘의 제도로 보면 스승이 정해져야 수계를 할 수 있기는 하지만, 출가자로서의 기본 요건만 되면 당연히 스승이 될 분은 정해지는 것이지요. 그러므로 이 경우에도 비유가 적당하지 않습니다.

이 속담이 갖는 뜻인 '자기 일은 자신이 해결하기 어렵다' 고 하는 경우로 살펴본다면, 이 경우 완전히 불교를 왜곡하는 것입니다. 이 지구상의 종교 가운데서 철저하게 의타적이지 않은 불교를 아주 의타적인 것처럼 생각하게끔 하기 때문입니다.

불교의 시작인 석가모니부처님으로 돌아가 살펴보자면, 당시 수많은 신에 의존하는 분위기 속에서 부처님은 가히 혁명적인 가르침을 펼칩니다. 이 세상의 모든 문제는 스스로가 지어서 스스로가 받는 것이지 결코 신의 뜻에 의해서 조정되는 것은 아니며, 따라서 어떤 문제라도 스스로가 해결할 수밖에 없다고 하셨습니다. 그러므로 모든 인간은 결코 무능력하거나 나약한 것이 아니라 존귀한 존재라고 선언하셨던 것입니다.

스님들은 아무것도 보장되지 않는 출가를 선택했습니다. 그것은 이미 갖춰진 보호체계인 집을 떠나고 가족을 떠나는 것으로 시작됩니다. 뿐만 아니라 산문을 들어설 때 이제까지 심혈을 기울여 배우고 익혔던 것들이 철저히 부정당합니다. 그야말로 갓난아이로 돌아가는 것이지요. 그로부터 스스로 서는 공부를 하게 됩니다. 그래서 출가의 나이를 새로 따집니다. 대학자가 출가해도 행자(예비수행자)에서 시작하고, 수계를 하고 새 이름을 받으면서 한 살이 되는 것입니다. 또한 최후의 경지에서는 존경하는 스승인 부처님께 의지하는 것마저도 버려야 합니다. 이처럼 철저하게 무애자재로 나아가는 스님들의 세계를 전혀 모르는 입장에서 억지로 만든 속담이라 하겠습니다.

속인이라는 표현은 무엇을 뜻하나?

問 : 스님들과 대화를 하다 보면 '속인'이라는 표현을 접하게 되고, 들을 때마다 무시당한다는 느낌을 받게 됩니다. 정확한 뜻과 사용법을 알고 싶습니다.

答 : 속인이라는 단어는 '세속인'을 줄인 말입니다. 이는 '출가인'의 상대적 용어라고 할 수 있습니다. 즉 '사회에서 직장생활이나 가정 생활을 하며 살아가는 사람'이라는 뜻이 되겠지요. 사실 이 말은 단순히 구분을 하기 위한 것에 불과합니다. 실제로 재가불자들이 스님들 앞에서 겸손하게 자신을 낮춰 "속인인 제가 불법에 대해 뭘 알겠습니까." 하는 식으로 표현하기도 합니다. 그렇지만 출가생활을 오래한 스님들이

직접적으로 상대를 가리켜 속인이라는 표현을 하는 경우는 거의 없습니다. 오히려 젊은 수행자가 쓸데없는 생각에 빠져 있거나 출가 이전의 습관대로 행동하면 어른 스님들은 "이런 속인 같은 놈!" 하며 꾸중을 하셨습니다.

불교에서 '세속(世俗)'이라고 표현할 때는 '잡다한 세상일에 신경 쓰면서 자기 이익을 위하며, 외형적인 것에 가치를 두고 있는 곳'이라는 뜻으로 풀이할 수 있을 것입니다. 그렇기 때문에 늘 언제나 자기의 가치관에 매여 옳고 그른 것을 따지느라 시끄럽고, 서로 충돌하며 다투는 것을 두고 '세속적'이라는 표현을 하기도 합니다. 그러므로 이러한 삶을 청산하고 자기성찰의 길로 나아감을 출가라고 하는 것이지요.

출가에서 '가(家)'는 단순히 집을 뜻하는 것이 아니라 '일체의 형식과 틀'을 가리키는 말입니다. 그러므로 세상에서 귀하게 여기는 것들에 얽매이는 현상을 상징적으로 가리키는 말이 '가(家)'라고 할 수 있는 것입니다. 따라서 출가는 세상에서 중시하는 혈연이나 지연 학연 등의 인연에서 벗어나는 것은 말할 것도 없거니와 세상 사람들이 삶의 목표로 삼는 부귀영화나 출세나 지위 명예 등의 집착에서 모두 벗어나 자유롭게 될 때를 진정한 출가라고 할 수 있을 것입니다. 비록 모습은 삭발하고 가사를 걸쳤으나 하는 행은 일반인들과 다를 것이 없고, 그 마음에는 명예나 지위 따위에 연연하고 있다면 마음이 출가하지 못한 상태인 것이지요. 그러므로 스님들에게는 승가의 일원으로서 인연에 의해 부득이 맡게 되는 일을 소임(맡은 임무)이라고 하는 것이지 명예로운 지위로는 생각지 않는 것입니다. 그래서 예전에는 아무리 높은 지위도 그저 돌아가며 잠시 맡는 것으로만 생각했고, 어떤 이들은 그나마도 싫다고 밤중에 바랑을 싸 떠나기도 했던 것입니다. 그런데도 자리나 지위 따위에 연연하는 젊은 스님들이 있으면 노스님들은 곧바로 "이런 속인만도 못한 놈!"이라며 꾸중을 하셨던 것입니다.

엄격히 말하자면 '속인'이라는 용어는 승가 안에서 수행자가 출가의 정신에 어긋날 때 경책하는 뜻으로 어른들이 많이 사용한 것입니다. 그러므로 속인이라는 말이 재가인(在家人)을 무시하기 위해 사용되는 경우는 거의 없는 것이지요.

출세간이니 세간이니 하는 것도 수행자가 최고의 경지인 깨달음에 이르기 위해 여법하게 수행하기 위해 임시로 구분한 것에 불과합니다. 그러므로 원만한 깨달음의 경지에서는 판이하게 다른 두 개의 세상이 존재하는 것이 아닙니다. 일주문 안이나 밖이나 봄이 오면 꽃이 피고 가을이면 잎이 지는 것이지요. 따라서 출가니 세속이니 하는 표현도 임시적인 표현일 뿐입니다.

이판과 사판이 무엇인가?

問 : 얼마 전에 산중에서 수행하는 스님이 아니면 모두가 사판이고 정치승이라는 말이 있었는데, 어떻게 이해하면 좋습니까?

答 : 세상에는 명확한 출처가 없이 잘못 사용되는 용어가 많이 있는데, 그런 것의 대표적 사례가 '이판사판(理判事判)'일 것입니다.

　이판사판이라는 용어는 본래의 불교에는 없었던 것이 우리나라 조선조 말기에 생겼다고 볼 수 있는데, 당시 억불정책 속에서 수행의 터전이 되는 사찰을 유지하는 일이 오로지 스님들의 노동에 의해서만 가능한 지경에 이르렀고, 이렇게 사찰을 유지하기 위해 진력했던 스님들을 사판이라고 했습니다. 이와는 달리 깊은 산 속에서

움막을 짓고 산중의 식물 등에 의존해 연명하면서 은둔적 수행을 했던 스님들을 이판이라고 했습니다.

일제 강점기에 이르면 조선총독부는 일본의 정책에 협조하는 이들에게 사찰을 운영할 모든 소임을 주었고, 그렇지 않은 스님들은 하루 한 끼의 거친 음식을 먹으며 수행해야 하는 입장에 있었습니다. 이것을 구분하기 위해 운영권을 가진 이들을 사판이라 했으며, 수행에만 전념하는 이들을 이판이라 했습니다.

이판사판이라는 말을 요즘처럼 '막다른 궁지' 또는 '끝장'의 뜻으로 사용하는 것은 부정적 측면을 극대화한 것으로 볼 수 있지만, 그렇다고 해도 완전히 잘못 사용되는 뜻입니다.

현재의 불교계에서도 이판과 사판이라는 말을 사용하고 있으며, 이판은 순수한 수행의 입장의 분위기를 띠고 사판은 운영에 종사하는 소임자로 다소 세속적 분위기를 띠는 듯이 사용되고 있습니다. 물론 이러한 구분 또한 불교사상에서는 잘못된 것인데, 아마도 이 부정적 분위기를 확대해석하여 정치라는 말까지 연결된 것 같습니다.

이(理)와 사(事)는 불교사상을 설명하는 중요한 용어로 진(眞)과 속(俗)으로도 표현할 수 있는데, 부처님께서는 이 둘이 별개로 존재하는 것이라고 설명하신 것이 아닙니다. 오히려 이 둘이 불가분의 관계가 있음을 말씀하신 것이며, 깨달음의 경지는 이 두 측면이 서로 걸림 없고 둘이 아닌 차원임을 밝힌 것입니다.

이(理)는 절대평등의 본체를 가리키고 사(事)는 온갖 차별의 현상계를 일컫는 말입니다. 이 두 가지는 서로의 다른 측면을 일컫는 말입니다. 예를 들어 설명해 보면 이렇습니다.

우리가 살고 있는 이 세상을 관통하는 이치를 연기(緣起)라고 부처님께서는 말씀하셨습니다. 바로 이 연기의 원리가 이(理)가 되는데, 이것은 봄·여름·가을·겨울을 관통하고 있습니다. 그러나 동일한 연기의 원리에 의하긴 하지만 현상적으로는 사계절의 모습은 분명히 다른 모습으로 돌아가는 것입니다. 현상적으로 다른 모습의 측면이 사(事)가 되는 것입니다.

스님들이 출가해서 깨닫고자 하는 순수한 절대 진리의 측면은 이(理)가 되고, 스님들이 포교하면서 신도들에게 알려 주려는 근본도 이(理)가 됩니다. 그러나 수행하는 모습이나 포교하는 모습 그 자체는 사(事)가 됩니다. 산중 선원이나 강원의 단순한 소임도 사(事)가 되고, 도심지 포교당의 소임도 사(事)가 되며, 비록 다른 성격의 소임의 차별적 사(事)의 입장이긴 하지만, 모든 스님들의 삶이 전혀 이(理)를 떠나 있는 것이 아닙니다. 그러므로 이판인 스님도 사판인 스님도 없는 것입니다.

이것을 다시 진(眞)과 속(俗)으로 설명해 보면, 진(眞)은 불변의 원리이고 속(俗)은 무상(無常)한 현상을 가리킵니다. 무상하다는 것은 가짜라거나 무가치하다는 것이 아닙니다. 원리에 의해 변화하는 현상을 표현한 것에 불과합니다. 어린애가 어른이 되는 것도 무상하기에 가능하고, 온갖 발명이나 발전도 무상하기에 가능한 것입니다. 그러므로 무상은 공(空)의 다른 표현이고, 연기의 현상적 측면을 일컫는 말입니다.

그러므로 진(眞)과 속(俗), 이(理)와 사(事)는 둘이 아닙니다.

주지스님의 역할은 무엇인가?

問 : 불자가 아닌 이들은 주지스님이라고 하면 대단히 훌륭한 스님일 것이라고 생각합니다. 또 신도들의 입장에서도 주지스님은 오랜 수행을 쌓은 지도자일 것이라고 믿고 있습니다. 그러나 요즘은 이상한 보도를 많이 접합니다. 주지스님은 어떤 역할을 하는 분입니까?

答 : 주지(住持)라는 말은 안주호지(安住護持)의 줄임말이라고 생각하면 좋을 것입니다. 이 말은 여러 측면에서 풀이할 수 있지만, 크게 두 가지로 정리할 수 있습니다.

첫째, 스님들의 수행방식과 연관이 있습니다. 스님들은 전통적으로 한 곳에 머물기보다는 여러 곳을 옮겨 다니면서 수행을 합니다. 환경적인 요인으로 인해 이동이 힘들 때 스님들은 한 곳에 머물며 수행하는데 그것을 안거(安居)라고 하며, 그때 맡는 가벼운 소임을 제외하고는 책임 맡는 것을 싫어합니다. 그런 일들이 수행에 방해된다고 생각하기 때문이지요. 그래서 어느 정도 수행의 경지에 오른 스님에게 한 곳에 계속 머물며(安住) 절을 보호하고 대중을 보호(護持)하는 역할을 맡깁니다.

둘째, 수행이 어느 경지에 이르러 세상의 여러 경계에 부딪혀도 더 이상 흔들림이 없는(安住) 스님이라면, 그때부터는 부처님의 가르침을 세상에 전해 정법이 계속 유지되게 하는 책임(護持)을 다해야 합니다.

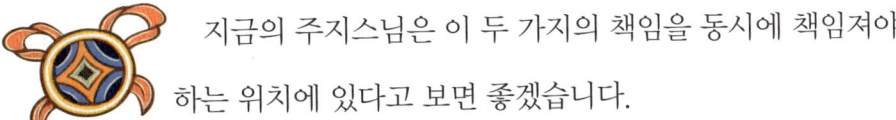

지금의 주지스님은 이 두 가지의 책임을 동시에 책임져야 하는 위치에 있다고 보면 좋겠습니다.

옛 스님들의 법호를 보면 사찰이름이나 지방이름을 그대로 쓰는 경우가 많습니다. 그것은 젊은 시절 수행할 때는 장소를 계속 옮기며 수행을 하지만, 어른의 위치가 되면 어느 한 곳에서 계속 머물면서 부처님의 가르침을 펴며 많은 사람들을 이끌어 주었다는 뜻입니다. 한 예로 조주스님의 경우는 조주현의 관음원(현재 正定의 栢林禪寺)에서 사십 년을 머무시며 지도하셨는데, 그로 인해 원래의 법호인 종심선사보다 지역명인 조주선사로 통하는 것입니다. 그러므로 예전에는 어른으로서의 수행력과 덕망을 충분히 갖춘 분이 일정한 곳에 오래 머물며, 사람들의 다양한 고민들을 풀어주는 자리가 주지였음을 알 수 있습니다.

현재 조계종의 경우는 주지가 4년제의 임명직이기 때문에 예전의 지도자라는 의미가 많이 약해진 것이 사실입니다. 한편으로는 스님들 스스로도 행정책임자라고 생각하는 경우도 많기 때문일 것입니다. 그러나 제도가 어떻건 지도자로서 선지식의 역할을 다 할 때 비로소 주지라고 할 수 있겠지요.

사람들은 무언가 불편한 것이 있으므로 절을 찾습니다. 만약 그들에게 자세한 지도가 없이 그저 절에만 다니면 된다고 하면, 아마도 지속적으로 절에 오면서 정법과 만나게 되는 사람이 그리 많지 않을 것입니다. 그러므로 주지소임을 맡으려면 적절한 방편을 구사할 수 있는 정도의 교학적인 체계를 갖추고, 핵심적인 수행방법을 두루 섭렵하여 누구라도 지도할 수 있어야 함은 말할 것도 없습니다.

어떤 이들은 주지라는 소임을 아주 가볍게 생각할 수도 있을 것입니다. 출가한 지 어느 정도 세월이 흐르면 그저 누구나 할 수 있는 자리라고 말할 수도 있겠지요. 하지만 천태만상으로 벌어지는 사회현상 속에서 괴로워하고 힘들어 하는 수많은 사람들을 인도해야 하는 막중한 사명이 주지에게 맡겨져 있음을 잊어서는 안 될 것입니다.

해제를 하면 스님들은 무엇을 하는가?

問 : 아직 불교공부를 깊게 하지 못한 사람입니다. 문화강좌를 수강하고 있는데, 마침 어떤 시에 운수행각이라는 용어가 나와서 설명을 들었습니다. 강의를 진행하는 노학자께서는 이렇게 설명했습니다. "운수행각이란 스님들이 해제를 하면 구름처럼 물처럼 다니는 것을 말합니다. 스님들은 복도 많지요. 안거라 해서 석 달 동안은 가만히 앉아서 신도들이 갖다 바치는 공양물로 편히 지내고, 또 해제라 해서 아무런 걱정 없이 자유를 만끽하며 여행할 수 있으니까요." 그런데 듣는 제 마음이 참 불편했습니다. 해제를 하면 스님들은 무엇을 하는 것입니까?

答 : 노학자께서는 아마도 겉모양만 보고 자신의 느낌을 말씀하신 것 같습

니다. 겉으로 보기에는 비슷한 것처럼 보이는 것이 사실입니다. 그러나 내면의 세계나 또는 구름과 물처럼 흐르는 과정에서 일어나는 갖가지 작용을 보지 못했기에 하는 말씀이라고 생각됩니다.

 스님들은 출가하면 제일 먼저 하는 공부가 지금까지의 자신을 버리는 것입니다. 그것을 행자생활이라고 하지요. 이 시기는 흔히 말하는 인격 따위를 인정받지 못합니다. 전부인 것처럼 여기던 기존의 가치관이 철저히 무시되는 과정을 거치면서 행자들의 선택은 두 갈래로 나뉘게 되지요. 하나는 이제까지 쌓아온 자신의 모습을 진짜로 생각하면서 수행을 포기하고 사회로 돌아가는 것이고, 다른 하나는 이제까지의 자취를 부정당하면서 의심하게 된 참된 가치를 향한 수행의 길이지요.

 행자기간을 잘 마치고 정식으로 계를 받게 되면, 그때부터는 참된 가치에 대한 부처님과 선배 스님들의 가르침을 만나게 됩니다. 바로 경(經)·율(律)·론(論) 삼장을 연구하는 시기가 됩니다. 이 기간 동안 스님들은 잠을 자지 않고 논쟁을 하면서 무엇이 참된 가치인지를 탐구합니다. 그러나 어디까지나 이론 중심의 공부이기에 무언가 부족한 것을 느끼게 되고, 결국에는 큰 의심이 남게 됩니다. 이 의심을 화두라고 하지요. 그다음부터는 바로 이 화두라는 장벽과의 씨름입니다. 이 시기가 되면 누군가가 옆에서 말을 거는 것조차 번거롭게 생각됩니다. 그러므로 가능하면 사람을 만나지 않고 의심 하나로 나아가는 생활이 지속됩니다. 이것이 바로 진짜 결제입니다.

안거(安居)는 부처님으로부터 시작됩니다. 인도는 우기라는 장마철이 있는데, 우리나라와는 달리 하루에도 수십 번이나 비가 내리다가 그치다가 다시 내리기를 되풀이하기에 야외에서의 생활이 불가능하게 됩니다. 그래서 동굴이나 사원 등 일정한 장소에서 우기가 끝날 때까지 석 달 정도 자기성찰의 수행을 하는 것이지요. 다음의 석 달 정도는 건기라 해서 비가 거의 오지 않는 시기인데, 이때는 여러 곳을 다니면서 많은 사람들을 만나 부처님의 가르침을 전하여 그들의 마음을 편케 하는 기간입니다. 이것이 바로 운수행각의 시작이라고 할 수 있습니다.

운수행각은 전법의 다른 표현입니다. 안거 중에 자신을 살펴 거울처럼 허공처럼 된 수행자들은, 수많은 사람과의 만남을 통해 자신의 체험을 나누며 사람들을 편안한 경지로 인도하는 것이지요. 어떤 계산도 이해타산도 없는 수행자의 이런 삶이 세상을 맑히는 청량한 바람이며, 메마른 땅을 적시는 물처럼 사람들의 마음을 넉넉하게 하는 것입니다. 그러므로 운수행각은 자비의 실천이며, 해제란 사람들의 마음고통을 풀어주는 진정한 회향인 셈입니다.

출가한 스님들이 왜 속명을 쓰나?

問 : 불교를 공부하면서 옛 스님들의 법명이나 법호를 보니 출가 전의 성씨와 이름을 거의 쓰지 않았던 것을 알게 되었습니다. 그런데 최근의 우리나라 기록에는 한용운스님처럼 성씨를 붙이고 있음을 알 수 있습니다. 또 스님들의 명함에도 속성이나 속명을 쓴 분들이 많던데, 어째서 이런 차이가 있습니까?

答 : 원칙적인 입장에서 살피자면 속성을 쓰거나 쓰지 않거나 큰 차이는 없을 것입니다. 다만 사회적인 변화에 따른 것이라고 보는 것이 좋겠지요. 부처님 당시의 제자들을 보면, 대부분 출가하기 이전의 이름을 그대로 사용했음을 알 수 있습니다. 물론 이것은 명확한 사실 확인이 어려운

일이지만, 기록에 의하면 어릴 때의 이름이 출가 이후에도 그대로 사용된 것을 알 수 있습니다. 십대제자만 하더라도 특별히 부처님께서 이름을 바꿔 주었다는 내용이 보이지 않습니다.

중국이나 우리나라는 한 사람이 여러 가지 이름을 사용하는 관습이 있었고, 어릴 때의 이름을 어른이 되면 바꾸고 또 학문을 하는 경우에는 어떤 스승의 문하가 되면 다른 이름을 받은 것을 알 수 있습니다. 다시 말해 사람의 변신을 이름을 바꾸는 것으로 나타낸 측면이 있습니다. 불교도 이런 관행을 따른 듯합니다. 출가를 하면 완전히 새 이름을 사용하게 되는데, 이것이 스승이 내리는 법명인 것이지요.

새로운 이름인 법명을 사용하는 것은 완전히 새로운 삶으로의 전환을 뜻하며, 그것은 바로 부처님의 가르침에 의해 깨달음과 중생제도라는 두 가지 뚜렷한 목적을 향한 수행자로 바뀌는 것을 의미합니다. 그렇기 때문에 그때부터는 속성을 쓰지 않거나 아니면 석가모니의 제자라는 뜻에서 석(釋)이라는 새로운 성씨를 붙이기도 했습니다.

중국의 불교기록에 등장하는 스님들의 법명이나 법호에는 거의 속성을 볼 수 없습니다. 또 우리나라도 삼국시대에서 조선조까지의 기록에도 특별한 경우를 제외하고는 속성을 쓰지 않았음을 알 수 있지요. 그런데 일제강점기부터 속성을 붙이는 경우들이 눈에 띄기 시작합니다. 이것은 행정적 통제를 목적으로 하였음을 알 수 있는 것이지요.

현재 스님들은 행정제도로부터 완전 예외가 아니기 때문에, 법명과 속명을 동시에 사용해야 하는 입장에 있습니다. 예컨대 일체의 공적인 서류상에도 법명은 인정이 되질 않습니다. 그렇기 때문에 법명 하나로만 살아갈 수 있는 입장은 아닙니다.

출가를 한다는 것은 세속적 가치관에서 벗어나 수행자의 삶을 살기를 바라는 것이며, 또한 부처님의 제자로서 부처님이 행하신 일을 이어받겠다는 뜻입니다. 그러나 부처님께서 보여주셨듯이, 수행자의 삶이 고립적이거나 별개의 삶으로서 존재하는 것은 아닙니다. 이 세상 모든 것은 서로 연관되는 것이므로, 결국 스님들도 세상과 관계를 맺으며 선지식의 역할을 해야 하는 것이지요.

금강경에서 수없이 되풀이했듯이, 이름은 그저 이름일 뿐입니다. 법명을 지어주신 스승의 뜻에 따라 열심히 노력하면 훌륭한 선지식이 될 것이고, 이름이 근사해도 그릇된 방향으로 살면 훌륭한 법명이 무슨 소용이 있겠습니까. 그러니 부득이한 경우에 속명이나 속성을 쓸지라도 출가정신으로만 산다면 문제 될 것은 없을 것입니다.

깨달은 분도
개인적인 비통함이 있나?

問 : 참선의 중흥에 대해 토론하는 내용 중에, '경허선사(鏡虛禪師)께서도 도를 깨닫고 난 뒤에 의발(衣鉢)을 전할 사람이 없어 안타까워했었다'는 설명을 봤습니다. 그 내용이 옳다면 깨달은 분들도 무언가에 걸릴 수 있구나 하는 생각을 지울 수 없습니다. 정말로 경허선사와 같은 선지식도 자신의 의발을 전하지 못해 안타까워하는 것인지요?

答 : 경허선사의 오도가(悟道歌)에 그렇게 생각할 수 있는 구절이 있습니다. 처음과 끝 부분에 중복적으로 표현된 「사고무인 의발수전 의발수전 사고무인(四顧無人 衣鉢誰傳 衣鉢誰傳 四顧無人)」이라는 표현입니다. 풀어보면 "사방을 둘러봐도 사람이 없구나. 의발을 누구에게

전할꼬? 의발을 누구에게 전할꼬? 사방을 둘러봐도 사람이 없구나." 하는 내용입니다.

언어문자는 참 편리하기는 하지만 또한 갖가지 오해를 가장 많이 일으키는 것이며, 사전적인 해석의 틀에 갇히면 진실과 멀어지게 되기에 딱 알맞습니다. 그렇기 때문에 부처님의 법이 전해졌다는 이심전심(以心傳心)의 전등(傳燈)을 설명할 때, 언어 밖의 도리를 통해서 이루어졌다는 삼처전심(三處傳心)을 드는 것입니다. 그렇다면 부처님께서 가섭존자와만 통했다는 세 곳의 행위는 진실이고, 다른 모든 제자들과의 대화(經)는 거짓이었을까요?

꽃을 드신 부처님의 행위는 모든 제자들에게 평등하게 설하신 법문입니다. '말하지 않는 말씀' 이었는데, 다른 제자들은 아무도 알지 못하고 오직 가섭존자만 알고 미소로 답을 함으로써 '듣지 않는 들음'을 증명했습니다. 즉 부처님은 모두에게 평등하셨지만 제자들에게는 차등이 있어서, 오직 가섭만 부처님과 대화를 한 것입니다.

부처님이 영산회상에서 꽃을 든 것이 비밀이 아니라 다만 가섭만 그 법문을 들었을 뿐이듯이, 경의 말씀도 마찬가지입니다. 부처님은 누구에게도 비밀이 없이 언제나 평등하게 모든 사람에게 말씀하셨지만, 그러나 그 말씀(經)을 듣는 후학들에게는 차등이 있어 정말로 부처님과 대화를 할 수 있는 이가 드문 것일 뿐입니다. 만약 부처님께 전해줄 마음이라는 것이 있었다면 이미 모든 경전에 다 드러나 있을 것입니다.

경허선사는 제자들을 가르치던 뛰어난 강사였습니다. 그러다 어느 순간 자신이 가르치던 그 모든 이론이 그림자 같은 것임을 알게 됩니다. 피나는 노력 끝에 이윽고 깨닫게 되시고, 그때의 기쁨을 '오도가(悟道歌)'로 표현하셨습니다. 그리고 그 기쁨의 첫 마디가 "사방을 둘러봐도 사람이 없구나. 의발을 누구에게 전할꼬?"였습니다.

이 말은 결코 당신의 깨달음을 이을 제자가 없다는 뜻으로서의 '가사와 발우를 전할 사람이 없다'는 비통함이 아닙니다. 온 천지에 사람이랄 것도 없고, 법이랄 것도 없으며, 마음이랄 것도 없고, 부처랄 것도 없는데, 누가 의발을 전하고 누가 의발을 받을까 보냐! 하는 거침없는 일성(一聲)을 던진 것입니다. 경허선사는 직접 의발을 전해 받았기 때문에 깨달은 분이라고 인정받는 것이 아닙니다. 경허선사에게는 당시 생존하신 '법 스승(法師)'이 없었습니다.

경허선사를 바로 만나지 못한 이가 착각하여 '깨달음의 노래'를 자기의 분별로 '제자 없어 비통해한 노래'인 것처럼 해석해 버리듯, 경을 통해 부처님을 만나지 못하면 부처님을 진흙탕에 빠뜨리고, 어록을 통해 조사를 만나지 못하면 조사를 욕보이게 됩니다.

깨달은 이들은 결코 부질없는 것에 걸리지 아니하고, 선지식은 사사로운 비통함이 없습니다. 그렇게 보인다면 그것은 보는 사람의 어리석은 분별일 뿐입니다.

의발이 바위에 붙었다는 뜻은?

問 : 육조단경을 보면 발우와 가사가 바위에 붙어 떨어지지 않았다는 대목이 있는데, 이해하기 어렵습니다. 실제로 도력이 높아지면 그런 불가사의한 일이 일어나는 것인지요?

答 : 육조단경에서 노행자(육조혜능)가 오조 홍인대사로부터 깨달음을 인정받고 남쪽으로 피신할 때 대유령까지 쫓아온 혜명스님과의 사이에 있었던 이야기를 서술한 내용에 나오는 것이지요.

넓은 뜻으로 보면 도력에는 신통력이 포함될 수도 있겠지요. 그러나 이 문제는 물리적인 신통력을 표현한 것이 아닙니다. 왜냐하면 고뇌로부터 해탈하는 데 신통력이 별로 도움이 되질 않기 때문입니다. 그러므로 부처님께서도 신통력을 드러내는 것을 경계하셨던 것입니다.

만약 육조스님이 신통력이 뛰어난 분이었다면 신통력으로 모든 대중을 승복받을 수가 있었을 것이므로, 밤중에 탈출하다시피 홍인대사의 곁을 떠날 이유가 없었을 것입니다. 밤중에 탈출하다시피 피해야 한 까닭은 기존의 생각들을 한순간에 돌리기가 어려울 것이라는 홍인대사의 염려와 배려라고 보면 좋겠지요. 예나 지금이나 고정관념은 강합니다. 출가한 지 오래된 이는 당연히 도가 높을 것이라는 이 고정관념은, 틀을 깨는 것으로 유명한 선가(禪家)에서도 무시할 수 없었던 것이지요. 오늘날에도 선원에서의 안거횟수만 많으면 무조건 도가 높은 것처럼 생각하는 풍조가 있습니다. 홍인대사는 문하에 있던 대중들이 이미 지도자의 입장(교수사)에 있던 신수대사가 아닌 다른 이가 후계자가 된다는 것을 인정하지 않을 것이라고 예측했던 것 같습니다. 그 예측대로 홍인대사의 발표를 들은 대중들은 흥분하여 추적에 나섰지요. 그러나 흥분이 가라앉은 대부분의 대중들은 중도에서 추적을 포기합니다. 그렇지만 선가의 틀 깨기의 실제를 본 혜명스님은 그냥 물러설 수가 없었던 것이지요. 법을 구하는 혜명스님의 진심은 만남의 바위 앞에서 본인의 입을 통해 드러납니다. "법을 위해 왔지 의발을 위해 온 것이 아닙니다." 이런 혜명스님이 강탈하다시피 의발을 뺏으려 했을 리가 만무하지요. 처음부터 의발에 손을 대지도 않았으니 의발이 움쩍도 하지 않은 것입니다. 깨달음이라는 것이 강탈당할 물건이 아닌 것은 누구나 아는 사실이지요. 그것은 완력으로도 안 되고, 선배라는 권위나 지위로도 불가능한 것입니다. 그것이 선가의 '틀을 깨는 가풍' 이지요.

혜능대사는 철저한 수행의 결과로 깨달음에 이른 분입니다. 홍인대사의 지도아래 방아를 찧었다는 것도 번뇌라는 껍질을 깨는 수행을 한 것으로 보면 좋을 것입니다. 그렇기 때문에 홍인대사께서도 방아는 다 찧었냐는 질문을 하십니다. 현상으로서의 방아는 홍인대사가 보면 알 것인즉 물을 것이 없습니다. 다만 공부의 경우에는 홍인대사가 이미 확인한 것이 있지만 본인의 확고한 답을 듣고자 한 것이지요. 이에 아직 키질을 하지 않았다는 표현을 함으로써, 스승으로부터의 옥석을 가리는 단계를 남겨두고 있음을 알립니다. 비록 짧게 표현된 것이지만, 엄청난 수행과 성찰의 내용을 담고 있는 것이지요.

육조단경뿐만 아니라 모든 종교의 경전은 대부분 깊은 상징성으로 포장되어 있습니다. 그것은 얕은 지식으로 접근하는 것을 막고 지혜의 눈이 열린 사람만이 볼 수 있도록 한 일종의 안전장치입니다. 그러므로 종교의 경전은 문자 그대로 해석해서는 낭패를 보게 됩니다. 모름지기 마음의 눈으로 손가락이 아닌 달을 봐야 하는 것입니다.

왜 운문스님은 싯다르타를 쳤을 것이라고 했나?

問 : 어떤 법회에서 운문스님에 대한 말씀을 들었습니다. 운문스님이 부처님 탄생 때의 일화를 들어 "그때 내가 있었더라면 몽둥이로 두들겨 패서 개에게나 던져주었을 것이다. 그랬더라면 세상이 조용했을 것이다."고 했다는데, 어찌 이런 무참한 말씀을 할 수 있는지요?

答 : 흔히 부처님의 말씀은 곡선처럼 완만하게 표현되었고, 조사(祖師)와 선사들의 말씀은 직선처럼 곧바로 표현되었다고 합니다. 얼핏 생각하면 부처님의 말씀보다 선사들의 말씀이 훨씬 쉬울 것이라고 생각할 수 있는 대목이지요. 그러나 부처님의 말씀인 경(經)과 선사들의 말씀인 어록(語錄)을 비교하면, 부처님의 말씀이 훨씬 이해가

빨리 된다고 느낄 것입니다. 물론 경 가운데에도 어려운 것이 있고, 어록 중에도 매우 쉽게 표현된 것도 있습니다. 결국 복잡한 상징성으로 포장된 것은 어렵게 느껴지고 일상적인 언어를 사용하면 이해하기가 쉽겠지요. 초기의 경이나 어록은 모두가 일상적인 언어를 사용하기에 이해하기가 쉽다고 보는 것이 옳을 것입니다.

완만한 표현과 직선적 표현이라는 말은 이해의 문제라기보다는 오히려 다른 측면으로 봐야 할 것입니다.

일반인들이 선사들의 말씀을 곧바로 이해하기는 쉽지가 않습니다. 왜냐하면 설명이 생략된 요지만 전해지기도 하고, 또 때로는 큰 문제를 던져줌으로써 의심을 일으키게 하려는 의도도 숨어 있기 때문입니다.

운문스님은 왜 부질없는 과거 얘기를 꺼낸 것일까요? 그것은 과거에 관심이 있어서가 아닙니다. 아무리 운문선사가 멋진 솜씨를 지녔다고 해도 과거의 인물에게 몽둥이질을 할 수는 없는 것이지요. 그렇다면 누가 몽둥이를 맞게 될까요?

운문스님의 몽둥이는 부처님을 향하고 있는 것이 아닙니다. 오히려 '부처님'이라는 망상에 사로잡힌 사람들이나 또는 그런 일화로 시시비비하는 사람들을 향하고 있는 것입니다. 그러므로 운문스님의 말씀은 "지금 이 자리에서 일체의 시끄러움을 끊어 버려라!"는 뜻이지요.

운문선사가 언급한 부처님의 탄생 얘기는 끝없이 사람들의 입에 오르내리는 것입니다. 뿐만 아니라 그때 하셨다는 말씀은 가장 많이 왜곡되어 쓰이기도 하지요. 운문선사 당대에도 불교를 싫어하는 이들은 꼬투리를 잡기 위해서 왜곡하기도 했을 것이고, 또 어설프게 이해한 이들 또한 많았을 것입니다. '천상천하유아독존(天上天下唯我獨尊)'은 한자의 뜻으로만 풀면 오해하기 딱 좋은 것이니까요. 오죽했으면 개그 프로까지 등장하겠습니까.

부처님의 말씀은 오직 모든 사람을 자유롭게 하기 위한 것이었습니다. '천상천하유아독존'도 낱낱 사람들이 본래 대자유인임을 천하에 밝힌 것이었지요. 그럼에도 사람들은 그 본질을 보지는 못한 채, 어떤 이는 한자 뜻으로만 이해하고 문제를 삼았고, 또 어떤 이는 갓난아이가 무슨 말을 하고 어떻게 걸음을 걸을 수 있느냐고 문제 삼습니다. 불교를 좀 이해했다는 사람들은 또 나름대로의 의미 부여를 하게 되지요. 어쨌거나 갖가지 자질의 사람들이 갖가지 소견으로 참 시끄럽기만 합니다.

마음이 잘 통하는 사람끼리 있으면 시시비비가 없습니다. 눈만 찡긋해도 알고 웃음만 지어도 알기에 오해가 생기지 않지요. 그러나 어리석은 사람들이 모여 있으면 서로가 잘났다고 생각하기에 잘 통하지 않습니다.

운문선사는 그 잘남과 분별과 시비와 어리석음을 향해 몽둥이를 내리친 것입니다.

먹은 물고기를
되살렸다는 뜻은?

問 : 포항 오어사(吾魚寺)에 참배하러 갔다가 원효대사와 혜공대사의 물고기 이야기를 들었습니다. 물고기를 잡아먹고는 변을 보니 산 물고기가 나왔다는 것이 무엇을 뜻하는 것입니까?

答 : 삼국유사에 혜공스님과 원효스님의 일화라고 전해지는 것입니다. 설화는 약간씩 다른 내용으로 전해지지만 어쨌거나 보통 사람으로는 할 수 없는 기이한 일이지요. 그런데 사람들은 이런 얘기를 들으면 '도가 높아지면 죽은 생선을 살리기도 하는구나. 그렇다면 그런 실력이 없는 스님은 도인이라고 할 수 없겠구나!' 하는 생각을 하기도 합니다. 하지만 그것을 문자 그대로 이해한다면 불교와는 아주 동떨

어진 해석을 한 것입니다.

부처님께서 열반에 드신 후 세월이 흐르고, 이윽고 계율을 모은 율장(律藏)과 지혜의 말씀을 모은 경장(經藏)이 문자로서 이루어지면서, 그 율장과 경장에 대한 견해의 차이로 부파가 나누어지게 됩니다. 전통을 그대로 고수하려는 상좌부(上座部)와 적극적으로 시대에 맞춰 해석하려는 대중부(大衆部)로 나누어지게 된 것이지요. 이 두 파로부터 점차 주장이 갈리면서 많은 부파가 형성되었다고 합니다. 이 부파들은 제각기 자기들의 견해가 옳다는 주장을 논문 형식으로 작성하게 되는데, 이것을 논장(論藏)이라 합니다. 부처님께서는 사람들의 고뇌를 해결하려는 간단하고도 명쾌한 말씀을 하셨던 것인데, 소위 '아비달마불교'라고 일컬어지는 논리의 경쟁시대에 돌입하면서 불교는 점차 일반인으로서는 접근하기 어려운 전문적인 것이 됩니다. 이것을 탈피하려는 노력으로, 부처님의 근본사상인 동체대비(同體大悲)로 돌아가자는 대승불교가 일어나게 됩니다.

불교는 중국으로 전해지면서 중국 특유의 사상불교를 형성하게 되며, 결국 많은 종파를 이루게 되지요. 이 중국적인 사상불교가 거의 대부분 우리나라로 유입되면서, 우리나라의 불교는 사상적이면서도 귀족적인 모습이 됩니다. 이것은 당시 전쟁으로 피폐해진 서민들의 마음을 어루만지기에는 적합하지도 않았지만, 부처님의 가르침과도 거리가 있는 것이었습니다. 신라의 고승들은 여기에 대한 고민을 할 수밖에 없었던 것인데, 일연스님은 그 대표적인 분으로 원
효스님과 혜공스님으로 봤던 것 같습니다.

특히 원효스님은 화쟁사상(和諍思想)을 펼칩니다. 즉 모든 종파의 주장이 근본적으로도 같고 목적지도 동일하다는 것을 강조하여, 부질없는 논쟁을 피함으로써 부처님의 본뜻을 드러내려 했습니다. 그러나 그보다 더 중요한 것은 생활불교를 실천한 것이지요. 즉 뛰어난 학식을 갖추지 못한 일반 서민들도 부처님의 뜻에 따라 고뇌로부터 벗어나 편안해져야 한다는 것으로, 구체적으로는 모든 사람에게 '나무아미타불'을 염송케 하여 마음을 편케 하려 했던 것입니다. 그 결과로 모든 사람이 힘들 때마다 나무아미타불을 외며 그 어려움을 극복할 수 있게 되었다고 합니다.

불교에서는 물고기가 대체로 해탈을 상징합니다. 부처님의 제자는 모두 부처님의 가르침에 따라 해탈이라는 물고기를 섭취함으로써 무애자재의 경지를 맛보게 됩니다. 그러나 그 해탈을 자신에게만 국한해버린다면 부처님의 참뜻을 저버리게 되는 것이며, 결국 대승불교의 정신을 죽이는 꼴이 됩니다. 해탈의 경지를 맛본 이라면 이제 모든 이들에게 은혜를 갚아야 합니다. 그것은 자신의 공부를 일체 중생에게로 회향하는 것인데, 그것이 바로 동체대비인 것입니다. 결국 자비의 보살행을 펼칠 때 해탈의 물고기는 다시 펄펄 살아나는 것이지요. 원효대사와 혜공대사는 바로 부처님의 근본인 동체대비를 실천함으로써 신라를 불국정토로 바꿀 수 있었던 것입니다.

修 _깨달음의 길

출가해야만 해탈할 수 있나?

問 : 해탈을 하기 위해서는 출가를 해야 하며, 가정이나 사회를 떠나지 않고는 해탈할 수 없다는 말씀을 들었습니다. 그렇다면 일반인들은 해탈할 수 없는 것인지요?

答 : 출가의 참된 뜻은 해탈과 같습니다. 그래서 '일체의 틀에서 벗어나는 것이 출가'라는 설명을 들었던 것이 아닌가 생각됩니다. 부처님께서도 왕궁과 가족을 떠나는 출가라는 행위로 인해 해탈하신 것이 아니라, 스스로의 마음에서 비롯되는 일체의 장애를 극복하고 넘어서는 '항마(降魔)'라는 과정을 통해 해탈하시는 것입니다.

『불본행집경』 등을 보면, 싯다르타는 6년의 고행을 끝내고 보리수 아래에 앉으며, 마왕 파순에게 자신이 해탈에 이를 것이라는 것을 미리 알려 당당하게 항복 받고 깨달음을 이루겠노라고 결심합니다. 마왕 파순과 그의 권속들을 모두 정법에 귀의케 하여 깨달음으로 인도할 수 있어야 비로소 바른 해탈이 된다는 이유였습니다. 그것은 자신의 욕망을 완전히 파악하여 그 욕망을 깨달음으로 전환하겠다는 원력입니다.

 마왕 파순은 욕망으로 이루어진 욕계의 가장 높은 자리인 타화자재천왕의 지위에 있습니다. 타화자재천왕이라는 자리는 타인의 기쁨을 언제나 자기의 것으로 할 수 있습니다. 현실적으로 생각해보면 권력과 재력 등을 모두 갖춘 제왕적인 자리가 될 것이니, 모든 인간이 꿈꾸는 절대적인 힘의 상징이며 욕망의 정점과도 같은 것입니다.

 파순의 딸들 이름은 '욕망에 물듦(染欲)' '사람을 황홀하게 함(能悅人)' '사랑하고 즐길만한 것(可愛樂)'이라는 뜻입니다. 한편 아들들의 이름을 보면 선과 악의 두 뜻으로 나뉘는데, 우리의 인식작용에서 좋은 심리작용(善心所)과 나쁜 심리작용(惡心所)으로 나뉘는 것과 일치합니다. 또 마군(魔軍)의 이름은 욕망·혐오·기갈·애욕·나태·공포·의혹·위선 등으로 이런 것들은 모두 수행을 장애하는 번뇌에 해당하는 것들이지요.

 결국 마왕의 아들들과 딸들은 우리의 내면에 도사리고 있는 심리상태를 묘사한 것이며, 마왕의 군대라는 것도 우리 내면에서 끊임없이 일어나는 번뇌의 다른 표현이라는 것을 알 수 있습니다.

부처님 이전의 수행들은 대체로 고통의 요인이 밖에 있다고 보았고, 그것을 어떻게 피할 것이냐에 초점이 맞추어진 것이었습니다. 그러므로 애써 모른 체하며 고요함만을 유지하려는 명상법으로도 완전한 해탈을 이룰 수 없었습니다. 또 현실의 고통은 피할 수 없는 업보로 인한 것이라는 가정 아래, 그 업을 녹이는 고행을 하여 해탈하려는 방법으로도 목적을 달성할 수 없었던 것이지요.

싯다르타는 피하려고만 했던 고통의 실체를 똑바로 바라보고 그 원인을 밝혀냅니다. 그것은 바로 자신의 내면에 도사린 욕망이라는 것이었습니다. 욕망에 끌려가는 자신의 모습이 마왕과 그 권속들의 실체인 것입니다. 결국 해탈을 방해하는 것도 자신의 안에 있었고, 또 해탈의 열쇠도 자신의 안에 있었던 셈입니다. 그래서 '청정한 본성을 바로 보면 부처가 된다(見性成佛)'고 하는 것이지요.

우리는 마왕과 같은 '나'라는 허상을 가지고 있습니다. 거짓된 자신을 마주하여 항복 받고 언제나 자유로운 평상심(平常心)이 되는 것을 해탈이라고 합니다. 출가자이건 재가자이건 누구나 자신을 철저히 보고 그 허상에 갇히지 않게 될 수 있다면 해탈은 가능합니다. 모양으로서의 출가는 그것을 좀 쉽게 할 수는 있지만 결코 절대적인 것이 아닙니다.

효과적인 수행의 요건이 있는가?

問 : 재가불자로서는 가정생활과 사회생활을 하면서 동시에 수행을 해야만 하는데, 그렇기 때문에 신행생활이 쉽지가 않습니다. 효과적인 수행의 요건이 있습니까?

答 : 가장 좋은 수행은 아무래도 자신에게 가장 적합하다고 느껴지는 방법이 되겠지만, 보편적으로는 세 가지 요건을 갖추면 공부에 큰 도움이 된다고 하지요. 그것은 좋은 도량에서 좋은 도반과 더불어 훌륭한 선지식의 지도를 받는 것입니다.

좋은 도량이란 자기의 공부를 도와줄 수 있는 곳을 말합니다. 흔히 말하는 영험도량은 기도를 하면서 효험이 있다고 일컬어지는 곳이지만,

여기에서 말하는 좋은 도량이란 정법에 의해 수행을 할 수 있도록 여러 가지 법회가 준비된 곳입니다. 수행이 무르익은 사람이라면 어느 곳에 서건 자기 공부를 잘할 수 있겠지만, 그렇지 못하다면 법회를 통해서 가장 빨리 성취할 수 있습니다. 그러므로 여법하게 법회가 진행되는 사찰을 원찰로 정해서 정기적으로 법회에 참석하여 그 시간을 최대로 활용하고, 그 힘을 일상생활로 연장해서 활용한다면 효과적인 수행이 될 것입니다. 가끔 성지순례나 사찰순례를 하는 것은 신심을 북돋우는 데 도움이 될 수 있겠으나, 평생을 이절 저절로 큰 행사나 찾아다니는 것은 결과적으로 수행에 도움이 되질 않습니다.

좋은 도반은 참 중요합니다. 삼밭에서 삼대 사이에 있는 쑥은 곧게 자라고, 큰 나무를 의지한 덩굴은 아주 높이 자랄 수 있습니다. 그것은 쑥과 덩굴이 곧은 삼대와 큰 나무의 덕을 본 것이지요. 좋은 도반이란 이렇게 나를 곧게 또는 높이 수행할 수 있도록 도움을 줍니다. 만약에 주위에 좋은 도반이 없다면 무소의 뿔처럼 혼자 가는 것도 한 가지 방법이지만, 가능한 힘써 좋은 도반을 찾아 서로 의지하며 수행하는 것이 더 좋은 결과를 이룰 수 있을 것입니다.

좋은 선지식을 만난다는 것은 쉬운 일이 아닙니다. 선지식은 수행자의 심리나 수행의 정도를 파악할 수 있어야 되고, 또 파악한 상태를 그대로 알게 하여 잘못된 점을 고칠 수 있게 해야 합니다. 그러나 공부하려는 사람들의 심리 중에도 어느 정도의 아만심이 있기 때문에, 잘못을 지적당하거나 자기의 자만심을 충족시켜주는 칭찬을 해 주지 않으면 떠나기 마련이지요. 그래서 지도자도 때로는 현실과 타협을 하게 됩니다. 따라서 '사람들이 어려워하며 떠나니 우선 그들을 머물게 하자. 그러려면 그들에게 공부를 잘했다고 임시로 인정해 주자.'는 방식으로 행동에 옮기는 이가 생깁니다. 이 경우처럼 지도자가 좋은 뜻으로 시작한 일일지라도, 칭찬을 받은 사람들이 그것을 '깨달음을 인정받았다'는 식으로 착각해버리므로 큰 병통이 되고 마는 것이지요. 어쩌면 의도한 것과는 반대로 아만심만 더 키울 수도 있는 것입니다. 최근에는 일정액을 회비로 내면 며칠 만에 깨달았다고 인정해주는 이상한 단체들도 많이 생겼다고 하니 참으로 우려되는 상황입니다. 그러나 스스로 차분히 살피고 또 살펴보면, 결국 자기 욕심으로 이런 사기를 당하게 됨을 알게 되는 것이지요.

　부처님께서 말씀하신 것 외에 특별히 손쉽게 깨달음을 얻을 수 있는 수행이란 있을 수 없습니다. 그러므로 여법한 도량에서 맑은 도반들과 좋은 스승의 꾸중을 달게 받으며 수행함이 최상의 길입니다.

공부를 어떻게 하는 것이 효과적인가?

問 : 요즘 불교교양대학에 다니며 기초교리 등을 배우고 있습니다. 그런데 처음에는 재미있던 교리공부가 점차 공허하게 느껴지면서 재미가 없어집니다. 공부를 지속적으로 재미있게 하려면 어떻게 해야 하는 것이며, 또 어떻게 해야 불교공부를 잘 마칠 수 있을까요?

答 : 불교교양대학에 다니는 인연을 맺었으니, 그 인연을 소중히 생각하며 공부하신다면 좋은 결과가 있을 것입니다. 공부를 지속적이고 효과적으로 하기 위해서는 먼저 방향이 정확한 것인지 살펴야 할 것입니다. 만약 방향이 정확하다면 공부를 하면 할수록 자신의 삶이 긍정적으로 변화할 것입니다. 진실한 마음으로 공부를 해 가노라면 작든 크든 하나둘

깨쳐가는 기쁨이 생기고, 이윽고는 큰 법열을 맛볼 수 있을 것입니다.

만약 교리를 지식으로 습득하려 생각한다면 불교의 공부와는 방향이 다르다고 할 수 있겠지요. 각각의 교리는 그것이 설해진 목적이 분명하게 있습니다. 예컨대 요즘 온통 언론에서 떠들고 있는 '중도'가 좋은 예가 될 수 있을 것입니다. 중도(中道)는 부처님께서 제자들에게 최초로 설하셨다는 것으로, 깨달음에 이르기 위한 가장 좋은 수행법이며 동시에 수행의 결과로 이른 평화로운 경지의 마음이기도 합니다. 중도는 어느 것에도 집착함이 없으며 아울러 편을 가르지도 않는 것이지요. 그러니 대립투쟁도 사라지겠지요. 따라서 중도는 가장 조화로운 마음의 상태이면서 동시에 평화로운 삶이기도 합니다. 그러나 지금 정치권에서는 지식으로 접한 '중도'라는 말로 자신들을 포장할 뿐 욕심은 결코 버리지 않지요. 한사코 자기주장을 들어달라는 방식이니, 그래서 아무도 그것을 믿으려고도 하지 않는 듯합니다. 물론 불교의 중도와는 거리가 먼 표현일 뿐입니다.

요즘 학생들은 어떻게 하든지 성적을 올려야 공부를 잘한다고 칭찬받습니다. 그래서 누가 정해진 정답을 잘 찾는지가 공부를 잘하는 잣대가 됩니다. 철이 들자마자 시작된 이 정답 찾기 경연대회와 같은 공부에 내몰려 버린 우리 젊은이들은, 결과적으로 대학까지 우등생으로 마치고도 정해진 답이 없는 눈앞의 삶에는 무기력해져 버립니다. 삶의 난제를 푸는 데는 바로 자신에게 내재된 통찰력과 포용력 그리고 조화의 능력

등이 열쇠임을 배운 일이 없기 때문입니다. 만약 불교를 공부하면서 이처럼 정해진 정답을 찾는 방식으로 한다면, 자신이 만나는 현실의 문제를 풀어가는 데는 아무 효과가 없을 것입니다. 그러니 단순히 교리를 배운다는 재미는 오래갈 수가 없겠지요.

  불교의 공부는 바로 정해진 정답이 없는 삶의 실체를 바르게 통찰하는 힘을 갖추는 것이며, 그러기 위해서 그 힘의 원천을 찾는 데 있습니다. 우리는 그 힘을 '지혜'라 하는데, 이 지혜는 밖에서 얻는 것이 아니라 청정한 우리의 본래의 성품에서 비롯됩니다. 그러므로 우리가 본성을 깨닫고 막힘없는 지혜를 쓸 수 있게 된다면 눈앞의 현실은 아무 문제가 될 것이 없는 것이지요.

  갈증 때문에 물을 마셨는데 목이 더 탄다면, 그것은 물이 오염된 것을 살피지 않고 들이킨 것이겠지요. 불교의 가르침은 모두가 행복해지도록 하는 것이 목적입니다. 만약 불교공부를 하면서 더욱 번거롭고 괴롭게 된다면 그것은 방향을 잘못 잡은 것이지요. 그러므로 쉽진 않겠지만 부처님의 마음을 읽어내려고 노력하는 것이 중요합니다.

견문각지란 무엇을 뜻하나?

問 : 법문을 들을 때나 교리에 대한 서적을 보면 '견문각지(見聞覺知)'라는 단어를 많이 대하게 됩니다. 그런데 대체로 '보고 듣고 깨닫고 아는 것'이라고 풀이하면서도 전체적인 내용에 상반되는 경우가 많아서 혼란스럽습니다. 어떤 경우는 "보고 듣는(見聞) 놈이 누구인지 깨달아 알아야(覺知) 한다"고 풀이하여 수행의 전 과정처럼 설명되기도 하고, 또 어떤 경우에는 "보고 듣고 깨달아 아는 것에 끌려다녀서는 안 된다"고 하는 식입니다. 정확한 뜻이 어떻게 되는지요.

答 : '견문각지'라는 용어에서 '각지(覺知)'가 무엇을 뜻하는지를 몰라서 일반 사전식 해석을 함으로써 생긴 문제입니다. 이때의 각지(覺知)는

'깨달아 안다'는 뜻이 아니라, '느끼고 안다'로 풀이해야 합니다.

견문각지라는 용어는 불교의 인식론(유식론)에서 나온 것으로 인식기능인 '여섯 가지 인식(六識)'의 작용을 네 가지로 정리한 것입니다. 우리에게는 눈(眼), 귀(耳), 코(鼻), 혀(舌), 피부(身), 마음(意)의 여섯 가지 인식기관이 있고, 이 기관들은 각각 고유의 인식기능이 있습니다. 그 기능의 작용을 보면, 눈은 보고(見) 귀는 듣고(聞) 코는 냄새를 맡으며(聞) 혀는 맛을 느끼고(覺) 피부(온몸)는 촉감 등을 느끼고(覺), 마음은 앞의 다섯 가지를 통합하거나 고유의 기억작용 등과 연계해서 판단하고 아는(知) 것입니다. 다시 말해 견문각지(見聞覺知)는 우리가 지닌 탁월한 능력을 요약한 것이며, 그 작용이 '보고 듣고 느끼고 아는' 것이라는 뜻이 됩니다.

위의 뜻에 따라 질문에서 제기했던 문장을 다시 정리하면 "보고 듣고 느끼고 아는 것이 무엇인지 깨달아야 한다.", "보고 듣고 느끼고 아는 것에 끌려다녀서는 안 된다"고 할 수 있겠지요. 두 문장에는 '보고 듣고 느끼고 아는' 그것이 진짜가 아니라는 뜻이 숨어 있습니다. 분명 탁월한 능력이기는 하지만 오직 그것만이 진실이라고 집착하게 되면 그때부터 자신이 자신을 속이는 묘한 상황이 전개됩니다.

흔히 인간이 다른 생명체에 비해 우월하다고 판단하는 기준이 되는 이 탁월한 인식능력을 왜 불교에서는 그대로 인정하지 않는 것일까요? 그것은 인식능력 자체가 나쁘다는 뜻이 아니라 그것이 주인 노릇하게 두지 말라는 것입니다.

 대체로 사람들은 보고 듣고 느끼고 기억하며 분별해서 아는 그것이 가장 확실하다고 믿습니다. 그런데 문제는 수많은 사람들이 똑같은 결론에 도달하는 경우가 없다는 것이지요. 그렇기 때문에 자신의 생각만이 옳다고 주장하게 되면 다른 사람과 충돌할 수밖에 없으며, 이는 곧바로 갈등과 싸움으로 이어져 큰 불행을 초래하게 되는 것입니다. 세상에서 벌어졌던 엄청난 전쟁도 그 시작은 단순한 생각의 차이에서 비롯된 것입니다. 하나의 달을 보면서도 슬픈 생각을 하기도 하고 기쁘게 보기도 하며 고민에 빠지기도 하며 편안하기도 한 것이지요. 똑같은 사람을 두고 어떤 이는 그를 나쁘다고 하고 다른 이는 착하다고 합니다.

 부처님은 낱낱의 생각들이 절대적으로 영원히 옳은 것은 아무것도 없다고 가르쳐 주셨습니다. 그렇다면 아무 생각도 없이 살라는 뜻일까요? 그렇지 않습니다. 이미 일어난 그 생각에 절대적 가치를 두지 말고 치우침이 없는 중도적 지혜로 밝게 보라는 것입니다. 중도적 지혜를 발현하기 위해서는 자신의 모든 생각이 물거품 같고 그림자 같으며 번갯불 같은 것임을 밝게 봐야 합니다.

 한 생각이 일어나 끌려가기 시작하면 그림자처럼 고통이 따릅니다. 그렇기 때문에 생각이 일어나기 전의 그 자리가 무엇인지를 깨달아야 하는 것이지요.

기초교리 다음엔 무엇을 공부하나?

問 : 불교교양대학에서 기초교리과정을 마쳤습니다. 제대로 된 공부를 하고 싶은 생각이 드는데, 이제부터는 어떤 경전이나 수행법을 익혀야 할까요?

答 : 우리는 언제부터인가 기초교리는 아주 쉽고 그저 상식적으로 알고 있으면 좋은 내용이라고 생각하게 되었습니다. 그러나 그 내용은 불교의 핵심이며 따라서 근본교리라고 하는 것이 옳을 듯합니다. 우리가 흔히 말하는 기초교리는 그 자체로서 이미 부처님의 경지를 보이고 있는 것입니다.

불교에 입문한 이들은 대개 처음에는 너무 거창한 것들만 생각하거나 아주 신비한 것들을 기대합니다. 그래서 전문가들이 공부할 것들에 관심을 갖게 되지요.

불교교양대학에서 배운 교리정도라면 마음공부 하는 데 필요한 원리는 모두 배운 셈입니다. 예컨대 연기법, 중도, 삼법인, 사제, 육바라밀, 공 등을 배웠다면 이미 거의 모든 경론이나 불교학의 근본원리를 배운 셈이지요. 금강경이나 법화경 또는 열반경이나 화엄경의 원리가 별개의 것이 아닙니다. 뿐만 아니라 유식이나 중관, 천태나 선학까지도 그 원리는 이미 기초교리 안에 있는 것을 구체적으로 전개시키고 분석한 것입니다.

부처님의 가르침은 음악의 변주곡과 같은 것입니다. 어떤 변화를 해도 기본인 아리아를 떠난 것이 아닌 변주곡처럼, 복잡한 대승경론 일지라도 근본적인 가르침을 떠나 있는 것이 아닙니다. 즉 모든 것은 서로 연관되어 있다는 것, 일체의 존재는 영원불변의 실체가 없다는 것, 모든 현상은 끝없이 변화하는 것이라는 것, 그러므로 이 세상 모든 것이 무한히 변화하는 공(空)이며, 이것을 확연히 깨달아 체득하면 언제나 평화롭고 더 이상 괴로움이 없다는 등의 원리에서 벗어나지 않음을 알 수 있습니다.

수행법도 마찬가지로 사섭법이나 육바라밀 등에 모든 것이 들어 있습니다. 구체적 방법으로는 독경이나 정근, 예참이나 참선 등에서 자신에게 적합한 것을 선택하면 됩니다.

일반인들이 건강한 삶을 살기 위해서는 음식을 골고루 먹고 기본적인 운동인 맨손체조나 걷기 등을 부지런히 하며, 늘 마음을 편히 하고 숙면을 취하면 될 것입니다. 스스로 영양사가 될 필요도 없고, 면역학자가 되어 백신을 개발할 이유도 없을 것입니다. 더구나 전문의들이 보는 의학서적을 탐구하며 피곤할 이유도 없지요. 이런 것들은 환자를 치료하기 위한 길을 가려는 전문가들이 하는 것입니다.

일반 불자들도 전문가처럼 할 필요가 없습니다. 출가한 스님이라면 스스로 전문의와 같은 길을 택한 것이기 때문에, 모든 경론과 일체의 수행법을 거치면서 스스로 그 장단점을 파악할 필요성이 있습니다. 그래야만 선지식으로서 다른 사람을 인도할 수가 있는 것이기 때문입니다.

우리가 불교공부를 하는 것은 행복하기 위한 것인데, 그러기 위해서는 부처님의 가르침을 스스로 체득하여 그런 삶을 살아야 합니다. 만약 연기법 등을 참으로 깨달았다면 일체의 경이나 여타의 수행이 더 필요한 것이 아닙니다. 문제는 배운 것을 이해하는 정도에 멈추기 때문에 다른 수행의 필요성을 느끼는 것입니다.

불법의 오묘함은 교리의 난해함에 있는 것이 아니라 수행의 깊이에 있습니다. 모든 경론이 가리키고 있는 곳을 볼 수 있어야 하고, 그 경지에 있어야 합니다. 그 경지에 이르기 위해 길고 힘든 수행이 필요한 것이기도 하지요.

교학 연구는 수행에 방해되나?

問 : 스님들은 흔히 경전을 중심으로 한 공부가 수행력을 약화시킨다는 지적을 합니다. 불교를 공부할 때에는 어떻게 하는 것이 효과적입니까?

答 : 수행에 중점을 두는 입장에서는 지식을 '알음알이'라고 표현하며, 경전에 대한 이해도 지식이라고 볼 수 있기에 예외는 아닙니다. 그런데 옛 스님들이 흔히 하시는 말씀인 "문자를 버려라"는 표현은 경전 공부를 하지 말라는 뜻이 아닙니다. 경전 그 자체가 수행의 목표인 깨달음은 아니라는 지적을 하는 것이지요.

실참(實參) 수행을 강조할 때 사교입선(捨敎入禪)이라는 용어를 씁니다. 경·율·론 삼장(三藏)을 충분히 공부한 사람이라면 그 이론적 지식에 만족하거나 집착하지 말고, 삼장에서 가리키고 있는 그곳을 향해 나아가라는 말입니다. 그렇기 때문에 처음부터 아예 경론을 보지 말라는 뜻도 아니며, 또한 수행 도중에 다시는 경론을 보지 말라는 뜻도 아닙니다. 자신의 수행에 의심이 생기면 당연히 부처님의 말씀인 경이나 옛 스님들의 말씀인 어록을 참고로 살피는 것을 게을리 해서는 안 됩니다. 물론 곁에 훌륭한 스승이 계셔서 곧바로 점검 받을 수 있다면 굳이 경이나 어록을 보지 않아도 되겠지요.

 선불교의 대표적인 스승인 육조 혜능대사만 해도 금강경에서 발심하게 되고, 오조 홍인대사와의 전법도 금강경의 법문을 통해 의심 없는 경지에 들게 됩니다. 뿐만 아니라 스님들이 공부하는 승가대학에서 교재로 쓰는 『금강경 오가해』에는 육조대사의 강의(口訣)도 포함되어 있습니다.

건축에 대해 공부한 세 사람이 있다고 합시다. 갑은 설계도를 비롯한 각종 이론을 모두 공부했으나 실제로는 집을 지어보질 못했고, 을은 여기저기 공사판을 돌아다니며 대충은 집을 지을 정도가 되었으나 이론은 전혀 모르며, 병은 이론은 말할 것도 없고 훌륭한 스승의 지도를 받으며 세부적인 기술을 다 익혔습니다.

이 세 사람이 직접 집을 지어서 겨울을 나야 되는 상황이 된다면 어떤 일이 벌어질까요?

갑은 우왕좌왕하다가 집을 짓지도 못하고 겨울을 맞아 자신은 물론 식구들까지 큰 고생을 시키게 될 것입니다. 을은 대충 집 모양을 만들어 겨울을 맞겠지만 큰 눈이 오기라도 하면 집이 무너질 위기를 맞게 되겠지요. 병이라면 완벽한 집을 지을 수 있을 것이며, 겨울이 되어 아무리 큰 눈이 오더라도 불안에 떨 일은 없을 것입니다.

우리는 수행을 하면서 생각지도 못한 많은 경험을 하게 됩니다. 경전만 하더라도 초심자일 때 이해하던 것과 부처님의 마음을 읽어낼 수 있는 경안(經眼)이 열린 후의 간경(看經)은 전혀 다른 세계입니다. 뿐만 아니라 깨달음에 방해가 되는 잘못된 경계도 무수히 나타납니다. 이런 병폐에 대해서 경이나 어록에서는 '도깨비 굴'이나 '귀신 소굴'이라는 표현을 하면서 경책을 하고 있습니다. 만약 눈 밝은 스승도 가까이 하지 않고 경이나 어록도 멀리한다면 우려할 일이 벌어지게 될 것입니다.

불자들은 부처님의 가르침을 스승으로 삼아야 합니다. 그리고 그 가르침을 자기 것으로 하는 방법은 여러 가지가 있습니다. 참선 염불 예참 간경 등의 정진을 하되 자칫 그릇된 길로 들어섰을 때는 꾸짖어줄 수 있는 스승도 있어야 할 것입니다.

세상에는 불교 외에도 많은 가르침이 있습니다. 만약 불교수행자가 부처님의 가르침을 벗어나면 그때는 불교의 옷을 입은 외도(外道)가 됩니다. 그렇기 때문에 경론을 중심으로 한 교학을 소홀히 하는 것은 결코 바람직한 방법이라고는 할 수 없습니다.

일없이 한가롭다는 것이 무슨 뜻인가?

問 : 요즘 능력이 되는데도 취직을 하지 않고 놀고 있는 청년들이 많다고 합니다. 불교에서는 일없는 한가로운 도인이라는 표현을 하는데, 취직하지 않는 청년과 어떻게 다른지요?

答 : 불교에서는 깨달은 이들의 경지를 표현할 때 '일없는 한가로운 도인(無事閑道人)'이라고 합니다. 이 말을 일반 사람들이 쓰는 단순한 해석으로 보면 '아무 일도 하지 않고 빈둥거리며 사는 사람'이라고 풀이할 수도 있겠지만, 불교적인 뜻으로는 전혀 다른 의미로 사용됩니다.

불교에서의 무사(無事) 즉 '일없음'이란 '눈앞의 어떤 현상에 집착하여 정신을 빼앗기는 일이 없음'을 뜻합니다. 깨달은 이는 마음에 집착을 일으킬 만한 망상이 없는 청정한 상태이기에, 모든 현상을 있는 그대로 볼 뿐이며, 언제나 가장 적절하고 아름다운 삶의 모습을 유지합니다. 그렇기 때문에 이러한 삶 속에는 번뇌의 모습인 게으름이나 귀찮은 것에 대한 회피와 같은 것이 있을 수 없습니다.

귀찮고 힘들어서 취직을 하지 않고 부모나 다른 이의 도움으로 사는 사람에겐 눈앞의 모든 것이 귀찮은 일이 됩니다. 그러므로 작은 행위 하나를 하면서도 온갖 망상을 일으키고, 못마땅해 하며 화를 내게 되는 것이지요. 그러므로 외형적으로 보면 아무 일도 하지 않는 한가한 사람처럼 보일지는 몰라도, 그런 사람의 내면은 피하고 싶은 일과 하고 싶은 일들로 가득한 것입니다. 뿐만 아니라 이런 사람은 철저한 이기주의자이기에 자기가 하는 모든 일은 정당하게 생각하면서도 상대방이 자기로 인해 당할 힘든 상황들은 전혀 고려하지 않는 것입니다.

집착을 벗어던진 자유로운 사람은 어떤 일을 하더라도 그것이 화나고 귀찮은 일이 아니라 아름답고 소중한 삶인 것이며, 모든 행위가 그저 물 흐르듯 극히 자연스러운 것입니다.

한가롭다는 것은 조급하지 않고 불안하지 않은 것입니다. 게으름을 피우고 매사를 뒤로 미루는 것은 한가로운 것이 아닙니다.

석가모니부처님께서도 일반 사람들로부터 비판을 받은 경우가 많습니다. 왜 아무 일도 하지 않고 애써 노력한 사람들로부터 밥을 얻어먹느냐는 것이었습니다. 아마도 요즘 능력이 있으면서도 하는 일 없이 놀고먹는 사람들이 똑같은 질문을 받을 수 있을 것입니다. 이 질문에 합당한 답을 할 수 있어야만 합니다.

석가모니부처님께서는 스스로 농사짓는 법을 가르치는 사람이라고 표현하신 적이 있습니다. 마음의 밭을 일구는 법을 가르쳐 번뇌의 잡초를 뽑게 하고, 지혜의 열매를 얻게 하여 편안한 삶이 되도록 한다는 것이지요. 또 부처님께서는 스스로 의사 중의 의사라고 하셨습니다. 마음의 병을 치료해서 모든 사람이 자유롭고 행복한 삶을 살 수 있도록 노력하신다는 것이었습니다.

부처님께서는 깨달음을 이루신 후 이동하기 어려운 우기(雨期)에만 한 곳에 머무셨는데 이것을 안거(安居)라고 합니다. 사실 이 기간도 출가 제자들을 지도하시는 기간이라고 보면 좋습니다. 그 외의 모든 기간에는 언제나 이동하시면서 일반 사람들에게 해탈의 길을 가르쳐 주셨습니다.

간혹 불교의 가르침을 곡해한 이들 중에는 무위도식하면서 도인인 체 하는 이들도 있습니다. 바로 그들이 즐겨 인용하는 말에 바로 이 '일없는 한가로운 도인'이라는 말도 들어갑니다. 그러나 이런 도인이란 불교에는 존재하지 않습니다. 부처님은 전 생애를 통해 그런 모습을 보이신 적이 한 번도 없었음을 깊이 살펴야만 합니다. 남의 신세나 지는 도인이란 있을 수 없는 것입니다.

해탈의 세계가 정말 있나?

問 : 불교를 공부하다 보니 가장 많이 접하는 말이 해탈입니다. 사실 사는 것 자체가 정말로 행복하다기보다는 솔직히 힘들고 괴로운 일도 많은지라 해탈의 세계를 동경해 보기도 합니다. 그러나 잘 알려진 스님들의 모습을 봐도 전혀 다른 세계에 사는 분들 같지도 않고, 때로는 실망하는 경우도 많습니다. 해탈의 세계가 있긴 한 것입니까?

答 : 해탈을 제외하고는 불교를 얘기할 수 없습니다. 또한 해탈의 경지에 이른 수많은 스님들이나 불자들이 없었다면 불교가 우리 곁에 있지도 않았을 것입니다. 그러나 해탈이라는 것이 눈에 보이는 세계가 아니라는 점이 그런 의심을 갖게 한 모양입니다.

해탈이란 어느 특정 단체의 전유물도 아니며, 어떤 조건을 전제로 하는 것도 아닙니다. 오히려 어떤 조건하에서도 가능한 것이며 어느 누구라도 이를 수 있는 경지입니다. 어쩌면 너무 쉽기 때문에 사람들이 시도하지 않는지도 모릅니다. 쉽다고 한 것은 '놓아 버림'을 가리키는데, 지금 자신을 정신없이 끌고 가고 있는 '그 무엇'을 놓아 버리는 것입니다. 이 '놓아 버림'은 비용을 지불해야 하는 것도 아니고, 협조를 필요로 하는 것도 아니며, 시간이 걸리는 것도 아닙니다. 지금 바로 툭 놓아 버리면 되는 것이지요. 그러나 사람들은 놓아 버리면 낙오자가 될 것이라고 생각하기에 놓질 못하는 것입니다. 놓고 보면 나를 끌고 가던 '그 무엇'이 별것이 아님을 알게 되지만, 놓기 전까지는 나의 모든 것처럼 생각되지요. 그래서 '그 무엇'의 노예가 되고 마는 것입니다.

해탈에 이른 이들은 마치 바위나 고목처럼 된다고 생각하는 경우가 있는 것 같은데 전혀 그렇지 않습니다. 해탈의 경지에 있는 이들의 삶은 할 것과 하지 않을 것이 분명해진 밝음이며, 또한 잘못된 가치관 따위에는 걸리지 않는 무애자재의 경지입니다. 이것은 제도화되고 정형화된 종교마저도 넘어서는 것이지요. 그러므로 누구라도 가능한 경지이지만, 그러나 반드시 세속적 집착과 자기의 종교적 신념마저도 버려야만 합니다. 그러니 결코 쉽다고만 할 수도 없겠군요.

육조 혜능대사는 "선도 악도 생각지 마라! 그 순간 그대의 주인공이 어느 곳에서 편안하게 바로 서는가?"라고 친절히 가르쳐 주셨고, 석두희천

선사는 해탈의 경지를 묻는 수행자에게 "도대체 누가 그대를 자유롭지 못하게 한다는 말이냐?" 하며 단도직입적으로 이끌어 주십니다.

　질문에서처럼 스님들을 보고 실망할 수도 있겠지요. 그러나 스님들의 모습도 보는 사람의 경계 정도로만 보이는 것입니다. 더구나 해탈경계는 모양이 없는 경지로 애당초 눈으로 확인될 성질이 아닙니다. 물론 현실에서는 승복만 걸치고 있는 이들도 있을 수 있고, 또 정식으로 출가한 스님이라도 대부분 수행과정에 있으므로 불자들의 눈에는 불만스런 모습도 많이 보일 것입니다. 그러나 그런 분들 뿐만 아니라 고승으로 소문난 분일지라도 자신의 마음경계와는 아무 상관이 없으니 스스로를 살피는 것이 급선무일 것입니다. 해탈은 철저히 스스로가 체험하는 것이지 타인이 보여줄 수 있는 경지가 아니기 때문입니다.

무애자재란 어떤 경지인가?

問 : 불교에서는 깨달음의 경지나 도인의 삶을 말할 때 무애자재라는 표현을 하고, 또 한편으로는 거침없는 언행을 일삼아 많은 사람들의 눈살을 찌푸리게 하는 것을 무애행이라고도 하여 혼란스럽습니다. 무애자재란 어떤 경지입니까?

答 : 무애자재(無碍自在)란 깨달음의 경지를 표현하는 말입니다. 깨달음의 경지란 매사에 걸림이 없고 자유롭다는 것이지요. 그러나 많은 사람들을 불쾌하게 하는 제멋대로의 언행은 결코 무애행이 아닙니다.

무애자재라는 표현에 가장 적합한 경우는 석가모니부처님의 삶이 될 것입니다. 부처님 성불 이후의 삶을 따라가 보면 당신의 고집으로 인한 투쟁이 전혀 없습니다. 부처님께서는 절대 평화의 열반을 체득하셨고, 그 열반에 이르는 길을 가르쳐 주셨습니다. 뿐만 아니라 모든 사람이 그 길을 깨닫고 행복해지길 바라셨습니다. 그렇기 때문에 45년간을 쉼 없이 중생제도의 길을 걸으셨던 것이지요. 이것은 곧 다양한 계층의 엄청난 사람과의 만남을 뜻합니다. 결코 당신의 추종자만을 만난 것이 아니라는 것이지요.

부처님 당시의 인도는 백 가지가 넘는 사상이 있었던 것으로 짐작되고, 이 사상들은 거의 종교적인 체계를 갖추고 있었던 것으로 보입니다. 그럼에도 불구하고 45년의 긴 여정에서 살상이 일어날 정도의 심각한 대립이 없습니다. 이것은 부처님의 가르침에 독단적이거나 타인을 무시하는 내용이 없기 때문입니다. 부처님의 삶에는 자기중심적이거나 자기만을 위한 것이 전혀 없습니다. 그러므로 언제 어디서나 걸릴 것이 없고 자유로울 수밖에 없는 것이지요.

질문에서도 언급했듯이 무애자재라는 말이 아주 터무니없이 쓰이기도 합니다. 타인에 대한 배려라고는 찾아볼 수도 없는 막된 언행을 하면서도 자신은 그것을 무애행이라고 떠벌리는 사람들이 있습니다. 그러나 무애행이라고 강변을 하는 자체가 이미 많은 것들에 걸리기 때문에 일어나는 일이겠지요. 타인에 대한 배려가 없기에 남에게 피해를 주는 일이 따르게 되고, 피해를 당한 사람들은 당하고만 있으려 하질 않습니다. 그래서 빠름과 느림의 차이는 있을지언정 항상 충돌이 일어나게 마련입니다. 또 눈살을 찌푸리게 하는 일은 비록 직접적인 피해는 아니라 하더라도 마음을 불편하게 하는 일입니다. 그러므로 누군가가 불편한 마음을 표현하게 될 것이고, 이것도 또한 충돌로 이어질 것입니다.

무애자재는 대상과의 관계뿐만 아니라 자기 자신의 마음도 걸림 없고 자유로워야 합니다. 반야심경에서는 무애자재의 인물로 관자재보살을 등장시켜서, 무애자재에 이르는 길을 다음과 같이 설명합니다.

「걸림 없고 자유로운 삶을 살고자 한다면, 우리의 몸과 정신작용이 공(空)한 것임을 밝게 봐야 한다. 공의 이치를 터득하면 죽음에 대한 공포도 사라지고, 삶에 대한 우아함과 추함의 분별도 사라지며, 재산 등의 많고 적음에 영향을 받지 않게 된다. 뿐만 아니라 수많은 학문과 종교적 지식의 틀에도 매이지 않게 되고, 늘 깨어 있어 자유로울 수 있다. 이 경지가 되면 마음에는 아무것도 걸릴 것이 없고 두려움도 없으며, 눈앞의 경계를 거꾸로 잘못 판단할 일도 없어서, 마침내 항상 평화로울 수 있게 된다.」

무애자재는 이론과 현실의 충돌이 전혀 없는 경지이고, 정신적으로는 언제나 고요하고 평화로운 상태를 뜻합니다. 이 무애자재는 시작과 과정과 결과가 모두 명쾌하고 좋은 상황으로 전개되는 최고의 삶을 가리킵니다.

깨달음은 비밀리에 전해지는 것인가?

問 : 삼처전심에서 부처님의 법은 가섭존자에게 전해졌다고 배웠습니다. 뿐만 아니라 조사님들끼리는 전등(傳燈)이라 해서 마음과 마음으로 비밀히 전해진 것이 있다고 들었습니다. 그렇다면 깨달음이 누구에게 독점적으로 전해진다는 뜻인지요?

答 : 부처님은 깨달은 분이라는 뜻이며, 석가모니부처님께서 깨달으신 내용을 사람들에게 일깨워 주심으로 해서 불교라는 것이 시작됩니다. 부처님 가르침의 가장 핵심은 누구나 깨달을 수 있다는 것이었습니다.

 선종에서는 가섭존자로부터 이어지는 조사의 계보를 인정하고 있습니다. 그리고 그 계보는 공식적으로 제33조인 혜능대사까지

이어집니다. 그러나 혜능대사는 전등의 상징으로 전해지던 부처님의 가사와 발우를 더 이상 전하지 않았다고 기록하고 있습니다. 그렇다면 공식적으로 지정해서 전등을 한 제자가 없다는 말도 됩니다. 물론 혜능대사에게 많은 제자가 있었고, 제자 가운데서 뛰어난 분들에게는 또다시 제자들이 그 맥을 이어서 이윽고는 많은 파를 만들기도 했습니다.

　만약 선종에서 조사로 인정된 분들만이 부처님의 깨달음을 전해 받은 것이라고 고집한다면, 다시 말해 '깨달음'을 어떤 물건처럼 생각하고 그것이 비밀스럽게 한 사람에게만 전해졌다고 결론을 내릴 경우를 가정한다면, 대단히 위험한 결과를 초래케 됩니다. 왜냐하면 육조대사 이후로는 아무도 정통성을 내세울 수 없게 되며, 엄격히 말해 현재의 불교계에는 깨달음이 전해진 확정적인 증거가 없게 됩니다.

　석가모니부처님은 누구에게 깨달음을 전해 받은 것도 아니며, 특정 스승에게서 깨달음을 인정받은 후에 부처의 경지가 된 것이 아닙니다. 어떤 이는 석가모니부처님이 먼 전생에 연등부처님으로부터 수기(성불예언)를 받았지 않느냐고 말할지도 모르지요. 그러나 현재 조계종에서 믿고 의지할 경전으로 정한 소의경전(所依經典)인 금강경에서는 바로 이 문제를 풀 수 있는 가르침이 있습니다. 석가모니부처님은 과거 연등불을 뵙고 수기를 받았을 때 '법'을 얻은 것이 있어서 성불할 수 있었던 것이 아니라고 명확히 말씀하십니다. 이것은 선택된 사람이기에 성불할 수 있었던 것이 아니라는 말씀이며, 스스로의 수행에 의해 성불할 수 있었다는 것입니다. 만약 선택된 자만이 성불할 수 있다면 "모든 중생에게 불성이 있다"는 가르침은 수정되어야 할 것입니다.

깨달음이란 어떤 경지에 들었다거나 이제껏 모르고 있던 '무엇'을 확연히 체득했다는 뜻입니다. 경전에서는 '무엇'에 해당되는 것으로 '연기법'을 제시하고 있습니다. 이 연기법은 사성제나 삼법인의 핵심이기도 합니다. 연기법은 매우 간단히 표현되지요. "이것이 있으므로 저것이 있고, 이것이 일어나므로 저것이 일어난다. 이것이 없으면 저것이 없고, 이것이 사라지면 저것이 사라진다." 이제 연기법을 이해했을 것입니다. 그렇다면 깨달은 것일까요? 결코 그렇지 않습니다. 깨달음이란 이해했다거나 알았다는 차원이 아닙니다.

깨달음의 경지는 언어의 길이 끊어진 정도가 아니라 인식의 길마저도 끊어진 자리입니다. 그래서 옛 스님들은 곧바로 지적합니다. "석가도 미처 몰랐거니 어찌 가섭에게 전할 수 있으랴!" 그러므로 모름지기 불교를 수행하는 이들은 누군가로부터 전해 받을 수 있는 '무엇'이 있다는 집착을 버려야 합니다. 누군가가 받은 것이 있다는 주장을 한다면, 그것은 허공에 찍힌 기러기 발자국을 얻었다는 것과 같은 억지입니다.

평상심이 도라면
왜 수행이 필요한가?

問 : 어느 문화강좌에 갔더니 "불교에서는 평상심이 도라고 하면서도 쓸데없이 복잡한 수행법이라는 것을 만들어 사람들을 혼란시킨다. 우리가 평소에 생각하고 행동하는 것이 바로 도이다."라는 내용을 강조하는 것이었습니다. 그 자리에 있던 이들이 동의하는 태도를 보였습니다. 만약 그 풀이가 사실이라면 스님들의 수행은 왜 필요한 것입니까?

答 : 한자의 글자풀이로만 보면 그럴듯하게 설명한 것 같지만 불교를 전혀 공부하지 않은 사람이 어디서 주워들은 문구를 자기 마음대로 해석한 것입니다.

'평상심이 도(平常心是道)' 라는 말이 알려진 것은 두 선사의 문답에서 비롯됩니다. 제자인 조주스님이 "어떤 것이 도입니까?"하고 물으니, 스승인 남전(南泉)선사가 "평상심이 도이니라"고 답을 한 것입니다.

남전선사는 육조혜능-남악회양-마조도일의 계보를 잇는 스님입니다. 그러므로 평상심시도(平常心是道)의 평상심은 육조대사의 '본래 한 물건도 없다(本來無一物)'는 그 마음이며, 남악대사의 '한 물건이라 해도 맞지 않다(說似一物卽不中)'고 하는 그 마음입니다. 그러한 깨달음의 경지는 마조대사에 이르면 이윽고 '평상심이 곧 도이다'로 표현됩니다.

마조대사는 다음과 같이 평상심을 설명합니다. "평상심이란 조작하는 것을 넘어서고(無造作), 옳고 그름을 따지는 것도 하지 않으며(無是非), 좋아하고 싫어하는 감정으로 취하거나 버리는 것도 없는 것(無取捨)이다. 그 자리는 범부니 성인이니 하는 것도 없는 것(無凡無聖)이니, 바로 그 마음으로 살고 만물을 대하는 것이 곧 도이다(只如今行住坐臥應機接物盡是道)."

스승 마조대사가 설파한 이 경지를 깨달은 남전선사이기에, 제자의 물음에 곧바로 '평상심이 도'라고 핵심만을 답했습니다.

선사들이 즐겨 쓰신 방법은 단도직입적으로 곧바로 핵심을 툭 던지는 것이었습니다. 만약 당신과 마음이 통할 사람과의 문답을 할 때는 최고로 함축된 언어를 사용하거나 또는 언어를 초월한 행위로 보였습니다. 그럴 경우의 말 한마디나 행동 하나는 선사의 모든 사상을 함축한 것이므로 사전적인 해석은 소용이 없게 되고 맙니다.

강좌에서 들었다는 평상심의 설명은, 감정에 따라 움직이는 중생심을 잘못 알고 있는 것입니다. 중생심에 의해 내키는 대로 하면 일시적으로는 기분이 좋고 위안이 될지 모르지만, 결국은 괴로움이라는 결과에 도달하기 쉬운 것이니, 결코 바람직한 삶이 될 수 없습니다.

물론 일반적으로는 조작을 잘해도 성공할 수 있습니다. 옳고 그름을 명백히 구분하여 설파해도 훌륭한 학자가 될 수 있습니다. 취사선택만 잘해도 경영인으로 이름을 날릴 수 있겠지요. 그러나 그것만으로는 자유롭고 행복할 수는 없습니다. 그래서 사람들은 시간을 따로 내어 참선도 하고 독경도 하며, 기간을 정해 염불도 하고 절도 합니다. 그것을 수행이라고 하지요. 그렇지만 깨닫지 못하면 수행은 어디까지나 수행일 뿐으로, 그 행위 자체는 도가 아닙니다.

평상심은 해탈의 마음이며 부처의 마음입니다. 닦아 얻는 마음은 아니지만, 수행하지 않으면 깨닫지 못하므로 평상심이 되질 못하지요. 그래서 피나는 수행을 한 후에 깨달아야 비로소 평상심이 됩니다.

화두에 병통이 있다는 말이 무슨 뜻인가?

問 : 참선 공부하는 모임에 가서 화두에 대한 설명을 들었습니다. 그런데 가르치는 분이 화두에도 병통이 많은 것이 있으니 조심해야 하며, 반드시 선지식으로부터 화두를 타야 한다고 했습니다. 무슨 말인지 잘 이해가 되질 않습니다.

答 : 기존의 화두(話頭) 혹은 공안(公案)은 옛 스님들이 큰 의심을 갖고, 그 의심을 응시(看話)하고, 이윽고 완전히 넘어서는 예를 보여 준 것들입니다. 물론 모범 답안은 없습니다. 그것은 오직 스스로가 넘어서는 것(打破)이 곧 답이기 때문입니다. 그러므로 기존의 화두들은 깨달음을 여는 문이었음에는 틀림없으나, 다만 그 화두가 오늘날에도 유효한가 하는

문제는 그 화두를 들고 공부하는 사람에게 달렸다고 할 수 있습니다.

질문에서처럼 각종 어록에서는 화두의 병통에 대해서 지적한 것이 많습니다. 그러나 자세히 살펴보면 그 병통이라는 것이 화두 자체에 있다기보다는 화두를 드는 사람의 문제임을 알 수 있지요. 다시 말해 논리적 접근을 꾀한다면 모든 화두가 곧 병통이 될 것이며, 큰 의심이 없이 화두를 든다면 멍한 상태에 빠질 것은 불을 보듯 뻔합니다. 이와 같은 문제점들을 곧 화두의 병통이라고 얘기하는 것이지요.

이 병통에 빠지지 않기 위해서는 네 가지 기본이 확고해야 합니다. 그것은 곧 스스로가 깨달을 수 있다는 분명한 믿음, 기어코 깨닫고 말겠다는 큰 용기, 근본적인 문제에 대한 간절한 의심, 흔들리는 자신에 대한 강한 채찍질입니다. 이 네 가지는 낱낱이 다 필수적인 것이지만, 그중에서 가장 중요한 것은 근본문제에 대한 간절한 의심입니다. 그러므로 스스로의 의심이 없이 기존의 화두를 선지식으로부터 탔다고 해서 공부가 되는 것이 아닙니다.

요즘 공부하는 사람들 중에는 화두를 마치 주문처럼 생각하는 이들도 있습니다. 계속 되풀이해서 외우면 어느 땐가 펑하고 새로운 세계가 열릴 것이라는 허황된 생각을 하는 이들이 많습니다.

화두라는 용어는 비록 후대에 만들어진 것이지만, 내용상으로는 부처님으로부터 시작되는 것임에 틀림없습니다. 부처님의 화두에 해당되는 것은 '생로병사'였습니다. 그래서 그것을 타파했을 때 바로 열반의 경지에 이르게 되신 것이지요. 혜가대사의 화두는 '불안'이었고, 승찬대사의 화두는 '죄업'이었습니다. 각기 다른 용어이지만 그것은 절대적 의심이었으며, 결정적인 계기를 만나면서 순식간에 깨어버리게 된 것이지요.

　예컨대 자신을 끝없이 고통스럽게 하는 것이 '소외감'이라면, 바로 그것이 화두가 될 수 있습니다. '왜?'라는 의심을 하되 자기가 알고 있는 주변의 여러 이유로서 풀려는 생각은 버려야 합니다. 뿐만 아니라 철학적인 분석으로 접근하지도 말아야 하며, 정신과의사나 혹은 유명한 이들의 도움으로 그것을 이해하려고도 하지 말아야 합니다. 자기 인생의 모든 것을 거기에 걸고 응시하노라면, 잠도 잊고 밥 먹는 것도 잊어버리게 됩니다. 그렇게 계속하다 보면 어느 순간 그 소외감뿐만 아니라 인생의 모든 문제를 동시에 깨어버리는 경지가 열립니다.

　며칠을 굶은 짐승이 눈앞의 먹이를 노리듯이, 상사병에 걸린 사람이 좋아하는 대상을 한순간도 잊지 못하듯이 그렇게 의심이 되어야 합니다. 앉고 서고 다님에 상관없이 의심이 계속되어야 함은 말할 것도 없지요. 억지로 들려고 하는 화두나 곧잘 잊어버리는 화두, 그리고 생각으로만 되뇌는 화두는 이미 화두가 아닙니다.

소를 찾는다는 것이 무엇을 뜻하나?

問 : 올해가 소의 해라고 해서 마음공부를 '소 찾는 일'에 비유한 심우도 얘기를 듣고 특별한 관심을 갖게 되었습니다. 그러나 솔직히 소도 사람도 사라짐도 나타남도 모르겠습니다.

答 : 심우도(尋牛圖) 또는 십우도(十牛圖)는 깨달음의 과정을 설명하는 내용으로 오래전부터 활용되던 비유입니다. 그렇지만 전문적으로 수행하는 이가 아니면 복잡한 심리구조를 빗댄 소와 사람의 관계를 이해하기도 쉽지 않을 것이고, 또 모든 것이 사라졌다가 다시 복잡한 세상의 모습으로 끝나는 내용을 받아들이기 어려울 수도 있을 것입니다. 그래서 다른 비유로 설명해 보기로 하겠습니다.

우리가 일상에서 가장 많이 하는 것이 거울보기일 것입니다. 아침저녁으로 세수를 해도 거울을 볼 것이고, 또 옷매무새나 얼굴을 살필 때도 거울을 볼 것입니다. 요즘엔 대부분의 화장실에 거울이 있으므로 대체로 하루에도 몇 번 정도는 거울을 보게 될 것입니다. 바로 이 거울보기를 '마음 찾는 일'에 견주어 설명해 보기로 하겠습니다.

보통 거울을 볼 때면 거의 반사적으로 비친 영상을 살펴보고 맙니다. 만약 무언가가 묻었거나 흐트러졌다면 바로잡는 정도가 일반적이지요. 그러다 어느 순간 무섭게 일그러진 거울 속 자신의 얼굴을 보면서 그 영상이 아닌 자신의 감정을 살피게 될 것입니다. 이때가 바로 소의 발자국을 본 것과 같은 것이지요. 그리고는 왜 감정이 폭발했는지를 살핀다면 자신의 내면에 지나친 욕망이라는 것이 있었음을 알게 될 것입니다.

욕망을 보긴 했으나 일상에서는 그 욕망이 조절이 되질 않습니다. 그래서 보고 듣는, 밖의 현상들에 자신도 모르게 끌려가 버리기도 합니다. 그리고는 거울을 보며 후회하고 반성하기를 되풀이하게 되는 것이지요.

후회와 반성 그리고 다짐을 하며 노력을 되풀이하노라면 어느 순간 마음의 욕망을 조절할 수 있게 되고, 이윽고는 불필요한 그릇된 욕망들이 일어나지 않는 단계가 됩니다. 이때쯤이면 거울 속에서 안정된 자신의 모습을 볼 수 있겠지요.

좀 더 살핌이 진행되면 보다 안에 있는 심리를 알게 될 것입니다. 이제까지의 모든 것들이 결국은 마음의 작용이었다는 것을 깨닫게 됩니다.

그리고는 마음의 활동이 아닌 근원적인 자리를 추구하게 됩니다. 모든 대상으로부터 자유로운 자신을 보게 되는 것이지요. 거울을 보되 거울 속 영상에는 연연하지 않게 된 단계입니다.

　이윽고 모든 것을 거울삼아 자신을 비춰보는 삶이 진행됩니다. 그러나 아직도 무언가 내면의 부자유가 존재합니다. '나'라는 것에 집중되면서 남에게는 초연한 듯 보이지만, 완전히 맑고 시원한 단계는 아닙니다. 소는 사라지고 사람만 남은 단계이지요. 그러다 어느 순간 자신이 거울이 되어 버립니다. 모든 것이 비워진 것이지요. 산과 물과 나무와 꽃과 사람이 그저 오는 대로 비춰질 뿐입니다. 심우도의 일원상 단계입니다.

　깨달은 사람은 어떻게 살까요? 그저 아무 일 없는 듯이 살아갑니다. 회사거나 논밭이거나 공장이거나 국회거나, 그곳에서 할 일을 할 뿐입니다. 그곳이 정토이기 때문이지요. 아버지의 자리거나 남편의 자리거나 아들의 자리거나 동료의 자리거나, 그때의 역할에 충실할 뿐입니다. 그것이 바로 진여의 삶이기 때문입니다.

인가라는 것이 무엇인가?

問 : 불교에서는 인가라는 것이 있다고 들었습니다. 그런데 요즘에는 주위에 인가받았다는 이들이 아주 많습니다. 심지어 어떤 이들은 짧은 휴가 중에 어느 선원이나 명상센터에서 인가를 받고 왔다고 하는데, 자랑은 하면서도 여전히 이전처럼 다투고 괴로워합니다. 인가가 무엇입니까?

答 : 인가(印可)는 밀교나 중국의 선종에서 스승이 제자의 깨달음을 인정하는 것을 뜻합니다. 그러니 부처님으로부터 비롯된 제도는 아니지요. 물론 부처님께서는 제자들의 깨달음을 인정하는 표현을 많이 하셨습니다. 그러나 그것은 부처님께서 제자의 경지가 한 단계 높아지는 것을 기뻐하시어 대화 중에 스스럼없이 표현하신 경우라고

할 수 있지요. 그러므로 '인가를 받으면 완전한 깨달음을 이룬 것이다'는 방식의 후대의 인가와는 다른 것입니다.

불교에서의 깨달음은 부처님의 정각에 기준을 둔 것입니다. 그러나 일반적으로는 깨달음이라는 말이 아주 다양하게 쓰인다는 것이지요. 부처님께서도 출가 초기에 명상대가인 알라라 깔라마와 웃다까 마라뿟따로부터 깨달았다는 인정을 받았지만, 스스로가 정각이 아니라고 판단하여 다시 수행의 길을 떠납니다. 또한 사리불과 목련존자도 다른 스승으로부터 깨달음을 인정받은 지도자였지만 스스로가 부족함을 알았기에 다시 부처님의 제자가 된 것입니다. 부처님의 제자가 된 이들 가운데는 이미 다른 스승에게서 깨달았다고 인정받았던 이들이 아주 많았습니다. 이처럼 깨달음이라는 것이 아주 낮은 경지로부터 부처님의 대각에 이르기까지 천차만별로 사용되므로, 요즘 각 단체에서 나름대로 깨달았다고 인정하는 것이야 어쩔 수 없는 일이지요. 어린아이도 깨달았다는 표현을 곧잘 하며, 심지어 범죄자도 깨달았다는 표현을 하지요.

인가라는 과정을 거쳐야 완벽한 깨달음에 이른 것이라는 생각은 착각입니다. 불교에서의 완벽한 깨달음은 석존으로부터 비롯되는 것인데, 부처님은 어느 누구에게서 인가를 받으신 분이 아닙니다. 석존께서는 정각을 이루신 후 많은 날 동안 보리수 아래를 옮겨 앉으시며 자내증(自內證)의 시간을 가지셨다고 하지요. 그것은 스스로 당신의 깨달음이

티끌만큼의 허물도 남지 않았는지를 점검하신 것입니다.

자기의 내면은 자신이 가장 잘 압니다. 마음 속에 욕망이 남아 있는지 혹은 허물이 완전히 사라졌는지는 깊이 살펴보면 바로 알 수 있습니다. 만약 깨달음을 이룬 사람이라면 늘 편안하고 자유롭습니다. 어느 자리에 있건 항상 편안한 사람이라면 굳이 타인으로부터 "당신은 이제 편안합니다."라는 인정을 받을 이유가 없는 것이지요. 무언가 스스로 부족하다고 생각하는 사람들이 타인의 인정을 받고 싶어 안달하는 것입니다. 이런 조바심은 삿된 사람의 매우 좋은 이용거리가 되지요. 만약 작은 지혜라도 있다면 소위 인가라는 것을 받은 후에 자기의 마음속에 아만심이 가득한지 아니면 어떤 일에도 흔들리지 않는 편안한 경지가 된 것인지를 스스로 알 것입니다.

선가(禪家)의 인가라는 제도는 자칫 착각에 빠진 수행자가 도중에 잘못되는 것을 방지하려는 것입니다. 그만큼 깨달음이 가볍지 않다는 뜻이기도 하지요. 또한 인가받은 이가 스스로 인가받았다고 자랑한 경우도 전혀 없습니다. 그럼에도 불구하고 그것을 이용하여 사리사욕을 채우려는 집단이 있다면 그것은 삿된 무리라고 할 수 있을 것입니다.

증상만인은 어떤 사람을 가리키나?

問 : 법화경을 공부하고 있습니다. 부처님의 법문을 끝까지 듣지 않고 떠난 증상만인(增上慢人)은 누구를 가리키는 것입니까?

答 : 증상만(增上慢)이라고 하는 것은 아직 얻지 못한 경지를 얻었다고 자만하는 것을 일컫는 말입니다. 이 용어는 초기 경전에서부터 나타나고 있는 것으로, 일종의 과대망상과 같은 것이라고 할 수 있겠지요.

사람들은 대부분 약간의 과대망상적인 심리를 가지고 있으므로, 가볍게 생각하면 그저 허풍을 치는 정도로 볼 수도 있습니다. 그렇게 부풀려 표현하는 정도야 타인에게 큰 피해를 주는 경우가 아니면 애교로 봐 줄 수도 있겠지요. 스스로도 그러면서 위안을 삼을 수도 있기 때문입니다.

그러나 이것이 점차 심해지면 결국은 많은 문제를 일으킬 수 있는 것이지요.

이 증상만을 심각하게 생각해야 하는 이유는 스스로가 큰 착각을 일으키기 때문입니다. 자신이 바른 가르침을 접하지 못한 상태에서 올바른 수행을 한 것도 아닌데, 이상한 말이나 태도로 남들을 지도한다고 나서기 때문이지요. 경에서는 그 위험성에 대해 '장님이 길잡이가 되어 눈 가린 망아지들을 낭떠러지로 이끄는 것과 같다'고 표현합니다.

《법화경》의 〈방편품〉에서는 사리불존자가 석가모니부처님께 위대한 법화경을 가르쳐 주십사고 세 번 청하고, 부처님께서는 제자들이 아직 준비가 되지 않았다고 거절하십니다. 이때 5천 명이나 되는 출가자와 재가자가 자리에서 일어나 밖으로 나가는 사건이 벌어집니다. 묵묵히 지켜보시던 부처님께서는 비로소 가르침을 펼 때가 되었다고 허락하십니다. 왜냐하면 밖으로 나간 대중은 스스로 완전한 깨달음을 이뤘다고 생각하고 있는 증상만이기에 가르침을 받아들이지 않을 사람들이었다는 것이었습니다.

《법화경》에는 몇 가지 중요한 가르침을 담고 있는데, 그중에 일불승(一佛乘)사상이 있습니다. 이는 곧 모두가 부처의 경지에 이르러야만 비로소 완전한 깨달음인 것이며, 그 아래의 갖가지 경지라는 것은 제자들을 격려해서 더욱 높은 경지인 성불에 이르도록 한 방편일 뿐이었다는 것입니다.

수행을 하는 과정에는 수많은 경계가 나타납니다. 그 경계라는 것이 정신적인 것들이므로, 처음 그것을 경험하게 되면 엄청난 경지인 것으로 착각을 하게 됩니다. 때로는 스승이 제자의 경지가 상승하는 것을 기뻐하여 격려차원에서 우선 그 경지를 인정하듯 말하는 경우도 있습니다. 계속해서 부정만 하면 지쳐서 포기할 수가 있기 때문이지요. 그렇지만 모든 것을 먼저 경험한 스승이 올바로 지적해주지 않으면, 당사자는 부처님의 깨달음과 같다고 착각을 일으킬 수도 있는 것이지요. 그러므로 바른 선지식이라면 제자의 착각을 사정없이 깨뜨려버립니다.

스님들은 수행과정에서 졸업장이나 안거증 등을 많이 받게 됩니다. 잘 알다시피 그 낱낱 것들은 자격증이라기보다는 과정을 거쳤다는 것에 불과한 것입니다. 하지만 어떤 경우에는 그런 과정을 많이 거치면서 어느덧 깨달음에 이르렀다는 착각을 할 수도 있다는 것이지요. 이때 가장 좋은 치료법은 부처님이라는 거울을 보는 것입니다. 부처님의 생애를 따라가노라면 현재의 자신이 어디쯤 서 있는지가 환하게 보입니다.

증상만은 엄격히 말해 스스로를 속이는 행위입니다. 그런 이들이 부처님처럼 행세하는 것은 모두를 위해 불행한 일입니다.

감정을 드러내는 치료도 있는가?

問 : 어떤 심리치료법에서는 감정을 감추지 말고 드러내라고도 합니다. 이 경우 불교적으로는 어떻게 보는 것입니까?

答 : 아마도 매우 내성적인 사람이 본인이 수용하기 어려운 상황들을 계속 마음에 담고 있다가 심각한 지경에 이른 것에 대한 처방이라고 생각됩니다. 심리치료의 입장에서는 타당하기 때문에 권하는 것이겠지요. 그러나 어디까지나 전문가의 도움을 필요로 할 것입니다.

사람을 비롯한 모든 생명체는 끝없이 자극을 받으며 살아가는데, 아주 일상적인 범주를 넘어서는 자극에는 긴장 상태가 됩니다. 우리는 그것을 스트레스라고 하지요. 적당한 스트레스는 건강한 생활을 할 수 있게 하지만, 지나친 스트레스는 일상적인 생활을 하기 어려운 병적 상황으로 진행되며, 그것을 노이로제라고 하지요. 노이로제에 걸린 사람은 매사에 지나치게 과민해서 본인은 말할 것도 없지만 주위 사람까지도 불안하게 만듭니다. 심지어 곁에 있는 애완동물까지도 과민하게 되는 것을 볼 수 있습니다. 만약 밖으로 드러내는 것이 적절한 치료가 된다면 노이로제환자가 끝없이 과민한 말이나 행동을 하는 것 자체로도 치료가 되어야 할 것입니다. 그러나 그냥 둘 경우 점점 더 증상이 심해지는 것을 알 수 있을 것입니다. 그러므로 자신의 심정을 알려 이해를 구하는 정도가 맞을 것입니다.

노이로제가 왜 만들어지느냐에 대해 전문가들은 외적인 것보다 내적인 요인이 훨씬 크게 작용한다고 합니다. 사실은 외적인 요인이라 하는 것도 내적 심리에 따라 다르게 받아들이는 것인 만큼 거의 대부분이 내적인 요인으로도 볼 수 있겠지요. 그렇다면 감정을 밖으로 표출한다고 해서 내면이 편안해질까요? 그것은 거의 불가능할 것입니다. 마치 위장에 탈이 생긴 사람이 음식을 먹고 토하는 일을 되풀이한다고 해서 위장이 좋아지지는 않는 것과 같은 이치지요.

증상이 심하지 않다면 차분한 대화로 서로 이해를 구하는 등의 방법은 분명히 효과가 있을 것입니다. 그러나 병적인 단계에 이른 사람은 차분하게 대화를 하기 어려운 법이지요. 만약 자기감정을 아무렇게나 드러내다 보면 상대에게 고스란히 전달되면서 확장될 것입니다. 그렇다면 상대방은 받은 만큼이나 아니면 그 이상 되돌려 주겠지요. 그러므로 이런 방법은 궁극적인 방법이 될 수 없을 것입니다.

불교에서는 감정의 축적을 해소하는 많은 수행법들이 있습니다. 소리로 해소하는 방법으로는 염불정근이나 독경이 있고, 몸으로 해소하는 방법으로는 예참(절하기)이 있으며, 감정이 일어난 근저를 곧바로 살피게 하는 참선법도 있습니다. 이런 것들은 물론 깨달음을 위한 수행법이긴 하지만, 초기 단계에서 억눌린 감정의 병들이 치유됩니다. 그 대표적인 현상이 통곡으로 나타납니다. 마치 댐이 터지며 물이 쏟아지듯이 주체할 수 없는 눈물을 동반하는 통곡은 거의 실신단계까지도 이르게 하지만, 그 일이 있고 난 뒤의 마음은 가을 들판처럼 광활해짐을 느낄 수 있습니다.

광활해진 마음에 비로소 진정한 삶이 무엇인지를 통찰할 수 있는 힘이 생깁니다. 아직 깨달음은 멀지만 적어도 심한 병은 벗어난 셈이지요. 이때부터 본격적인 수행이 가능케 될 것입니다.

불교중흥은 어떻게 하는 것인가?

問 : 어릴 때 불교학생회 활동부터 시작한 불자입니다. 활동을 하면서 "불교중흥 합시다!"를 인사처럼 해 왔습니다. 그런데 세월이 가면서 불교중흥이라는 것이 어떻게 하는 것을 뜻하는 것인지가 궁금해졌습니다. 불교중흥이란 어떻게 하는 것을 의미하는 것이며, 또 불교중흥을 할 수 있는 가장 좋은 방법은 무엇입니까?

答 : 젊은 시절부터 불교신행을 한 불자들은 마치 어떤 사명처럼 불교중흥을 구호처럼 외쳐왔습니다. 그래서 다른 종교와의 친선활동에서까지도 절대로 지면 아니 된다는 강박관념까지 갖게 된 것도 사실입니다. 그런데 친선활동에서 이기는 것이 불교중흥과 무슨 상관이 있겠습니까?

의욕은 좋으나 방향은 잘못된 것입니다.

"왜 불교에서 만든 병원이 없습니까?" "왜 불교에서 만든 학교가 얼마 되지 않습니까?"라는 질문을 스님들은 항상 받아 왔습니다. 심지어는 "불교계에서는 왜 정치인들을 키우지 않았습니까?"라는 질문까지도 받게 됩니다. 불자들이야 답답하니까 한 질문이지만, 스님들의 입장에서는 이 질문의 내용이 출가목적에 없었던 것이니만큼 참 난감한 것이지요. 대사업가가 되기 위해 출가한 것도 아니고, 정치를 하겠다고 출가한 것도 아닌데 어떻게 그 질문에 답을 할 수 있겠습니까? 오히려 그 질문은 재가불자들이 스스로에게 되물어 봐야 하는 것이지요.

근래의 한국불교계에서는 출가와 재가를 막론하고 '불교중흥'이라는 것이 하나의 숙제처럼 여겨진 것이 사실입니다. 그리고 그것은 불교계의 병원이나 학교를 많이 세우는 것으로도 생각되기도 했고, 또 각종 복지활동을 조직화하는 것으로도 여겨졌습니다. 그런 결과로 지금은 상당한 성과를 거두고 있습니다. 그렇다면 그만큼 불교중흥이 된 것일까요? 만약에 오로지 그런 시각으로만 불교중흥을 생각한다면, 그것은 지극히 세속적인 힘의 논리에 치우친 것입니다.

얼마 전 스페인에 정부초청으로 다녀올 기회가 있었습니다. 여행을 떠나기 전에 스페인의 역사를 간략히 살펴보니, 오랫동안 이슬람국가였던 시절이 있었는데, 600여 년의 노력 끝에 다시 가톨릭국가가 될 수 있었다는 내용이 있었습니다. 때문에 여행을 하면서 성당이나 종교적인 문화를 많이 접할 수 있으리라는 기대를 가지고 갔습니다. 그러나 놀랍게도 묵게 된 특급호텔이 대부분 성당을 개조한 곳이었고, 시골의 작은 성당들은 거의 폐쇄된 상황이었습니다. 아침 일찍 혼자서 찾아간 성당들은 굳게 잠긴 채 문이 열리지 않았습니다. 결국 미사에 참석하려고 했던 뜻은 이룰 수 없었고, 겨우 참배할 수 있었던 대도시의 큰 성당 한곳은 그저 관광객의 구경거리가 되었을 뿐, 궁궐처럼 넓은 성당에는 기도하는 이를 찾아볼 수가 없었습니다. 물론 이것은 짧은 기간의 여행에서 본 것인 만큼 전체 모습은 아닐 것입니다. 그러나 술집이나 호텔로 변한 옛 성당들은 '국토회복운동'이라는 긴 전쟁으로 가톨릭이라는 종교를 회복한 옛 스페인의 모습은 분명 아니었습니다. 힘으로 이루어진 것은 이처럼 허망할 수 있는 것이지요.

불교의 중흥은 부처님의 가르침을 따라 사는 이들이 얼마나 되느냐에 달려 있을 것입니다. 출가 스님들은 피나는 수행을 통해 부처님의 깨달음을 체득하여 선지식이 되고, 재가불자도 부처님의 가르침에 따라 참답게 살아가며 해탈에 이르는 것이 곧 불교중흥의 지름길일 것입니다. 결국은 기본에 충실한 것이 최선의 길이 되는 것이겠지요.

생사가 없는 세계란 어떤 것인가?

問 : 불교공부를 하다 보니 '생사 없는 세계'라는 표현을 많이 만나게 됩니다. 이 말의 뜻이 불로장생을 뜻하는 것입니까? 아니면 다른 종교에서 말하는 '부활'과 같은 뜻입니까?

答 : 생사가 없는 세계에 이른다는 것은 불교공부의 목적지를 가리키는 말입니다. 사실 수행자는 생사의 경지를 넘어서야 하는 것이며, 진정한 행복도 생사가 없는 경지에 이르러야 하는 것이지요. 그러나 이 말은 신선도에서 그토록 바라는 불로장생을 뜻하는 말도 아니며, 지금의 육신 그대로 다른 세계로 간다는 뜻도 아닙니다. 그것은 부처님께서 이미 무상(無常)의 이치에서 밝혔듯이 불가능한 일입니다.

사람들은 끝없이 영원한 삶을 꿈꾸었습니다. 그래서 수천 년 전부터 인간으로 태어나 신이 되는 이야기인 신화가 만들어져 왔습니다. 바로 여기에서 고대의 종교라는 것이 만들어진 것이기도 하지요. 그래서 초기의 종교들은 대부분 신을 중심으로 한 내용들입니다. 인간의 삶을 가치 있게 보고 그것을 가르치진 않았던 것입니다. 인간의 삶은 다만 영원한 삶을 위한 예비단계로서 희생이 강조되었던 것입니다. 동양에서의 신선도도 인간의 삶을 중시하지 않는 것이지요.

싯다르타도 생사가 없는 세상을 꿈꾸었고, 깨달음을 이룬 후에는 다시는 생사윤회하지 않을 것이라고 선언하셨습니다. 우리는 부처님께서 생사윤회로부터 완전히 자유롭게 되신 것을 열반에 이르셨다고 하거나 해탈을 이루셨다고 표현합니다. 그렇다면 생사를 뛰어넘은 부처님은 지금 어디에 계시는 것일까요? 그 답은 아주 간단합니다. 부처님께서는 "진리를 보는 자 곧 여래를 보리라"고 하셨습니다. 이 말씀은 깨달은 자는 언제 어디에서나 생사를 뛰어넘은 부처님을 만날 수 있다는 뜻입니다.

경에서는 생사가 없는 세계인 열반을 '변함없고(常) 즐거우며(樂) 흔들림 없고(我) 청정하다(淨)'고 표현했습니다.

스님들은 흔히 '아주 높은 장대 끝에서 한 걸음 앞으로 가라! 크게 한 번 죽어야 한다!'라는 표현을 합니다. 서 있기도 힘든 장대 끝에 서 있는 그 자체가 엄청난 일이지요. 세상에서는 그런 위치에 있는 사람을 아주 높이 칭송하기도 하고 또 부러워하며 그렇게 되고자 합니다. 그러나 그 장대의 끝은 한없이 괴로운 자리이기도 합니다. 최고의 배우나 최고의 학자나 최고의 권좌에 있는 사람들을 만나 속내를 들어보면 모두 행복한 마음이 아니라는 것을 알 수 있습니다.

불면증에 걸린 사람들은 심한 불안감을 가진 사람들입니다. 그 불안감은 미래에 대한 확신이 없기 때문인데, 그중에서 가장 심한 것이 다음 날 아침에 깨어나지 못할지도 모른다는 불안입니다. 이런 사람은 살아 있어도 산 것이 아니라고 표현할 정도로 고통스럽겠지요.

사람들의 공포 중에서 가장 심한 것이 바로 죽음에 대한 두려움입니다. 이것을 극복하지 못한 사람은 매양 삶이 힘들게 느껴집니다. 그래서 언제나 불행하지요.

부처님께서 깨달으신 경지는 바로 이런 불안이 전혀 없는 삶입니다. 그래서 언제나 변함없고 즐거우며 스스로에 대한 흔들림이 없으며 맑은 상태의 삶인 것이지요.

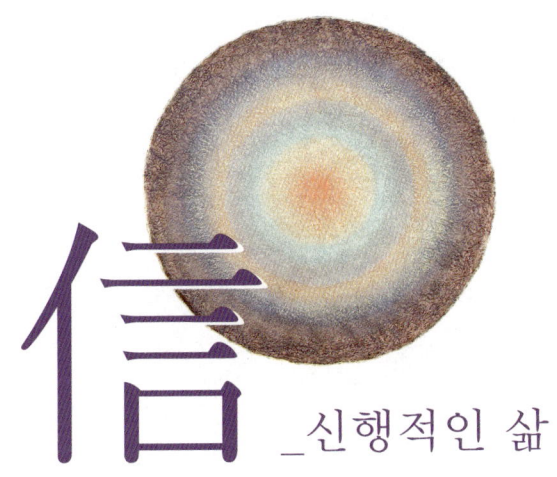

信 _신행적인 삶

어떻게 방생하는 것이 좋은가?

問 : 방생(放生)은 환경을 오염시키는 일이라고 많은 지탄을 받았는데, 계속하는 것이 좋은지요?

答 : 방생은 최고의 자비 실천이기에 계승하고 생활화해야 할 일입니다. 모든 일에는 긍정적인 측면만 있는 것이 아니라 부정적인 측면도 있는데, 주의를 소홀히 할 때 이 부정적인 측면이 나타나는 것입니다. 방생이 환경을 오염시킨다고 지탄을 받은 것은 바로 폭넓게 살피고 주의를 기울이지 못한 것 때문에 나타난 부정적인 측면만 강조된 것입니다.

사실 언론에서 지적한 방생의 환경오염적인 측면은, 방생의 본래 목적에서 벗어난 개인의 기복행위의 결과입니다. 본래 경전에서는 방생을 기복행위로서 권유한 것이 아니며, 만생명의 존엄성을 일깨우고 그것을 몸소 실천케 하는 보살행으로써 권장되는 것입니다. 그럼에도 불구하고 대상이 되는 생명체의 존귀함을 생각하기 보다는 자신에게 복이 될 것이라는 생각에 거북이 등에 이름을 쓴다거나 먹지도 않을 음식물을 강에 넣는다거나 필요치도 않은 많은 초를 켜서 띄운다거나 하는 행위를 한 것입니다.

방생이 죽어가는 생명체를 살리는 보살행이긴 하지만 예전에 했던 방식은 바람직하지 않습니다. 예컨대 무조건 시장에서 파는 물고기를 사서 강에 풀어주는 방식은 좋은 방법이 아닙니다. 또한 수입된 자라나 거북이를 사서 풀어주는 것도 생명을 살린다는 입장에서는 긍정적이지만 그것이 생태계를 훼손시키는 일이 될 수도 있기 때문에 깊이 생각할 문제입니다.

지금은 대부분의 불자들이 깨어있는 신행을 할 준비가 되어 있습니다. 그러므로 주지스님을 비롯한 지도자들이 방생의 참뜻을 자세히 설명한다면, 예전처럼 기복적 행위로서의 방생이 아닌 새로운 방식의 방생이 가능할 것입니다. 예컨대 동식물을 보호하는 단체에서는 기금이 부족하여 보호활동을 제대로 하지 못하는 경우도 있습니다. 바로 이런 단체에 기금을 만들어주는 것도 훌륭한 방생이 됩니다.

좀 더 넓은 의미에서 방생을 살펴보면 자유롭고 편안한 삶을 살게 해주는 것이 방생의 목적입니다. 그렇기 때문에 우리 이웃에 있는 외롭고 쓸쓸한 이들이나 자립이 불가능한 이들에게 도움의 손길을 펼치는 것도 매우 훌륭한 방생이 됩니다.

사람들은 자신의 목숨은 소중히 하면서 다른 생명은 존귀한 것으로 보지 않는 경향이 강합니다. 그러므로 부처님은 살생(殺生)을 금했습니다. 불교에서는 모든 생명이 서로 연결되어 있는 유기적 관계인 하나의 생명과 같다고 봅니다. 서로가 서로를 죽이는 행위는 결국은 자기를 죽이는 행위가 되는 것이기에 세상을 파괴하는 결과를 초래하게 됩니다.

우리가 이 세상을 고해(苦海)라 부르는 것은 많은 두려움 속에서 산다는 것을 의미합니다. 그 두려움은 자신을 지키기 매우 어렵다는 데서 비롯되는 것인데, 서로가 서로를 배려하고 살려가는 세상이라면 두려울 것이 없습니다. 두려움이 없는 경지는 불교에서 목표로 삼는 해탈(解脫)인 셈입니다. 방생은 남을 살리고 그 결과로 나를 살리는 행위이며, 더 나아가서는 나와 남이 모두 두려움에서 벗어나는 해탈의 길입니다.

무언가를 미워하고 죽이려는 마음은 세상을 고해로 만들지만, 모든 것을 불쌍히 생각하고 살리려는 마음은 세상을 정토로 변화시킬 수 있습니다. 방생은 다른 생명뿐만 아니라 바로 자기 자신을 자유롭게 하는 보살행입니다.

불행을 기도로 극복할 수 있는가?

問 : 모든 종교에서는 기도를 강조합니다. 가장 합리적이라는 불교에서도 힘들 때는 역시 기도를 하라고 합니다. 그렇다면 스님들은 과연 기도가 이루어진다고 믿는 것인지요. 만약 모든 기도가 이루어진다면 세상에는 불행한 사람이 없어야 하는 것 아닙니까? 주변에는 너무나 불행한 사람이 많은데, 그럼에도 기도를 하면 이루어진다고 할 수 있습니까?

答 : 불교적인 기도를 제대로 한다면 반드시 이루어집니다. 즉 바른 목표를 세우고 그 목표를 향해 나아가는 쉼 없는 노력과 오랜 기다림과 수용할 수 있는 포용력을 갖춘다면, 그때쯤에는 자기의 기도가 완전히 성취되었음을 알 것입니다.

사람들은 끝없는 몽상을 합니다. 그러면서 그것이 문득 이루어지길 바랍니다. 그러나 세상에는 그런 일이 결코 일어나지 않습니다. 몽상은 옷을 갈아입으면서 언제나 목적지와는 먼 곳에 정지한 상태로 있는 것입니다. 만약 절실하게 바라는 것이 있다면 그것을 분명한 목표로 설정해야 합니다. 목표를 설정하는 순간부터 성취를 위한 진정한 발걸음이 시작되는 것인데, 이것을 원력이라고 하며, 비로소 불교적인 기도가 시작된 것입니다.

늘 그리던 곳을 향해 어두운 밤에 차를 몰아가고 있다면, 목적지를 보면서 가는 것이 아니라 전조등이 비치는 부분만 보면서 가게 됩니다. 불빛 속에 나타나는 모습은 계속 바뀌고 있지만, 원래의 목적지는 아니기 때문에 만약 힘들다고 중간에 멈추면 목적지는 결코 나타나 주질 않습니다. 그러므로 본래의 목표를 향해 쉼 없이 나아가야 하는 것인데, 이것을 정진이라고 하는 것이지요.

어린 시절부터 장래희망을 머리맡에 붙여놓고 어떤 일이 있어도 그 꿈을 이루겠다고 노력하며 때를 기다리는 사람은, 비록 빠르고 느림의 차이는 있어도 그 꿈을 이룰 수 있습니다. 그러나 노력하지 않고 계속 희망을 바꾸며 기다리지 않는 사람은 아무것도 이룰 수 없을지 모릅니다. 오랜 시간 변함없이 기다리는 노력을 불교의 기도에서는 '정근(精勤)'이라고 합니다. 이 정근이야말로 기도를 성취할 수 있는 저력이 됩니다.

목표를 크게 세운 사람은 그 목표에 맞춰 자신을 변화시켜야 합니다.

오랜 가뭄 끝에 큰비가 오면, 뿌리 깊은 큰 나무는 비를 수용하여 생기를 되찾고 결실을 맺을 수 있지만, 얕게 들떠 있는 작은 나무는 비에 떠내려가 버릴 수가 있습니다. 목표는 크게 세웠는데 자신은 아직도 작은 그릇으로 남아 있다면, 정작 그 목표를 성취했다고 생각하는 순간 수용할 수 없어서 무너져 버리는 것입니다. 그릇을 키우는 것을 불교에서는 '틀을 깸'이라고 하는데, 기도의 마지막 단계가 되는 것이지요.

세상은 사람들의 마음이 움직이는 것에 반응합니다. 그 마음을 오롯하게 정리하여 현실을 변화시키는 사람이 있는데 바로 기도하는 사람이며, 들떠 있는 허깨비 같은 마음의 그림자에 끌려가는 사람이 있는데 바로 기도하지 않는 사람입니다. 그래서 불교에서는 '모든 것이 마음의 조작일 뿐이다'고 하는 것이지요.

행복한 사람과 불행한 사람의 차이는 그 이유가 세상에 있는 것이 아닙니다. 행복한 사람은 기도하고 노력하여 자기의 꿈을 이룬 것이고, 불행한 사람은 세상을 탓할 핑계를 찾았을 뿐이지요.

기복하는 행위는 불법에 어긋나나?

問 : 기복불교에 대한 비판적인 글들을 많이 읽었습니다. 그럼에도 불구하고 절에 가게 되면 무언가를 빌게 됩니다. 부처님 전에서 복을 비는 행위가 잘못된 것인지요?

答 : 먼저 용어의 사용이 잘못되었음을 말씀드려야겠습니다. 흔히 '기복불교(祈福佛教)'라는 용어를 많이 사용합니다. 그러나 '기복불교'라는 말을 풀이하면 '복을 비는 부처님의 가르침'이 될 것인데, 이렇게 표현할 수 있는 부처님의 가르침은 없습니다. 그러므로 굳이 표현한다면 '불자들의 기복적 신행'이라고 해야 할 것입니다.

질문을 다시 정리해 보면 "불자들의 기복적 신행은 잘못된 것인가?"라고 할 수 있겠지요. 비판의 의도는 충분히 인정할 수는 있지만 과연 그 비판의 내용을 비판자 자신이 체험해 보고 하는지는 의심이 됩니다.

모든 종교와의 만남은 복을 비는 행위에서 비롯됩니다. '복'이란 사람들이 바라는 모든 것을 가리키는 용어입니다. 그런데 자신이 바라는 것을 소원으로 빌어보지 않은 사람이 과연 있겠습니까? 무종교인이라 할지라도 복을 비는 행위는 어떤 방식으로든 하고 있을 것입니다. 또한 그 '복'이라는 것을 물질적으로 생각하는 경우가 있고 정신적인 차원으로 생각하는 경우도 있습니다. 만약 정신적인 경우라면 수행자나 철학자나 예술가까지도 처음 시작은 복을 바라는 행위로 볼 수 있습니다.

단순히 복을 바라고 누군가에게 복을 달라고 기도하는 것만을 한없이 되풀이하는 것이 어리석음임을 알게 되는 것은 시간이 흐른 뒤의 일입니다. 그 다음은 지도자의 인도에 따라 자연스럽게 다음 단계로 나아가게 됩니다. 그런데 차원이 달라졌다는 것은 다른 사람들의 눈에 확연히 드러나는 일이 아닙니다. 한 법당에서 기도하고 있는 사람들이 모두가 같은 경지라고 본다면 큰 착각입니다. 애타도록 가피력을 바라고 기도하는 초심자도 있고 반면에 염불삼매에 들어있는 이도 있지만, 이러한 차별은 일반 사람들의 눈에 보이는 현상이 아닙니다.

흔히 불자들의 기복적인 신행을 비판할 때 다른 종교는 그렇지 않은데 불교만 그렇다는 식의 논리를 펴는데, 이것은 큰 착각을 한 것입니다. 오늘날 공인된 대부분의 종교는 복을 줄 신(神)을 설정해 두고 있습니다.

또한 복을 비는 신앙을 권장하고 있고, 혹 어떤 종교는 직접적인 표현은 아니지만 결과적으로는 복을 바라는 심리를 철저히 이용하고 있기 때문입니다. 그러나 불교에서는 복을 비는 행위에서 복을 짓는 행위로 가라하고, 다시 복을 베푸는 행위를 권하며, 이윽고 생활화가 되면 복을 놓으라고 가르칩니다. 그래서 불교에서는 신앙이 아닌 신행을 강조합니다.

운동이 부족해 건강이 좋지 않은 사람에게 산행(山行)이 가슴에 와 닿지 않을 수도 있습니다. 그렇지만 몸에 좋은 산삼을 캘 수 있다거나 귀한 약수가 있다는 소문을 듣고는 산에 갈 생각을 내게 됩니다. 구하려는 대상이 자신에게 절실히 필요할 때는 무작정 산에 갈 것이며, 처음에는 구하는 물건만 찾으려 애를 쓰겠지만 점차 산행 자체가 좋다는 것을 느끼게 되겠지요. 스스로 산을 좋아하게 되면 이젠 산삼이나 약수가 없어도 산에 갈 것이고, 이윽고 건강을 회복하게 될 것입니다.

사람들의 바람은 끝이 없습니다. 그러나 잘못된 바람은 고통의 원인이 됩니다. 그러므로 바른 바람을 설정하는 발원(發願)이 필요한 것이고, 그 발원에 따라 노력하는 정진(精進)이 필요한 것이며, 이윽고 깨닫고 나면 다시는 바람이 없는 무원(無願)의 세계가 됩니다.

등을 밝히는 뜻이 무엇인가?

問 : 부처님 오신 날이면 항상 등을 밝힙니다. 그런데 어떤 이들은 마음의 등을 밝히지는 않고 물질적인 등으로 복이나 빈다고 비판합니다. 또한 스님들도 법문에서는 마음의 등을 밝히라고 강조합니다. 부처님께 감사하는 뜻에서 등을 밝히는 것이 별 의미가 없는 것일까요?

答 : 등은 불교의 상징처럼 되어 있습니다. 그것은 등이 깨달음의 다른 표현이기도 하기 때문이지요. 그렇기 때문에 마음의 등을 밝혀야 한다는 것은 너무나 당연한 지적인 것입니다. 그런데 깨달음이라는 결과에만 초점을 맞추는 경우에는 봉축의 등을 켜는 것까지도 비판을 합니다. 그러나 그 비판은 감사하는 마음으로 무언가를 해드리고 싶다는 그 마음이

깨달음으로 나아가는 시발점이 된다는 것을 간과한 것이지요.

등공양을 말할 때 가장 많이 등장하는 것이 가난한 여인 난타의 얘기일 것입니다.

「남에게 도움을 받아 살아가는 여인 난타가 있었다. 어느 날 왕이나 부자들이 부처님께 등을 공양 올린 것을 본 난타는 그날 얻은 돈으로 초라한 등을 사서 공양 올렸다. 그런데 가장 보잘 것 없는 난타의 등은 거친 바람에도 꺼지지 않고 아침까지 빛을 발하고 있었다. 부처님께서는 난타가 깨달음을 이룰 것이라는 예언을 하셨다.」

난타는 자신의 모든 것을 아낌없이 공양 올렸습니다. 그것은 복을 받자는 계산적인 행위가 아니었습니다. 누군가를 위해 무엇인가를 하고 싶다는 마음이 최초로 일어난 것이지요. 그러면서 문득 자신도 부처님과 같은 이가 되었으면 하고 서원합니다. 하루하루를 남에게 의지해 살아가던 난타로서는 거의 불가능에 가까운 대전환을 한 것입니다. 부처님께서 깨달음을 예언하신 까닭이 난타의 그 마음에 있었던 것입니다. 난타는 자신의 등 심지에 불을 붙인 것이며, 그 등불은 결코 줄지 않는 마음의 기름으로 꺼지지 않을 것임을 부처님께서는 보신 것이지요.

자신의 등에 불을 밝히지 못한 경우에는 신앙적인 행위로 미래를 보장 받으려 합니다. 부처님께서는 이 신앙의 힘을 다시 발보리심으로 전환하라고 말씀하셨습니다. 그리하여 스스로도 밝고 다른 사람도 밝히는 지혜로운 이가 되라고 하셨습니다. 그렇지 않으면 곤란한 일을 당하게 되었을 때 낭패를 본다는 것이지요. 그것을 다음과 같이 설명했습니다.

「한 맹인이 친척 집에서 놀다가 밤늦게 돌아가게 되었다. 친척은 그에게 등불을 들려주었다. 본인은 앞을 볼 수 없으니 필요가 없겠지만, 길에서 마주칠 사람이 불빛을 보고 피하라는 배려였다. 그런데 길을 가다가 다른 사람과 부딪치고 말았다. 장님은 화를 냈다. "앞 똑똑히 보고 다니시오." "깜깜해서 그런 것인데, 못 본 건 마찬가지 아니요?" "당신 눈에는 이 등불이 보이지 않소?" "불 꺼진 등이 무슨 소용이란 말이오!"」

부처님은 빛이 되어 많은 이들을 깨닫게 했고, 또 그들의 빛은 더 많은 이들을 깨닫게 했습니다. 그렇게 하나의 등이 다른 등에 불을 붙이듯 깨달음이 이어지는 것을 전등이라고 합니다. 그 등이 바로 우리 앞에 있습니다. 그러나 끝내 부처님의 등불에만 의지해서는 안 됩니다. 잠시 빌릴 수는 있겠지만 거친 바람에 꺼지고 맙니다.

자신의 등불에 불이 켜져 있어야 언제나 주위를 환하게 밝힐 수 있습니다. 그렇기 때문에 등을 공양 올리는 행위를 통해 스스로 마음등불을 점화해야 합니다.

권선이란
어떻게 하는 것인가?

問 : 시간 여유가 있을 때면 가족들과 사찰순례를 합니다. 그런데 절마다 거의 권선하는 이들이 법당 등에서 보시를 권하는 것을 보게 됩니다. 어떤 경우는 가족들이 기분 나빠할 정도로 강권에 가까워 당황스럽습니다. 또 거의 모든 사찰에서 기와불사권선을 하는 것도 봅니다. 가족들에게 어떻게 설명해야 할까요?

答 : 권선(勸善)이란 선업을 지으라고 권하는 것입니다. 오래전 불교가 어려움에 처한 상태에서 사찰의 유지가 어려울 때 해왔던 일이며, 예전에는 화주승(化主僧)이라 해서 대체로 덕이 높은 스님들이 하던 일입니다. 전통적으로는 수행을 많이 한 스님들이 직접 찾아다니며 하던 것인데,

한편으로는 그 자체가 포교의 역할도 겸했던 셈입니다. 왜냐하면 오랜 수행으로 스스로를 낮출 줄 아는 스님들이었기에 상대를 절대로 기분 나쁘게 하지도 않았고, 또한 갖가지 우환이나 고민에 관한 상담도 해줄 수 있었기 때문입니다. 그랬기 때문에 오랜 세월 수많은 동참자들의 협조를 받아 어려운 불사를 해결하기도 했지만, 그 행위를 통해 많은 이들이 절에 오게 하는 계기가 되었던 것이지요.

요즘은 화주를 담당하는 이들이 대체로 신도나 종무원일 경우가 많습니다. 이들 중에는 상당한 수준의 교육이나 수행을 쌓은 이들이 있어 스님을 대신할 분들도 있겠으나, 스님들의 눈에도 뭔가 잘못되었다는 느낌을 주는 이들도 많이 있습니다. 이런 경우라면 깊은 신심이 없는 이들에게 불쾌감을 주게 될 것입니다. 만약 상대로 하여금 불쾌감을 유발시켰다면 그 행위는 권선이 아니라 반대의 결과를 만든 셈입니다. 당연히 불교에 대한 호감도 사라질 수 있겠고, 아울러 포교에도 역행을 한 것이겠지요.

일반인들을 향한 사찰의 역할은 복잡한 심경에 있는 사람들을 편안케 해 주는 것이 최우선입니다. 그렇기 때문에 권선도 자발적으로 마음을 내게끔 하는 것이 가장 중요할 것입니다. 그러기 위해서는 방문한 사람들이 편안한 분위기에서 차라도 마시며 담소할 수 있게 하는 분위기 조성 등도 좋겠지요. 사실 법당은 가장 정숙해야 하는 곳이며, 누구라도 기도나 참배에 방해받고 싶지 않을 것입니다.

사찰은 모두 전통건축인지라 기와를 자주 갈아야 하는 것이 사실입니다. 그렇기 때문에 많은 분들의 동참으로 불사를 하려는 뜻이기에 기와불사동참권선도 많을 것입니다. 그러나 고요할 것이라 기대했던 깊은 산의 전통사찰이 어지러운 공사장으로 변해있는 것을 본 사람들은 아마도 다시 방문하기가 싫어지겠지요. 그래서 불사도 격이 있어야 한다고 옛 어른들은 말씀하셨습니다. 비록 사찰의 불사가 하루아침에 이루어지는 것은 아니지만, 몇 년 만에 다시 가도 똑같은 기와권선을 하는 것이나 공사를 위한 가건물이 중심부에 가득한 것을 보면, 수행도량이라는 말이 어울리지 않는다는 생각을 할 것입니다.

권선을 함에 있어 최고의 권위자는 석가모니부처님이셨을 것입니다. 선업을 닦는 핵심은 사람의 마음에 있는 것인데, 부처님께서 항상 그 마음을 비춰볼 것을 권하셨던 것이지요. 그렇기 때문에 고뇌로 방황하던 이들이 밝은 삶을 되찾을 수 있었을 뿐만 아니라, 모든 고통으로부터 자유롭게 되는 해탈의 경지에 이르게 했습니다. 자유롭고 편안한 삶을 되찾은 이들은 그 은혜를 갚는 행위로써 사찰을 건립해서 부처님과 제자들이 머물 수 있게 했습니다. 이처럼 불사를 함에 있어서도 마음을 움직이는 것이 가장 큰 권선이 되는 것이지요.

영험한 도량이 따로 있는가?

問 : 기도를 하려면 영험 있는 도량에 가서 하라는 말을 많이 듣습니다. 영험은 무엇이며 특별한 장소가 따로 있습니까?

答 : 영험이라는 말은 매우 다양하게 사용되는데, 질문에서 알고자 하는 것은 아마도 '불보살님께 올리는 기도를 통해 만나는 불가사의한 효험'을 뜻하는 것이겠지요. 이것은 매우 개인적이며 주관적인 체험이기에 자칫 오해를 살 가능성이 높긴 하지만, 목숨을 던질 각오로 기도해 본 사람이라면 매우 많은 신비한 체험을 했을 것입니다.

그런데 그 영험이란 것이 정말로 부처님의 가르침에 합당한 것인가 하는 것은 깊이 살필 문제입니다. 만약 그 영험이 깨달음으로 가는 사다리가 되고, 보살행으로 가는 징검다리가 된다면 부처님의 가르침에 합당하다고 보겠지만, 그러한 체험을 통해 매번 신비한 체험에 삶을 의존하게 된다면 이는 부처님의 가르침에 합당한 것이 아닙니다. 그런데 일반적으로 말하는 영험을 겪은 이들이 부처님의 정법에서 멀어지는 경우가 더 많다는 것에 주의를 기울여야 할 것입니다. 그렇기 때문에 부처님께서는 깨달음이야말로 불가사의한 것이며, 깨달음이야말로 진정한 영험임을 밝히셨습니다.

질문에서 말한 영험도량을 풀이해보면, '기도를 하면 그 기도의 바람대로 뜻이 잘 성취되는 곳'이라고 할 수 있겠지요. 세상 사람들에게 잘 알려진 '영험한 기도처'가 여러 곳 있으므로 '영험도량'이 있다고도 할 수 있겠지요. 농사를 지어도 잘 되는 곳이 있듯이, 기도를 하면 만족도가 높은 곳이 있을 수 있습니다. 그러나 그것은 조건일 뿐입니다.

만약 집에서 기도할 때에도 먼 길을 힘들게 찾아간 기도처에서처럼 잠도 자지 않고 일심으로 지극정성으로 기도할 수만 있다면 같은 효과를 거둘 수 있을 것입니다. 그러나 보통의 사람들은 심리적으로 그것이 매우 어렵습니다.

예전에 대단히 영험한 곳이었는데 근래에 좀 못한 것 같다고 입에 오르내리는 곳은 대개 예전에 비해 접근이 편해진 곳들이며 휴식 공간도 마련된 곳입니다. 대개 힘들게 가는 곳은 힘든 만큼 그 각오가 강해지고 기도도 지성으로 합니다. 그러나 쉽게 갈 수 있는 곳은 언제든지 올 수 있다는 생각으로 대충하는 경향이 있습니다. 매우 절박한 심정으로 기도한 사람과 예사로 기도한 사람에 따라 그 영험에 차이가 있다는 것입니다.

우리나라에서 가장 시설이 좋다는 공연장의 가장 음향이 잘 들린다는 지점에서 세계적으로 유명한 교향악단의 공연을 감상하고 있을 때의 일입니다. 조건으로 보면 '가장 영험한 자리'인 셈이었지요. 바로 옆에는 악기를 가지고 온 음악을 전공하는 학생이 앉았습니다. 학생은 부모 덕분으로 그 좌석에 왔지만 음악 감상에는 관심이 없는 듯했습니다. 각 악장이 끝나기 무섭게 전화기를 살피고 문자를 보내곤 했습니다. 심지어 연주의 중간에도 부스럭거리기에 봤더니 문자 보내느라 전화기와 씨름을 하고 있었습니다. 최상의 조건에 있었던 그날의 학생은 결국 시간 낭비만 했던 것이지요. 만약 가난한 한 학생이 그 공연의 감상을 간절히 원해서 아르바이트로 어렵게 비용을 마련하여 조건이 나쁜 구석자리에 앉아 기쁜 마음으로 감상을 했다면, 그에게는 그 구석자리가 가장 영험한 자리가 되었을 것입니다.

자신이 서 있는 그 자리가 영험도량인 깨친 사람은 밖에서 의지할 것을 찾지 않으므로 밖의 영험도량이 따로 필요 없겠지만, 끝없이 밖에서 의지할 것을 찾는 사람이라면 아마도 영험도량이라는 곳이 있는 듯이 생각될 것입니다. 그러므로 선지식은 의지할 것을 찾는 사람들을 위해 방편으로 눈높이의 도량을 만들어 놓고 그곳을 통해 모양 없는 영험도량인 마음을 깨닫게 합니다.

신행에 적합한 장소가 따로 있는가?

問 : 집에서 독경하고 염불하지 말고 법당에서만 하라는 얘길 들었습니다. 심지어 집에서 불상을 모시거나 독경하면 재앙이 있다는 얘기까지 들었습니다. 절에 갈 형편이 되지 않을 때는 어떻게 신행(信行)을 하면 좋습니까?

答 : 불교의 모든 신행은 깨닫기 위한 노력입니다. 일상적인 말로 표현하자면 편안하고 행복하기 위한 노력을 하는 것이지요. 그러니 어떤 곳에서는 행복하고 어떤 곳에서는 불행하기를 바라는 것은 아니겠지요. 그렇다면 신행에 때와 장소를 가린다는 것이 있을 수 없습니다. 또한 부처님을 스승으로 모시는 사람으로서 어떤 곳에서는 스승으로 보고 어떤

곳에서는 재앙을 내리는 대상으로 본다면 결코 바른 불자라고 할 수 없을 것입니다. 불상을 모시는 것은 스승을 항상 잊지 않고 생각하기 위함이며, 또한 스승의 삶을 따라가기 위한 것입니다.

사람은 환경에 대단히 민감하게 반응합니다. 그러므로 확실한 경지에 올라 어떤 곳에서도 흔들림 없이 신행(수행)할 수가 있다면 모르거니와 그렇지 못하다면 환경이 잘 갖춰진 곳에서 공부하는 것이 훨씬 효과적인 것은 당연합니다. 그러므로 평소처럼 쉽게 몸가짐이 흐트러지기 쉽고 잡다한 방해조건이 많은 가정에서보다는 몸가짐을 조심해야하고 경건한 마음자세가 필수적이며 대체로 고요한 분위기인 법당이 기본적으로 좋은 환경이 될 것입니다. 신행은 숨쉬기와 같습니다. 언제 어느 곳에서나 숨을 쉬지 않으면 살 수가 없지요. 그러니 때와 장소를 가리지 않고 신행(수행)을 해야 하겠지만, 공기가 탁한 곳에서보다는 맑은 숲속에서 숨 쉬는 것이 건강에 좋을 것은 당연하고, 또 공기가 희박한 고산보다는 평지가 숨쉬기에 한결 수월하겠지요.

그렇기는 하지만 집에 불상을 모신다거나 집에서 독경을 많이 하면 오히려 재앙이 된다는 것은 터무니없는 얘기이며, 오히려 신행으로부터 멀어지도록 하기 위한 의도적인 거짓말이라고 생각됩니다. 그것은 마치 공기가 다소 탁한 곳에서는 숨을 쉬지 말고 있다가 공기 좋은 숲에서만 숨을 쉬라는 것과 같이, 이치에 맞질 않는 억지입니다. 약간 탁한 공기를 호흡하는 것은 아주 맑은 공기를 호흡하는 것 만큼의 효과가 없을 것은 분명합니다. 그러나 숨을 쉬지 않아 죽는 것보다는 훨씬 나은 방법입니다.

불교를 공부하는 이들 중에는 의외로 비불교적인 헛소문에 흔들리는 이들이 많습니다. 어지간히 교학을 연구했음에도 집에 불상을 모시고 예불하는 이가 드물고, 수십 년 신행을 한 이들도 집안의 큰일을 앞두고는 절에 가는 발길을 주저하는 이들이 있습니다. 이것은 아무런 근거도 없이 그저 '그렇게 하면 좋지 않다고 하더라.' 하는 막연한 낭설에 휘둘린 결과입니다. 그만큼 정법에 대한 확고한 믿음이 부족한 까닭입니다.

불상과 불경은 모두가 스스로를 살피는 거울입니다. 불상을 보면서는 나도 부처님같이 깨달아야겠다고 각오를 새롭게 하는 것이며, 불경을 읽으면서는 자신이 바르게 살고 있는지를 살피게 되는 것입니다. 그러한 일들은 잠시도 쉴 수가 없는 중요한 공부입니다. 그러니 불상을 모시고 불경을 읽는 수행에 때와 장소가 있을 수 없는 것이지요.

우리는 숨을 쉴 때 "나는 특별한 곳에 가서 신선한 공기를 많이 마셔야 건강해진다."는 생각을 하지 않습니다. 만약 그런 사람이 있다면 다른 사람에 비해 특별히 좋은 공기를 마신다기보다는 오히려 노이로제에 걸릴 가능성이 높습니다. 수행도 마찬가지로 생각으로 분별하면 여러 가지 장애가 생기기 쉽습니다. 분별을 놓고 일상사처럼 신행하는 것이 가장 좋은 방법입니다.

관세음보살은 왜 특이한 모습인가?

問 : 관세음보살님은 자비를 대표하는 보살님이라고 알고 있습니다. 그렇다면 자애로운 모습이면 될 것인데 왜 천수천안(千手千眼)이나 십일면(十一面) 등 특이한 모습으로 설명되는지요?

答 : 현실적으로 눈이 천개이고 손이 천개인 사람이나 얼굴이 열 한가지인 사람을 만난다면 아마도 혼비백산하겠지요. 그러므로 실제로 관음보살이 그런 형상을 하고 있다는 것이 아니라, 자비의 다양한 모습과 차별 없는 모습을 상징적으로 표현한 것입니다.

관음보살은 관세음(觀世音) 또는 관자재(觀自在)라고 부르는데, 관세음은 세상의 모든 소리를 관하는 자비(慈悲)의 표현이고, 관자재는 그

관하는 능력이 자유자재한 지혜(智慧)를 뜻합니다. 그러므로 관음보살은 햇빛처럼 모든 곳을 비치고, 햇볕처럼 닿는 곳마다 따뜻하게 하며, 햇살에 살균 작용이 있듯이 만나는 것마다 그릇된 것을 바로잡는 힘이 있는 것입니다. 햇빛과 햇볕과 햇살이 따로 있는 것이 아니듯 자비와 지혜는 별개의 것이 아닙니다.

그러면 우리는 언제 어떻게 관음을 만날 수 있을까요? 답은 천수천안이나 십일면이라는 표현에 있습니다. 우리가 만나는 모든 시선과 스치는 모든 손길이 관음 아님이 없습니다. 우리가 가고 싶은 곳에 데려다주는 기사님들, 우리가 배고플 때 언제나 먹을 수 있게 해주는 요리사들, 우리에게 필요한 물건을 필요할 때 가져다주는 택배원, 우리에게 필요한 정보를 제공하는 모든 종사자 등 이 세상 모든 이들이 관음의 화현인 것입니다. 뿐만 아니라 우리를 기쁘게 하는 이들과 우리를 슬프게 하는 이들, 그리고 우리를 화나게 하는 이들까지도 우리에게 중도를 가르치려는 관음의 화현인 것입니다. 심지어 풀 한 포기 벌레 한 마리까지도 관음의 화현인 것이지요.

자기중심적이고 닫혀 있는 마음으로 세상을 보면서 내게 가피를 듬뿍 줄 관음을 찾으면 관음을 결코 볼 수 없습니다. 그러나 감사할 줄 아는 열린 마음으로 세상을 보면 온 천지가 이미 관음의 품인 것입니다.

십일면관음은 각기 다른 얼굴이 열한가지가 됩니다. 이것은 자비의 다양한 모습을 상징하는 것이지요. 슬픔에 젖어있는 사람에게 따뜻하고 부드러운 모습이 자비가 되고, 악심을 일으키는 이에게는 무서운 모습이 자비가 될 수 있으며, 들떠 있는 사람에게 고요한 얼굴이 자비가 될 수 있습니다. 즉 한 사람에게 여러 모습을 동시에 보여주는 것이 아니라, 그 순간 가장 필요한 모습을 보여 바른 길로 인도하는 것이 자비입니다.

 천개의 손과 눈 가운데 가장 중요한 손과 눈은 어떤 것일까요? 어떤 얼굴이 진짜 관음의 모습일까요? 과연 몇 번째의 손으로 만져야 최고의 가피가 되는 것일까요? 천개의 손과 눈에는 차등이 있을 수 없으며, 열한 가지의 얼굴도 마찬가지입니다. 모든 손, 모든 눈이 곧 온몸인 것이며 모든 얼굴이 자비인 것입니다. 다시 말해 관음보살은 어떤 곳에서나 모든 생명을 대상으로 자비를 펼치되, 그 자비는 결코 차별이 있을 수 없으며 또한 온몸으로 혼신을 다해 펼쳐지는 것입니다.

 관음보살은 가피의 손길(자비)로 희망의 상징이지만, 동시에 신행의 표상(지혜)인 것입니다. 그러므로 궁극적으로는 우리가 곧 천수천안이 되고 십일면이 되어야 함을 뜻합니다. 우리는 이미 관음의 가피 속에 있는 것이며, 그 무한한 가피를 다른 생명에게로 되돌려 줘야 하는 관음이 되어야 하는 것입니다. 자신이 관음이 되어 세상을 보면 세상의 모든 생명이 관음임을 알게 됩니다. 아직도 관음을 보지 못했다면 지금 거울을 보십시오.

입춘기도를 어떻게 이해하면 좋은가?

問 : 정초가 되면 거의 매년 입춘기도를 합니다. 절기에 불과한 입춘에 하는 이 기도를 어떤 의미로 보면 좋을까요?

答 : 입춘은 동양의 전통적인 절기입니다. 그렇지만 절기 그 이상의 상징성도 있습니다. 입춘(立春)이라는 한자어의 뜻은 '봄을 세우다'는 표현이 가장 적절할 것입니다. 이 말은 봄을 설계한다는 뜻이 될 것입니다. 그렇기 때문에 이 날을 기해서 한 해의 바람(所願)을 문구로 써서 집안에 붙여두고, 일 년 동안 그 바람을 이루기 위해 최선을 다하려 했던 것입니다.

문구에는 소원보다는 이치를 밝힌 것도 많은데, 그 가운데에 '개문만

복래(開門萬福來)'와 같이 이치와 현상을 아우르는 것도 있습니다. 문을 연다는 것은 집의 대문을 연다는 것과 마음의 문을 연다는 것의 두 가지로 볼 수 있습니다. 현상적인 입장에서의 문을 연다는 것은 출입을 가능케 하는 것이니, 이것은 원활한 소통을 뜻합니다. 물이 흐르지 않으면 고인 물은 썩고 물이 이르지 않는 곳은 황폐해지지만 물이 흐르기 시작하면 물 자체도 썩지 않고 만물도 풍요롭게 하듯이, 원활한 소통은 모두에게 이롭습니다. 정신적인 문을 연다는 것은 포용과 화합을 뜻하는 것이니, 굳게 닫힌 마음의 문을 연다면 서로를 이해하는 상황이 가능해 질 것이니 대립과 투쟁의 갈등을 줄일 수 있을 것입니다.

문을 닫아거는 것은 자기의 것을 보호하려는 목적이 있습니다. 도둑을 막거나 귀찮은 사람들의 접근을 막으려는 뜻이 있는 것이지요. 그러나 문을 닫으면 좋은 것도 동시에 막는 것이 됩니다.

'키다리 아저씨의 집'이라는 동화를 아시겠지요.

「매우 키가 큰 아저씨가 있었는데, 집도 대단히 크고 아름다웠으며 정원도 훌륭해서 계절 따라 꽃도 계속 피고 과실도 풍족하게 열렸습니다. 마을 아이들은 키다리 아저씨의 집에서 놀길 좋아했습니다. 그래서 매일 그 집에서 떠들며 놀았지요. 하지만 아저씨는 아이들이 정원에 와서 시끄럽게 하는 것도 싫고 과실을 따먹는 것도 싫었습니다. 그래서 어느 날 아이들을 혼내고 쫓아낸 다음 대문을 걸어 잠갔습니다. 그리고는 곧 가을이 되고 겨울이 지나 봄이 왔습니다. 그러나 아저씨의 집은 계속 겨울이었지요. 분명 마을에는 봄이 한창인데, 아저씨의 집만 꽃이 피지 않고 새도 오지 않았지요. 아저씨는 비로소 외롭고 쓸쓸하게 된 것이 자기 탓이라는 것을 깨닫고 문을 활짝 열었습니다. 그리고는 아이들을 초청했지요. 아이들의 떠드는 소리가 다시 뜰을 가득 채우자 꽃이 피어나고 새들도 날아왔습니다. 아저씨는 다시 행복해졌습니다.」

봄이 장소를 선택할 리가 없지요. 그러나 사람의 마음에는 봄을 느끼지 못하는 마음이 분명 있습니다. 닫혀 있는 마음이나 자기만 아는 마음에는 봄을 즐길 여유가 없기에 두렵거나 쓸쓸할 뿐입니다. 그러므로 꽃을 보아도 아름다운 줄 모르고 향기로운 줄을 모릅니다. 그러니 행복할 리가 없지요.

불교에서 입춘을 기해 특별한 기도를 하는 것은 부처님의 가르침과 입춘을 정한 동양의 지혜가 별개의 것이 아니기 때문일 것입니다.

현상적인 봄은 시간이 가면 올 것입니다. 그러니 굳이 세운다는 표현이 필요하지 않겠지요. 그러므로 봄은 마음에 세우는 것입니다. 마음은 본래 어떤 모양이 있는 것이 아니므로 그 마음에 봄을 세우면 '봄 가득한 마음'이 됩니다. 입춘기도를 통해 '봄 가득한 마음'을 가진 이들이 많아진다면, 그들의 노력에 의해 그만큼 세상은 따뜻하고 아름답게 될 것입니다.

삼재풀이는 어떻게 하나?

問 : 정월달에는 삼재풀이를 위해 부적을 권하기도 하고, 「삼재풀이기도」도 한다는데, 삼재는 정확히 무엇이며 어떻게 푼다는 것인지 궁금합니다.

答 : 삼재(三災)라는 말은 원래 불교에서 나왔지만 요즘에는 오히려 역술적인 의미로 많이 이해하고 있는 것 같으며, 또 그것을 어떻게 풀어갈 것인지의 해결법도 비불교적 방법들이 많이 통용되고 있는 것 같습니다.

불교경전에서 우주는 생성(成)·존속(住)·파괴(壞)·소멸(空)을 무한 반복 한다고 설명하고 있습니다. 이 설명에 따르면 지구의 존속과 파괴의 기간에는 각기 세 가지 좋지 못한 일이 일어나는데, 이를 작은 삼재

(小三災)와 큰 삼재(大三災)라고 합니다. 소삼재는 인간의 일상생활에서 일어날 수 있는 전쟁(폭력)·질병·굶주림의 경우로 볼 수 있고, 대삼재는 지구가 파괴될 때 되풀이된다는 것으로 화재와 홍수와 폭풍을 가리킵니다.

요즘의 삼재라는 개념에는 위의 소삼재와 대삼재를 다 포함하는 것으로 볼 수 있는데, 이것이 개인의 운세설과 연결되면서 주기적으로 12년 중에 들어오고 머무르고 나가는 3년간의 과정을 거치면서 재앙이 된다는 것이니, 사람들로서는 불안할 수밖에 없을 것입니다.

우리가 피하고 싶어 하는 재앙이란 늘 우리 곁에 있는 것들입니다. 그리고 우리의 마음가짐과 노력에 의해 얼마든지 바뀔 수 있는 것들입니다.

먼저 전쟁과 질병과 굶주림은 함께 일어나는 것으로, 지금 이 순간에도 지구상에는 바로 인간에 의해 이 재앙이 일어나고 있습니다. 그렇지만 그 지역에 사는 사람들이 모두 사주가 같고 삼재의 주기에 속한 것은 아닐 것입니다. 그러므로 인간의 이기심과 탐욕이 오히려 이러한 재앙을 만들어 내고 증폭시킨다고 봐야 할 것입니다.

다음으로 불과 물과 바람은 우리의 삶에 절대적으로 필요한 것입니다. 세상 모든 것들이 그렇듯이 절대적으로 필요한 것에는 또한 부작용이 반드시 있는 것입니다. 그러므로 우리가 주의를 기울여 적절히 사용하면 매우 유용한 것이지만, 주의를 기울이지 못하고 적정한 범주를

송강 스님의 백문백답 · 215

넘어서면 바로 화근이 되기도 하는 것입니다.

　삼재풀이란 삼재의 피해에서 벗어나는 방법이나 비법을 쓴다는 의미가 되겠지요. 만약 '삼재풀이'라는 명칭으로 기도를 한다면, 그것은 우리들 마음씀씀이의 중요성을 일깨우고 늘 주의를 기울이는 노력을 하자는 다짐일 것입니다. 단순히 어떤 물건을 몸에 지닌다거나 몇 시간의 정성으로 모든 재앙을 피할 수 있다는 것은 아닐 것입니다.

　반야심경에서는 다음과 같이 설명합니다.

「늘 깨어 있는 사람은 몸도 정신도 끝없이 변하는 것임을 분명하게 알기에 집착을 놓고 모든 고통과 재액으로부터 벗어난다. 세상 어떤 것에도 집착하지 않기에 마음에 걸림이 없고, 걸림이 없기에 두려움이 없으며, 두려움이 없으므로 어리석은 생각을 하지 않는다. 그러므로 언제나 고요하고 평화롭다.」

　마음에 걸리는 것이 많은 사람은 두려움이 많고, 두려움이 많은 사람은 어리석은 생각을 많이 하며, 그로 인해서 스스로 재앙을 만들기도 하고 또 재앙 속으로 들어갑니다. 대부분의 재앙은 스스로 만들고 있습니다.

생전예수재는
왜 하는가?

問 : 윤달에는 생전예수재를 하게 됩니다. 생전에 자신의 사후를 위해 자신의 재를 지내야 한다는 것이나 전생의 빚을 갚아야 한다는 뜻에서 종이로 찍은 엽전을 사서 태우는 등의 내용이 합리적이라고는 생각되지 않습니다. 생전예수재를 꼭 지내야 하는 것입니까?

答 : 오랜 옛날에는 어떠했는지 정확하게 알 수는 없으나 10여 년 전까지만 해도 자신의 49재를 미리 지낸다거나 전생의 빚을 갚는다는 방식으로 진행된 것이 사실입니다. 그러나 요즘에는 예수재라는 것을 새롭게 해석하여, 대부분 미리 수행한다는 방식으로 전환하였다고 보면 좋겠습니다.

일반 불자들의 경우 삶을 수행으로 생각하기는 쉽지 않습니다. 특히나 어려운 한문경전을 쉽게 볼 수 없었던 옛날에는 그저 출가자나 수행하는 것이라고 생각했을 것입니다. 그래서 고통에서 벗어나 편안한 삶을 누릴 수 있는 유일한 방법이 살아서는 물질적 공덕을 쌓고 죽어서는 49재를 잘 지냄으로써 왕생극락하는 것이라고 믿었을 것입니다. 그러나 그것은 최선의 방법이 아니지요. 그래서 스님들은 어떻게든지 스스로 수행할 기회를 만들어주기 위해 여러 가지 방법을 연구했을 것입니다. 그중에 효과적인 것은 기존의 사고방식을 이용해서 수행으로 인도하는 것이겠지요.

생전예수재는 철저히 자신의 미래를 살피게 하는 법회입니다. 49재라는 의식은 죽은 이의 미래를 개선시키기 위한 것이지요. 그래서 자신이 살아서 자신의 미래를 위한 의식을 직접 하게 한 것은, 현재의 삶을 철저히 살피게 하는 것입니다. 대개 일상적인 관행대로 살던 사람들에게 객관적으로 자신의 삶을 돌아보고 잘잘못을 판단할 기회를 제공한 것입니다. 불교의 모든 가르침은 자신을 살피는 것에서 비롯하기에 불교 본래의 목적에 어긋난 것은 결코 아닙니다.

윤달에 봉행하는 이 재(齋)는 '살아서 미리 닦는 법회(生前豫修齋)'라는 그 명칭에서도 알 수 있듯이 모든 것을 미리 바로잡자는 뜻이 담긴 특별법회입니다. '소 잃고 외양간 고친다.'는 말은 별로 효과 없는 노력을 뜻합니다. 소가 뛰쳐나가지 않게 하려면 외양간을 미리

고쳐야 하듯이, 우리의 미래가 고통의 나락으로 떨어지지 않게 하려면 미리 잘못을 바로잡는 수행을 열심히 지속적으로 하는 것이 가장 좋습니다.

우리는 세상을 살면서 언제나 타인에게 빚을 지며 삽니다. 즉 수많은 이들에게 신세를 지는 것이지요. 가깝게는 혈육으로부터 멀게는 이 세상의 모든 구성원은 말할 것도 없고, 심지어 천지자연의 은혜를 받는 셈입니다. 최고로 성공했다고 하는 사람은 그만큼 더 많은 빚을 진 셈이 될 수 있습니다. 빚을 갚는다는 것은 아만심을 버리고 감사하는 마음을 갖게 하는 것이며, 감사할 수 있을 때 비로소 진정한 행복을 알게 됩니다.

윤달은 흔히 남는 달이라는 뜻으로 알지만 사실은 틀어진 것을 바로잡기 위해 만들어 낸 보정(補正)의 달입니다. 우리가 바르게 살려고 노력하지만 아주 조그만 잘못은 예사롭게 생각하는 경향이 있습니다. 그러나 그것을 그대로 방치하면 결국에는 감당하기 어려운 나쁜 결과를 초래할 수 있겠지요. 그러므로 보정의 윤달에 자신의 잘못을 바로잡는 수행의 특별한 인연을 만드는 예수재는, 그 본뜻을 잘 살린다면 삶을 행복으로 인도하는 훌륭한 전환점이 될 수 있습니다.

절에서 제사를 모실 때 왜 집에서와 다른가?

問 : 집에서는 제사를 돌아가신 전날 밤에 모시는데, 왜 사찰에서는 돌아가신 날 낮에 모시는지요? 또 집에서의 제사와 절에서의 제사가 많이 다른 이유는 무엇인가요?

答 : 여기에는 두 가지의 오해가 있는 것 같습니다.

첫째, 제사를 전날 모신다는 것은 잘못 알고 있는 내용입니다. 이것은 동양전통의 시간을 이해하지 못한 것에서 비롯되는데, 옛날에는 돌아가신 날의 가장 앞 시간대인 자시(子時)에 제사를 모신 것입니다. 기일(忌日)의 늦은 저녁에 제사를 모시는 것은 아랫사람으로서 잘 것 다 자고 먹을 것 다 먹은 뒤의 끝 시간에 모시는 것이 되므로 불효막심한 행위가 되는 것이지요. 그러므로 전날에 모든 준비를 해 두고 기일이 시작되는 요즘 시계로 밤 11시가 되는 자시에 제사를 모셨던 것입니다. 만약 전날 초저녁에 제사를 모시게 되면 이것은 남의 제사를 모신 결과가 되므로, 부득이 초저녁에 모실 수밖에 없다면 기일(忌日)의 초저녁이어야 하는 것입니다.

둘째, 집에서 모시는 제사(祭祀)는 유교의 의례입니다. 즉 유교에서 가장 중시하는 효의 한 방법으로서, 돌아가신 어른에 대한 추모의 뜻과 조상님들의 보살핌을 바라는 음복(飮福)의 뜻이 담겨 있습니다. 그러므로 유교적 제사인 경우에는 조상님들을 잘 모심으로 인해 후손들의 앞길이 열린다는 사상이 담겨 있습니다. 그렇기 때문에 생전에는 거의 받을 수 없는 진수성찬을 차리는 것이 당연한 것으로 되어 있습니다. 그러나 이것은 공자님이나 맹자님이 가르친 효행과는 상관없이 후대에 생긴 관행입니다.

불교에서는 재(齋)를 베푸는 것이지 제사를 모시는 것이 아닙니다. 불교에는 제사가 없습니다. 만약 스님들이 제사라는 표현을 한다면, 그것은 기존의 유교적 제사를 인정해 주는 것일 뿐입니다. 불교에서는 이승도 저승도 아닌 중음(中陰)의 세계에 머물고 있는 일체의 영혼까지도 깨달음으로 인도할 중생으로 보는 것입니다. 그러므로 그들을 모시면서 의지하고 도움을 달라는 식으로 매달리지 말라는 뜻으로 『지장경』 등에서는 "귀신에게 제사 지내지 말라."고 했습니다. 그러므로 제사가 아닌 재를 베풀어 깨달음으로 인도하려 는 것이지요.

본래 재(齋)란 부처님께서 하루 한 번 드시는 사시공양(巳時供養)을 가리키던 말입니다. 그런데 신도들이 부처님과 제자들을 공양에 초청할 경우, 부처님께서는 공양을 하신 후 반드시 법문을 하셨기에 자연히 법회라는 뜻을 지니게 되었습니다. 우리나라의 경우 재라고 할 때는 불공과 법문 그리고 대중공양 및 영가(靈駕-죽은 영혼)들을 위해 공양물과 염불을 동시에 베푸는 시식(施食)까지를 포함하는 종합적인 법회를 뜻하게 된 것이지요. 재에는 아주 규모가 큰 영산재(靈山齋)와 수륙재(水陸齋) 등이 있고, 개별적으로 행하는 49재나 기일재(忌齋) 등이 있습니다.

49재는 불교의 의식이지만 지금은 타 종교에서까지도 행하는 중요한 의식이 되었습니다. 그렇지만 타종교에서는 왜 49재를 베푸는지에 대한 이해 부족으로 49일째에 지내는 추모의식쯤으로 알고 그날만 간단한 의식을 행하고 있는 것이 대부분입니다. 본래의 49재는 금생과 다음생의 중간대기의 기간인 49일간에 걸쳐, 영혼이 집착하는 과거에 대한 집착을 소멸시킴으로써 영혼을 해탈시키려는 지극한 자비행입니다. 뿐만 아니라 유족의 경우도 사랑하는 가족과 다시는 만날 수 없는 이별을 한 후의 아픔을 함께 나누면서 동시에 평소에는 피부로 와 닿지 않던 그 무상감과 생사에 대한 부처님의 가르침을 효과적으로 깨닫게 할 수 있는 중요한 법회가 되는 것입니다. 그러므로 매일 염불과 독경과 축원을 하는 것이며, 다음 생으로 넘어갈 수 있는 칠일마다는 특별한 불공과 시식을 베푸는 것입니다.

기재를 되풀이하는 이유가 무엇인가?

問 : 불교에서는 사람이 죽으면 천도를 위해서 49재를 지냅니다. 만약 영가가 천도되었다면 더 이상의 재는 필요 없을 것으로 생각됩니다. 그럼에도 매년 기재를 모시고 백중 49재를 올리는 까닭이 무엇인지요?

答 : 질문에서는 천도(薦度)와 성불(成佛)을 동일시하고 있는 듯합니다. 그러나 성불은 사람이 자신의 수행을 통해서만 성취할 수 있는 것이지요. 그러므로 우리가 흔히 사용하는 영가천도는 좁은 뜻의 천도 즉 너무나 힘든 상황에 빠져있는 영가를 그 상황으로부터 벗어나게 해주는 것을 뜻하며, 이 천도를 통해서 영가가 성불할 수는 없는 것이지요.

만약에 이미 깨달음에 이른 이가 육신의 수명이 다했을 때라면 그는 이미 상락아정(常樂我淨)의 열반에 이른 것이니, 그 적멸(寂滅)의 세계에 더 이상 무언가를 보태거나 뺄 것이 없는 것이지요. 그렇지만 망자(亡者)가 아직 깨달음에 이르지 못한 경우라면 그 영혼은 지난 생의 업 영향력 안에 있는 것이며, 당연히 여러 가지 고통이 있을 것입니다. 그래서 인연 닿는 이들이 재(齋)를 베풀어 그 공덕으로 망자의 영혼을 좋은 방향으로 인도하려는 것입니다.

재를 베풀어 망자를 돕는 방법에는 크게 세 가지를 들 수가 있습니다.

첫 번째는 49재를 통해 다음 생에 대한 방향을 개선시키는 것입니다. 대부분의 사람들은 한 생이 끝나면 육신이 없는 중간단계인 중음의 세계를 거치게 되는데, 이 기간에 망자를 위한 재를 베풀어 공덕을 쌓음으로서 인과를 나은 방향으로 상승시킬 수가 있게 됩니다.

두 번째는 강한 집착으로 인해 중음의 세계에 머물러 있는 영혼을 다음 생으로 갈 수 있게 도와주는 방법입니다. 전쟁이나 천재지변 또는 교통사고 등으로 망자의 영혼이 육체적 죽음을 받아들이지 않는 경우에는 49일간이 지나서도 영가가 중음의 세계에 머물게 됩니다. 이것은 지극히 비정상적인 상황에 빠진 것으로, 영가의 고통은 점차 심해지게 되는 것이지요. 도움이 절대적으로 필요한 경우입니다.

세 번째의 경우는 이미 다음 생으로 넘어간 영혼을 위한 것입니다. 이 경우 기재 등으로 인한 공덕의 큰 몫은 재자의 것이 되지만, 얼마간은 대상자의 영혼에게도 전해진다고 보면 좋습니다. 이것은 아주 큰 나무의 잎과 뿌리가 현상적으로는 서로 만나지도 못하고 아무 영향이 없는 것처럼 보일지라도, 사실은 끝없이 서로 영향을 주고받는 것과도 같은 이치입니다.

영혼과 영혼은 비록 서로 인식하지는 못할 지라도 많은 영향을 미치고 있으며, 그것은 생을 달리하면서도 이어집니다. 물론 이것은 특수한 차원의 경계인만큼 일반적으로는 이해하기 어려운 일이지요. 그래서 수행을 강조하는 입장에서는 깨달음으로 나아가는 수행방법들을 중점적으로 강조하고, 객관적으로 보여줄 수 없는 영혼의 문제를 일반인에게 이론적으로 설명하려고 하질 않습니다. 스스로 알게 되는 경지가 아니라면 공연히 결론을 낼 수 없는 논쟁만을 일삼게 되기 때문이지요.

재란 불공과 법회의 뜻입니다. 그러니만큼 언제나 여법한 방법이어야 합니다. 우리는 불공을 올릴 때마다 진실한 마음으로 가족을 위해 항상 기도하고 불공을 올립니다. 그처럼 기재의 경우도 돌아가신 분들을 위해 발원하고 정성을 올리는 것으로 보면 좋겠습니다.

동지불공이 불교적인 것인가?

問 : 동지불공을 하고 오다가 문득 의문이 생겼습니다. 불교의 명절과는 특별한 관계가 없는 동지에 불공을 드리는 이유가 무엇입니까? 혹시 이런 것이 불교를 약화시키는 것은 아닌지요?

答 : 동지는 고대로부터 전해지는 전통적인 명절로서 불교적인 것은 분명 아닙니다. 그러나 엄격히 말하면 부처님의 가르침에 명시된 명절은 따로 없기에 불교적인 명절이라는 것도 후대의 사람들이 만든 것일 뿐이지요. 그러므로 불교적인 것이냐를 두고 따지는 것은 별로 의미가 없는 일입니다.

스님들의 입장에서는 동지불공이 결코 특별한 불공이 아닙니다. 왜냐하면 절에서는 불공을 드리지 않는 날이 없기 때문이지요. 불공이란 부처님께 공양을 올린다는 뜻이며, 아울러 부처님의 가르침을 마음에 깊이 새겨 실천하겠다는 표현이며 예법인 것입니다. 그러므로 스님들은 언제나 불공을 드리고 있는 것이지요.

 신도님들이 특별히 불공을 드린다고 생각하는 것은, 오늘날 우리나라의 경우 매일 불공을 올리는 신도님들이 그리 많지 않기 때문일 것입니다. 남방의 불교국가처럼 집에 법당을 마련하여 매일 불공을 올리는 입장에서는 일상사일 뿐입니다. 그러나 우리나라 불자들은 불공을 드린다고 하면 특별한 날에 특별한 마음가짐으로 부처님께 발원하고 참회하는 시간이라는 생각이 강하지요. 바쁜 나날을 보내는 신도님들로서는 멀리 떨어져 있는 사찰에 간다는 것이 특별히 마음을 내어야 할 날처럼 된 것이지요.

 불교의 장점은 어느 곳에 이르건 그 지역의 특별한 민속이나 전통을 잘 수용한다는 것입니다. 부처님의 가르침에 의하면 이 세상에는 불변의 절대적 가치를 가진 것도 없거니와 또한 무의미한 일도 없기에, 항상 좋은 점을 취하여 부처님의 가르침을 생활화하면 되기 때문입니다.

 동지는 밤이 가장 긴 날입니다. 우리나라의 경우에는 가장 추운 시기이기도 하지요. 전통사상으로는 음기(陰氣)가 가장 강한 날이라고도 합니다. 이것은 동지를 기점으로 점차 낮이 길어지기 시작하고 따뜻해지며 점차 양기가 강해진다는 것을 뜻합니다. 그래서 새로운 시작이 되는 날이기에 예로부터 왕이 대신들에게 달력을 나누어 주었고, 그 전통이 사찰에 그대로 남아 새해 달력을 나누어 주고 있습니다. 그리고 '작은 설'이라고 해서 팥죽을 먹어야 한 살을 더 먹는다고도 하는데, 이는 절망을 희망으로 전환할 때에만 철이 든다는 것을 상징합니다.

동지는 가장 춥고 밤이 길기에 절망적인 날로도 생각할 수도 있겠으나, 지혜롭게 생각하면 바로 희망의 날이 되는 것입니다. 그래서 새로운 마음가짐으로 새로운 계획을 세우기에 매우 적당한 날이 되는 것입니다. 동지에 불공을 드리는 의미를 굳이 말한다면, 바로 이러한 안목을 열어주려는 스님들의 배려입니다.

2008년 연말의 상황을 백 년에 한 번쯤 일어날 위기라고들 합니다. 그래서 모두들 매우 불안해하고 있습니다. 그러나 한편으로 생각하면 가장 깊은 골짜기에 도달한 사람에게는 올라갈 곳만 남아 있으며, 더 이상 떨어질 곳이 없다는 것이지요. 만약 앞에 보이는 절벽을 보며 절망하고 있다면 결코 골짜기에서 벗어날 수 없을 것입니다. 더 이상 절망할 수 없는 지경이라면, 이제는 희망의 언덕을 향해야 하는 것입니다. 그것이 바로 동지에 새알을 비비고 아궁이에 불을 지펴, 새날을 열어갈 팥죽을 공양 올리고 발원하는 까닭입니다.

입시기도가 부처님 가르침에 맞는가?

問 : 입시철이 되면 각종 언론에는 사찰에서 기도하는 어머니들의 모습이 자주 등장합니다. 그것을 볼 때마다 자기 자식을 합격되게 해 달라고 부처님께 기도하는 것이 과연 옳은가 하는 의심이 듭니다. 누군가는 떨어져야 하는데, 자기 자식의 합격만을 비는 것은 부처님의 가르침에 어긋나는 것이 아닌지요.

答 : 입시기도를 하면서 "무슨 일이 있어도 제 자식만은 반드시 합격되게 해 주십시오!" 하고 떼쓰듯이 기도를 한다면 그것은 분명 부처님의 가르침에 어긋납니다. 그러나 입시기도를 그렇게 단정적으로만 볼 일은 아닌 듯합니다.

우리나라의 입시제도는 흔히 지옥이라고 표현될 정도로 힘든 상황인 것 같습니다. 세상을 살면서 어느 누구도 경쟁을 피해 살 수는 없겠지만, 청소년들이 겪는 이 무한경쟁은 숨이 막힐 지경이라고 표현되지요. 그렇기 때문에 입시를 앞둔 수험생은 극도의 긴장감 속에서 생활하고 있습니다. 긴장이 높아지면 누구나 신경이 예민해지고 날카롭게 되기 때문에, 대체로 마찰을 일으키기가 쉽습니다. 그렇기 때문에 온 가족이 덩달아 숨을 죽이고 사는 것이 요즘 입시생이 있는 집 분위기인 듯합니다. 결국 모든 가족이 극도로 날카로운 상태로 산다는 뜻이 되겠지요. 만약 이 상태를 완화시킬 수만 있다면 어떤 방법이라도 시도해야 할 것입니다. 그렇지 않다면 부모는 입시생의 낱낱 행동에 예민하게 반응하며 공부에 대한 압박을 가하게 될 것이고, 입시생은 학교나 집에서나 편안할 수가 없을 것입니다. 늘 불편한 상태의 입시생은 시험을 치기도 전에 병이 날 수도 있고, 만약 생각대로 성적이 나오지 않는다면 극단적인 생각을 할 수도 있을 것입니다. 이렇게 되면 인생의 한 단계를 견디지 못해 결국 인생 전체를 잘못되게 할 수도 있는 것이지요.

입시기도를 단순히 합격만을 기원하는 이기적인 기도라고 보는 것은 많은 기능을 살피지 못한 것이라고 생각합니다. 만일 입시생의 부모(특히 어머니)가 자식의 입시를 위해 대신해 줄 것이 아무것도 없는 상황에서 하루 종일 집안에서 자식의 성적에만 온통 신경을 쓰고 있다면, 아마도 입시생 이상으로 스트레스를 받을 것입니다. 이 스트레스가 심해지면 다른 가족들을 불안하게 만들 것이고, 물론 입시생에게도 심한 잔소리 등으로 표현될 것입니다. 그렇기 때문에 종일 입시만을 생각하며 초긴장 상태로 매일을 보낸다면 본인에게도 가족에게도 심각한 병적인 현상이 나타날 것이 분명합니다.

만일 백일 정도 입시기도를 한다면 그 기간 안에 많은 법회가 마련되어 있을 것이고, 또 스님과의 상담도 많은 시간 가능할 것입니다. 이때 스님은 인생 전체를 보는 지견을 열어줄 것이고, 신도는 입시가 인생 전체가 아니라는 너무나 당연한 사실을 받아들이게 될 것입니다. 또한 한 번의 입시로 인해 자식의 미래가 완전히 성공과 실패의 양극단으로 갈라지는 것도 아님을 이해할 여유를 되찾게 되겠지요. 이러한 생각의 변화는 단번에 일어나는 것은 아니지만, 그렇다고 완전히 불가능한 것이 아니라는 것을 스님들은 경험을 통해 잘 알고 있습니다.

입시기도를 통해 어느 정도 편안해진 부모는 냉정을 되찾아, 현명한 조언과 보살핌으로 입시생을 안정시킬 수 있을 것이고, 정신적으로 안정된 입시생은 있는 그대로의 실력을 발휘할 수 있게 될 것입니다. 뿐만 아니라 비록 만족할 수 없는 상황이 전개된다 해도 부모와 입시생으로 하여금 최대한 빠른 시간 안에 눈앞의 현실을 받아들이게 하며, 다시 도전할 수 있는 용기를 갖게 할 것입니다.

성지순례는
어떤 마음으로 하나?

問 : 성지순례를 할 때면 감동 받을 만한 것이 별로 없는 경우가 많습니다. 어떻게 하는 것이 효과적인 성지순례가 됩니까?

答 : 우리는 성지순례를 통해서 신심을 북돋울 수도 있고, 자신이 집착하고 있던 생각의 틀을 깰 수도 있습니다. 그렇기 때문에 삶이 힘들다고 느껴질 때나, 마음공부가 잘 되지 않아 고민일 경우에는 성지순례를 다녀오는 것이 도움이 됩니다. 그러나 관광하는 방식의 성지순례나, 무언가 화려한 유물을 기대하거나 남에게 자랑거리를 만들기 위해 성지순례를 떠난다면, 오히려 실망만 안고 돌아올 경우가 많을 것입니다.

성지에 접근하는 길은 불편할 경우가 많습니다. 그러나 그런 불편함이 오히려 성지순례를 더 뜻있게 할 수도 있습니다. 우리가 갖고 있던 행복에 대한 환상을 깨는 데는 그 힘든 과정이 아주 도움이 됩니다. 부처님은 말할 것도 없거니와 수많은 성현들은 온갖 역경을 겪으면서 전법을 하셨습니다. 그때에 비하면 오늘 우리의 삶은 너무나 편한 생활을 한다고 볼 수 있지만, 우리는 항상 불만 속에 싸여 있어서 행복하지 못한 것입니다. 불편한 성지 순례를 통해 자신이 얼마나 혜택 받은 삶을 사는지를 아는 것도 큰 소득이 될 것입니다.

불자들에게 있어 가장 훌륭한 성지는 아마도 부처님의 발자취를 따라가는 것이겠지요. 물론 국내의 유서 깊은 도량이나 동남아의 불교국가를 순례하는 것도 큰 의미가 있겠지만, 아무래도 가장 뿌리에 해당하는 인도의 불적지(佛跡地)가 불자들에게는 의미가 클 것입니다.

성지순례를 해보신 분들은 잘 알겠지만 성지라고 해서 가보면 텅 빈 공간이거나 아니면 새로 조성된 조악한 시설이 전부인 경우가 많습니다. 하지만 오히려 그것이야말로 성지의 진면목임을 알아야 할 것입니다. 만약 우리가 그 공간에서 부처님의 말씀을 들을 수 있고 호흡을 느낄 수 있다면 곧바로 불국토가 되겠지만, 그렇지 못하다면 아무리 황금의 사원이 있다고 한들 무슨 소용이 있겠습니까! 텅 빈 공간에 서서 무엇이 자신으로 하여금 바로 그 자리에 오게 했는지를 살펴본다면, 비로소 성지가 어떠한지 보이기 시작할 것입니다.

오래전 거사님 한 분과 룸비니에 갔을 때 일입니다. 그때만 해도 룸비니에는 시멘트벽돌로 조성한 사각의 황량한 연못만 있었고, 성지를 기념할 만한 것이 특별히 없었습니다. 심지어 연꽃 한 송이도 볼 수 없었지요. 다행히 연못 곁에는 오래된 나무가 한 그루 있어서 그늘이 참 좋았습니다. 더 이상 둘러 볼 것도 없었기에 나무그늘에 앉아 선정에 들었지요. 세 시간 후쯤 자리에서 일어났을 때, 거사님은 주변의 농부들과 이야기를 하고 있었습니다. 우리는 각자의 방식으로 룸비니를 순례하고 있었던 것입니다.

우리가 진정 순례해야 할 곳은 빈자리입니다. 후대에 만들어 놓은 기념관이나 유품 등은 나름대로의 의미가 있겠지만, 그것이 성지일 수는 없습니다. 옛날 부처님이나 조사님들이 거닐었던 그 빈자리야 말로 진정한 성지이며, 그 빈 공간속에서 마음에 가득했던 부질없는 것을 다 버리고, 빈 마음의 뜰에 서는 것이야말로 참된 순례의 목적지일 것입니다.

성지순례는 단순한 여행이 아니라 자신을 돌아보는 시간이며, 자신의 본래 모습인 빈자리를 되찾는 것이야말로 진정한 성지순례라고 할 수 있을 것입니다.

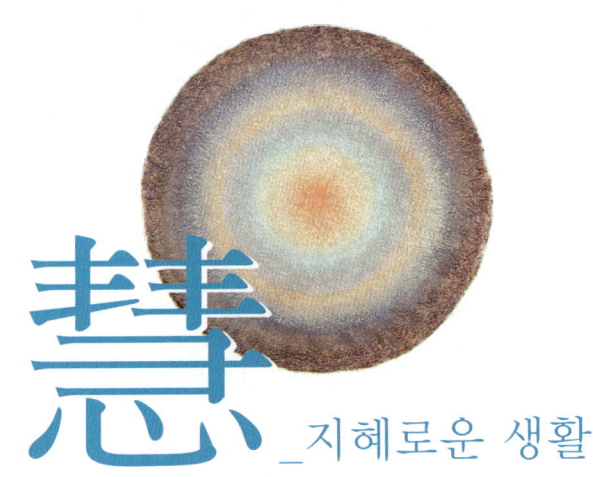

慧_지혜로운 생활

정해진 운세라는 것이 있는가?

問 : 새해가 되면서 한 해의 운세를 보는 경우가 많은데, 운세라는 것이 과연 있는 것입니까? 그리고 이런 것이 불교의 업과 상관이 있습니까?

答 : 운세(運勢)라는 것은 운명이나 운수가 닥쳐오는 기세를 뜻하는데, 이 말의 밑바탕에는 이미 정해진 것이 있다는 것을 전제로 합니다.

옛 동양의 사상에는 일정한 방향성을 가진 운명이라거나 운수 같은 것이 있다고 생각했고, 그것을 어떻게든지 미리 알아내어 나쁜 일이라면 어떻게든 피하려 했고, 좋은 일이라면 그 효과를 최대로 만들고 싶어 했습니다. 일종의 예측과 예방의 지혜로 볼 수 있는 이 계산법은 아주 오래된 통계학과도 같은 것이며, 매우 광범위한 요소들을 동원해야만 비로소 그 효과를 어느 정도 얻을 수 있다고 할 수 있을 것입니다. 요즘의 방법으로 보자면 각 연구소가 여러 자료를 바탕으로 해서 어떤 예상치를 찾아내는 것과 비슷한 것입니다.

그러나 요즘의 경우만 하더라도 연구소의 전문가들이 엄청난 분량의 자료를 가지고 최첨단의 전산망을 이용하여 내린 예상치도 틀리는 경우가 매우 많습니다. 그 이유는 간단합니다. 예측을 위해 활용하는 자료가 이미 굳은 과거의 것이거나 가상의 것임에 비해, 우리 삶의 현장은 매 순간마다 환경이 끝없이 바뀌고 사람들의 행위도 무수한 선택이 가능하기 때문입니다. 그러므로 시간과 공간의 개념이 옛날과는 엄청난 차이가 있는 것을 계산에 넣지 않는다면, 옛날의 예측법이 얼마나 맞출 수 있는지는 의문입니다. 요즘의 자주 틀리는 기상예보가 좋은 예가 될 것입니다.

업(業)의 이론은 인도 전통의 업과 불교의 업으로 구분해서 살피는 것이 좋습니다. 인도 전통의 업설(業說)은 숙명론적입니다. 바라문교에서 주장했던 업은 철저한 지배목적으로 지배계급이 만든 것으로, 천한 계급으로 타고난 현재의 신분이 과거생의 업으로 인해 받는 당연한 결과인 만큼, 그것을 숙명으로 알고 무조건 복종하고 달게 받으며 오로지 선업을 쌓아야만 내생에나 겨우 더 나은 신분으로 바뀔 수 있다는 것을 바탕에 깔고 있는 것입니다.

불교의 업설은 숙명론적인 것이 아니라 현재의 고통에 대한 원인분석과 미래의 해결책으로 제시됩니다. 업은 생각과 말과 행동에 의해 만들어지는 방향성이며, 그렇기 때문에 매 순간마다 새로운 방향으로 변할 수 있는 것입니다. 흔히 말하는 인과응보는 바로 이 업에 의한 것이며 또한 연기의 원리에 닿아 있습니다. 불교의 입장에서는 바꿀 수 없는 운명이나 숙명 따위는 없으며, 독자적으로 영원히 존속하는 것도 없습니다. 미래는 무한한 가능성으로 열려있는데, 다만 사람들이 하나의 외통수만을 보거나 몇 가지의 길을 볼 따름입니다.

지금의 내 모습은 분명 이전의 내 사고와 행위의 결과입니다. 그리고 나의 미래는 지금 내가 무엇을 어떻게 생각하고 어떤 노력을 하느냐에 따라 바뀔 것입니다. 미래는 정해진 것이 없습니다. 만약 정해진 것이라고 누군가가 말한다면 그것은 예측일 뿐입니다. 부처님께서 말씀하신 '유아독존(唯我獨尊)'의 뜻은, 개개인 운명의 열쇠를 개개인 자신이 쥐고 있는 것이지 다른 어떤 절대적인 신이나 힘이 아니라는 것입니다. 그러므로 지금의 내 모습이 마음에 들지 않는다면, 지금까지 내가 한 일들을 돌아보고 잘못된 것들은 바꾸면 되는 것입니다. 스스로 노력은 하지 않으면서 운명을 기다리고 예측하는 것은, 파도에 밀려가는 배 안에서 아무런 노력도 않고 어떻게 될까를 예측하는 것처럼 어리석은 것입니다.

운세를 보는 것에서 어떤 희망을 찾고자 하는 것이라면, 그것을 참고로 하여 언행을 더욱 조심하고 자신이 처한 현재의 상황을 차분히 살펴, 지금 당장 마땅히 해야 할 일을 살피고 실천하는 것이 가장 좋은 방법입니다.

잘 살려는 것은
무소유에 위배되나?

問 : 스님들은 무소유를 강조하시는데, 일 년의 목표를 설정하는 정초기도에 잘 살게 해달라고 기도하는 것이 부처님의 뜻에 위배 됩니까?

答 : 아무 노력은 하지 않으면서 잘 살게 해 달라고 기도만 한다면 그것은 부처님의 가르침에 어긋나는 일입니다. 그러나 잘 살기 위해서 분명한 목표를 설정하고, 잘 살기 위해서 노력할 것을 다짐하는 기도라면 부처님의 가르침에 어긋나지 않습니다.

　잘 산다는 것을 불교적으로 해석하면, 아마도 바른 안목으로 바르게 살피고 바른 노력을 하면서 그 노력에 의한 정당한 결과로서 좀 더 나은 방향으로 나아가는 것을 말한 것입니다. 만약 바른 안목을 갖추지 못하여 현실을 정확히 간파하지도 못할 뿐만 아니라 그 노력도 대충하면서 더 잘 살기를 바라는 것은, 마치 먹물로 옷을 빨면서 하얀 옷이 되기를 바라는 것과 같습니다.

부처님께서는 사람들에게 부자가 되라거나 가난하게 살라고 말씀하시지 않으셨습니다. 부자라거나 가난하다는 것은 외형적인 분별일 뿐입니다. 부처님께서는 오히려 이러한 외형적 분별로 판단하는 것을 경계하셨습니다. 그 한 예로 제자 가섭과 아난의 탁발을 두고 말씀하신 것에서 잘 알 수 있습니다. 밥을 얻는 시간이 되면 가섭은 항상 가난한 집만 찾아갔고 아난은 부잣집만 찾아갔는데, 이것을 아신 부처님께서는 두 제자를 불러 그 까닭을 물었습니다. 가섭은 가난한 사람들이 복을 많이 지어 빨리 가난에서 벗어나길 바라서라고 답했고, 아난은 가난한 사람들에게 부담을 주지 않으려고 부잣집만 간다고 했습니다. 부처님께서는 두 제자의 답을 듣고는, 가난한 사람도 부자도 모두 괴로움이 없는 세계로 인도해야 할 것이니, 앞으로는 그런 차별을 두지 말고 차례대로 밥을 얻어야 한다고 말씀하셨습니다.

부처님의 언어는 많은 경전에서 어떻게 사용되었는지를 잘 살펴야 하고, 또 무엇을 설명하시기 위함인지를 알아야 합니다. 무소유(無所有)란 말도 일반적으로 많이 사용하는 '가지는 것'이라는 뜻의 소유(所有)의 반대개념으로써 '갖지 않음'의 뜻으로 사용하는 경우가 많은데, 이 경우는 부처님께서 말씀하신 무소유와는 다르게 사용된 것입니다.

부처님께서 역설하신 무소유(無所有)는 매우 전문적인 용어입니다. 불교에서의 유(有)는 존재성을 일컫는 말이며, 소유(所有)는 '존재하는 것'의 뜻입니다. 즉 소유는 무언가가 시간과 공간상에서 변치 않고 지속되는 일정한 존재나 존재성을 가리키는 말이고, 따라서 무소유는 변치 않고 영원히 존재하는 것이 없다는 뜻입니다.

무소유란 무상(無常)과 무아(無我)라는 말과도 통하는 것입니다. 부처님께서는 모든 것이 끝없이 변해가고 또한 스쳐가는 것일 뿐이라고 일깨워주십니다. 그 이치를 확연히 깨달아 해탈하게 하려는 것이지요. 흔히 나라고 생각하는 육신이나 감정이나 인식도 끝없이 변하는 것일 뿐이며, 대상인 세계도 마찬가지로 끝없이 변하는 것일 뿐이니, 그러한 것들이 영원하길 바라거나 놓치지 않으려 집착하게 되면 바로 그 순간부터 괴로움이 된다는 것입니다.

우리가 만나고 있는 모든 것들은 일시적인 상황이며, 영원한 존재도 없고 영원히 가질 수도 없는 것임을 깨달아야 합니다. 그렇게 되면 어떠한 상황에서도 괴롭지 않고 자유로울 수 있는 것입니다. 무소유는 평화로움의 세계인 적멸에 들기 위해 깨달아야할 궁극적 이치입니다.

왜 무심한 사람이 되라 하나?

問 : 불교에서는 무심(無心)의 경지를 강조하는데, 가까운 인연들에게 무심하게 하면 섭섭해 합니다. 어떤 때는 갈등이 생기기도 하는데 그래도 무심이 좋은지요?

答 : 일반적으로 사용하는 '무심하다'는 표현은 아마도 무관심하다는 뜻으로 사용될 것입니다. 그래서 부모 형제나 이웃들에게 인간적인 배려가 없고 모른 체 한다거나 해야 할 일을 하지 않는다는 것이지요. "무심하면 번잡함에서 벗어날 수 있어서 편해질 수 있으니까 불교에서 이렇게 가르쳤을 수도 있겠구나." 하고 생각하겠지만, 당연히 또 다른 갈등이 생기기 때문에 문제가 될 수 있습니다. 하나의 문제를 피하기 위해 다른

문제를 만드는 방법을 불교에서 가르칠 리가 없지요. 이것은 부처님께서 가르치신 본뜻을 잘못 이해한 것입니다.

불교에서의 무심은 매우 바람직한 경지입니다. 불교의 무심은 지혜의 상태인 무분별심(無分別心)을 뜻합니다. 즉 번뇌의 상태인 분별이 없는 마음입니다.

분별심이란 모든 것을 따지고 계산하는 마음입니다. 예를 들어, "도덕적으로는 부모님을 모시는 것이 옳은데, 모시고 살려니 돈도 많이 들고 또 잔소리도 듣기 싫다. 그러니 남들이 뭐라거나 말거나 모른 체하고 따로 살자. 생활비 조금만 드리면 되겠지."라고 생각하는 것이 분별심입니다. 이 분별하는 마음은 언제나 이해득실(利害得失)을 따지고 있으므로 손해가 되는 일은 피하려 하고, 다른 사람들의 시선 때문에 마지 못해 할 수밖에 없을 때는 불만이 가득한 것입니다. 그러니 분별하는 마음을 번뇌심이라고 하는 것입니다.

그렇다면 분별이 없는 마음인 무분별심은 어떤 마음일까요? 흔히 무분별이란 옳은지 그른지도 모르고, 할 일인지 해선 안 될 일인지도 모르는 어리석은 경우로 생각합니다. 무지하게 일을 처리하는 사람을 두고 "사람이 어째 분별이 없어"라고 하는 경우가 여기에 해당합니다. 그러나 이것은 불교에서 말하는 분별과 무분별을 정확히 이해하지 못한 것입니다. 불교에서의 '분별'은 '어리석은 사람의 치우친 판단'을 가리키고, '무분별'은 '깨달은 사람의 맑고 밝은 마음'을 가리킵니다.

이해득실의 분별을 일으키는 것은 자기중심적 사고방식 때문에 일어납니다. 흔히 자기밖에 모른다는 것인데, 이것은 넓고 큰 세계를 보지 못하고 바로 눈앞의 것에만 집착하기에 생기는 어리석음입니다. 이 어리석음의 상태에서는 모든 것을 거꾸로 보게 되는데, 그렇기 때문에 남을 배려하고 남에게 도움을 주는 것 등은 바보 같은 짓이라고 생각합니다. 이런 까닭에 자기중심적인 사람은 지혜로운 이가 남을 위해 베푸는 이타적인 삶의 모양을 어리석게 생각하고, 무지한 사람처럼 생각하기도 합니다. 그래서 불교의 가르침과는 반대로 분별은 똑똑하고 무분별은 어리석다고 생각하는 것입니다.

무분별의 마음인 무심은 억지로 마지못해 하는 것이 아닌 자연스럽게 할 바를 다하는 것이며, 손익 계산 없이 당연히 할 바를 하는 경지입니다. 그래서 원망도 짜증도 일어나지 않는 것이지요. 이 무심의 경지가 되기 위해서는 자기중심적인 고정관념을 버려야 합니다. 이 세상 모든 것은 홀로 존재하는 것이 아니며, 일체의 존재는 끊임없이 변하면서 서로 연관을 갖고 서로 영향을 미치는 것임을 알아야 합니다. '나'라는 것도 사실은 생각으로 만든 것에 불과한 것이며, '남'이라는 것도 마찬가지입니다. 그러므로 무심은 그런 분별을 넘어선 자타일여(自他一如)의 마음이며 청정본연(淸淨本然)의 마음입니다.

무심은 번뇌인 분별이 사라진 상태이고, 늘 깨어있는 상태입니다.

그래서 쓸데없는 망상이 없기에 맑고 평화로운 상태입니다. 이러한 경지의 마음에서 하는 일은 늘 조화롭고 또한 결과가 좋습니다. 불교의 무심은 깨달음의 마음이며 대자비심인 보살의 마음입니다.

기도로도 병이 나을 수 있는가?

問 : 불자들 중에는 기도를 해서 병이 나았다는 얘기를 많이 합니다. 과연 기도로도 병이 나을 수 있는 것입니까?

答 : 기도는 매우 뛰어난 치유법 중의 하나입니다. 그러므로 기도로 나을 수 있는 병이 대단히 많습니다. 이것은 인류의 역사에서 이미 충분히 검정된 것이기에 의심의 여지가 없는 것입니다.

그러나 주의해야 할 점이 있습니다. 모든 병이 기도만으로도 나을 수 있다고 단정해 버리면 큰 문제를 일으킬 수 있습니다. 오직 기도만으로 모든 병을 치유할 수 있다고 믿어버리면 이것은 맹신이 되는 것이지요. 뿐만 아니라 최적의 치료 기회를 잃게 되어 크게 후회할 일이 생길 수 있음을 잊어서는 안 됩니다. 전염병이나 사고로 인한 신체적 훼손 등은 당연히 병원으로 달려가야 합니다. 기도는 심리치유요법이고 의약은 현상을 개선시키는 효능이 있기에 서로 보완관계에 있다고 볼 수 있습니다.

경에서 부처님을 대의왕(大醫王)이라고 했는데, 이는 심리적인 안정이 치유의 효과뿐만 아니라 예방적인 효과가 있기 때문일 것입니다. 사실 망상 자체가 이미 병적인 현상으로 육체적으로 감염된 것보다 훨씬 더 고통을 유발한다는 것은 누구나 아는 일이며, 이 망상이 점차 스트레스를 강하게 해서 신체의 면역력을 떨어뜨린다는 것은 현대의학에서도 밝혀진 사실입니다. 심지어 망상이 심해지면 스스로 최면상태에 빠져서 객관적으로는 멀쩡한 신체임에도 본인은 심각한 병적인 고통을 당한다는 것입니다.

병은 조화가 깨어진 하나의 현상입니다. 그러므로 병이라는 부조화의 현상은 조화를 회복하면 사라지는 일시적 현상입니다. 특히 심리적 부조화로 인한 고통은 조화만 회복되면 사라질 허상입니다. 사람들은 허상인데 왜 고통을 느끼는가 하고 되물을지 모릅니다. 그것은 악몽이 허상임에도 고통을 느끼는 것과 같은 이치이며, 귀신에 대한 두려움도 스스로 만든 허상임에도 공포로 인해 고통을 받는 것과 같은 원리입니다.

스님들은 수행생활을 하면서 수많은 경험을 합니다. 그 중에는 자신이 병에 걸린 경우, 치유되는 과정에서 상식을 벗어난 일도 무수히 경험합니다. 심지어 현대 의학에서 온갖 치료법을 동원해도 완치가 어렵다는 난치병이 기도만으로 낫기도 합니다. 그렇지만 이것을 모든 사람에게 적용할 수는 없습니다. 불자들 중에도 신비한 체험을 한 이는 많이 있습니다. 우리나라 최고의 병원에서 도저히 회복될 수 없다고 판정을 받은 이가 절에 와서 기도로 건강을 되찾아, 십수 년이 지난 지금도 잘 살고 있는 이도 매우 많습니다. 그러나 이 경우도 다른 사람에게 적용해서 무조건 기도로 모든 병이 낫는다고는 할 수 없습니다. 물론 현대 의학의 치료 방법도 모든 사람이 동일하게 효과를 보는 것이 아니지요. 어떤 이들은 항암 치료로 건강을 회복한 이도 있지만, 비슷한 경우였음에도 전혀 치료 효과를 보지 못한 이들도 있는 것입니다. 이처럼 사람이 다르고 그 심리적인 면이나 그 신체적인 면역력 또는 회복력이 다른 사람들을 동일시하는 것 자체가 무리한 일이지요.

병에 걸렸다는 것은 일종의 업입니다. 생활 습관이 바르지 못했거나 혹은 해서는 안 될 일들을 한 결과로 나쁜 현상이 나타난 것이지요. 지금 문제가 되어 있는 광우병만 하더라도 자연법칙을 어긴 인간의 욕망으로 빚어진 결과입니다. 이처럼 심리적 또는 현상적 부조화가 병을 만드는 것이지요. 기도는 잘못된 업을 고쳐 조화로운 삶으로 돌아가는 것이므로 훌륭한 치유법 중의 하나임에는 틀림없습니다.

종교를 바꾸면 벌을 받나?

問 : 다른 종교를 믿다가 불교로 바꾼 지 오래되지 않습니다. 요즘 하는 일들이 개선되지도 않을뿐더러 전에 믿던 종교의 신자들이 전화를 해서 벌을 받을 것이라는 얘기를 많이 합니다. 꿈자리마저 뒤숭숭하고 정말로 제가 잘못해서 가족들에게 해가 되지나 않을지 걱정도 됩니다. 개종하면 정말 벌을 받게 되는 것인지요?

答 : 종교란 사람들의 행복을 위해 만들어진 것이며, 자신의 행복을 위해서 자신에게 알맞은 종교를 선택하는 것은 너무나 당연한 것입니다. 왜냐하면 종교란 우리 인생에 있어 목적이 아닌 수단이기 때문입니다. 그러므로 개종으로 인해 벌을 받지도 않을뿐더러, 벌을 줄 '누군가'가 존재

하는 것도 아닙니다. 만약 누군가가 개종한 사람을 벌하겠다고 나섰다면, 그는 신이 아니라 편집증에 빠진 어리석은 인간일 것입니다.

사람들은 무언가 현재의 상황이 좋지 못하면 종교까지라도 바꾸어 상황을 개선하려고 하지요. 만약 자신의 걱정거리가 환경적인 요인에 의한 것이었다면 환경적인 변화를 통해 효과를 볼 수도 있을 것입니다. 그러나 보다 중요한 것은 스스로의 변화일 것입니다. 즉 마음을 어떻게 다스리느냐에 따라서 그 자리에서도 상황이 개선될 수도 있는 것이며, 환경을 아무리 바꿨다고 해도 심리 상태가 동일한 경우라면 상황이 전혀 개선되지 않을 수도 있겠지요.

서울에 사는 사람이 지리산 천왕봉을 목적지로 삼고 길을 떠날 때, 그 사람 앞에는 수많은 길이 열려 있습니다. 교통수단만 하더라도 여러 가지를 이용할 수 있겠지요. 그가 처음 승용차를 이용해 길을 떠났어도, 중간에서 시간적인 여유를 가지고 걸어가야겠다고 마음을 바꾼다면 그렇게 할 수 있겠지요. 그가 여행의 방법을 바꾼다고 누군가가 나서서 그를 벌할 수는 없습니다. 그렇지만 여행자 본인은 방법을 바꿈으로 해서 달라지는 여러 가지 상황을 당연하게 받아들일 각오를 해야 합니다. 우선 시간이 더 많이 걸릴 것이고, 훨씬 더 많이 걸어야 할 것이며, 거친 바람과 쏟아지는 비와 뜨거운 햇볕 등에 노출될 것입니다. 반면에 그는 싱그러운 흙내음도 맡을 수 있을 것이며, 길가의 아름다운 꽃과 생기 넘치는 자연을 여유롭게 즐길 수도 있습니다. 땀을 흘린 만큼 더 맛있는 식사를 할 수도 있을 것이며, 힘들게 걸은 만큼 건강이 회복될 수도 있을 것입니다. 길 위에서 만나는 수많은 사람들과 크고 작은 정담을 나눌 수 있는 것도 멋진 덤이 되겠지요.

헬리콥터로 재빨리 천왕봉에 이르러 지리산을 둘러보고 좋아할 수도 있는데, 이 경우 시간상으로 대단히 효과적인 방법이 될 것입니다. 그러나 수많은 체험을 하며 천왕봉에 오른 사람이 느낄 수 있는 벅찬 감동과 환희는 헬리콥터로는 불가능한 것이지요. 이처럼 방법에 따라 얻는 것과 잃는 것이 있습니다. 그렇기 때문에 스스로가 선택을 할 때에는 스스로가 버려야 할 것을 버릴 줄도 알아야 합니다.

개종을 한 이들의 심리 상태는 비슷한 상황에 놓이나 봅니다. 상담을 한 대부분의 사람들이 비슷한 문제로 고민합니다. 벌을 받을 수 있거나 장애에 부딪칠 수 있다고 생각합니다. 그러나 개종만으로는 결코 그런 일이 있을 수 없습니다. 오히려 우리가 종교와 상관없이 당연히 일어날 수 있는 상황을 본인이 심리적으로 벌이라고 받아들일 수 있습니다. 그러므로 자신의 선택에 대한 확신을 가지고 당당하게 노력하며 사는 것이 중요할 것입니다.

윤회한다는 것을
어떻게 알 수 있나?

問 : 불교에서는 흔히 중생의 삶을 생사윤회의 고통으로 표현합니다. 그런데 이 윤회를 어떻게 알 수 있는 것입니까?

答 : 여러 생을 거듭하는 생사윤회는 객관적으로 보여줄 수 있는 것은 아닌 듯합니다. 모두가 숙명통이 열려 자신의 전생을 볼 수 있다면 가능하겠지만, 거의 대부분의 사람들은 전생을 알 수가 없기 때문이지요. 그렇다고 이 윤회를 부정할 수는 없습니다. 물론 불교에서는 윤회의 고통을 불변의 것으로만 보는 것은 아니지요. 어디까지나 해탈하기 전까지의 경계로 보는 것입니다.

윤회란 우리의 삶입니다. 매일의 삶은 계속 변화하면서 지속되는데,

그런 과정에서 어리석은 행위를 하고 그로 인해 고통 받고 또 그것을 후회하지만, 그 상황이 끝나면 앞의 고통을 망각하고 다시 어리석은 행위를 하고 고통 받으며 후회를 합니다. 바로 이와 같은 어리석음의 되풀이도 윤회인 것입니다.

오늘의 우리 몸은 이미 어제의 몸이 아닙니다. 그것은 엄격히 말해 이미 다른 삶인 것이지요. 우리의 감정도 또한 그렇습니다. 지금의 감정은 이미 이전의 감정이 아니지요. 그러나 우리는 그것을 같은 것이라고 착각하고 있습니다. 이것도 역시 변화하며 되풀이되는 윤회라고 할 수 있습니다.

요즘 각 종교단체에서 죽음체험이라는 것을 하고 있습니다. 잠시 관 속에도 들어가 보고, 간단한 장례의식도 해보며, 또 죽음을 앞두고 정리할 것들도 미리 경험해 보는 것이지요. 그런데 사실 우리는 이 죽음체험이라는 것을 매일 하고 있습니다. 우리는 그것을 '잠'이라고 표현합니다. 대부분의 사람들은 잠자리에 들면서 다시 깨어날 것을 믿기 때문에 두려움을 갖지 않지만, 다음날 눈을 뜨지 않으면 바로 죽음이 되는 것입니다. 사실 죽음이라는 것은 예고 없이 당하는 경우가 매우 많기 때문에, 죽음체험이라는 것도 거의 소용이 없지만, 아마도 삶에 대한 소중함을 일깨우는 데는 약간의 도움이 될 수도 있겠지요.

우리는 이미 한 생을 통해서 수많은 생을 사는 경험을 갖고 있습니다. 누구나 꾸는 꿈을 통해서 이미 엄청나게 많은 '확연히 다른 삶'을 살았습니다. 다만 그것이 꿈이라고 무시하며 인정하지 않을 뿐입니다. 그것은 '의식'의 세계만을 현실이라고 착각하는 우리들의 버릇에서 비롯된 것입니다. 그렇지만 꿈을 꾸는 경계는 '의식의 안쪽'인 '말나식' 입니다. 흔히 그것을 '무의식' 이라고도 하고 '잠재의식' 이라고도 표현하지만, 그것이 작용하는 뿌리는 한층 더 깊은 곳입니다. 불교에서는 그것을 '아뢰야식' 이라고 합니다. 아뢰야식은 비밀의 창고와도 같습니다. 모든 체험의 가장 중요한 '씨앗'은 아뢰야식에 저장되며, 그것이 이후의 삶에 영향을 미칩니다.

스님들(혹은 수행자)은 깊은 선정을 통해서 아뢰야식의 안을 보게 됩니다. 수행이 어느 정도 깊어지면 자신의 다양한 과거의 생을 알게 되는데, 그것을 '숙명통' 이라고 하지요. 좀 더 깊이 들어가면 아뢰야식이 영향을 미치지 못하는 세계로 돌아가게 됩니다. 그것을 '완전한 해탈' 이라고도 하며, 완전한 지혜라고도 합니다.

생사윤회란 깨닫기 전의 삶을 가리키는 전문용어입니다. 따라서 깨달으면 당연히 벗어나는 경계지요. 부처님께서 생사윤회의 고통을 말씀하신 것은, 그것이 어리석음의 세계라는 것을 알려주어서 모두가 해탈의 삶을 살게 하려는 뜻이었습니다. 그러므로 불자들은 바른 신행을 통해 해탈의 삶을 살아야 할 것입니다.

연기법을 현실에선 어떻게 살필 수 있나?

問 : 부처님께서 깨달으신 원리가 연기의 법칙이라고 설명하는데, 그 법칙이 우리의 삶과 직접적인 연관이 없다면 사람들에게 아무 소용이 없을 것입니다. 그것이 우리의 현실과 어떤 관계를 갖는 것입니까?

答 : 「이것이 있으면 저것이 있고, 이것이 없으면 저것이 없다. 이것이 생기면 저것이 생기고, 이것이 멸하면 저것이 멸한다.」는 이 간단한 연기의 원리가 우리 삶의 비밀을 푸는 열쇠가 됩니다.

현실적인 예를 구체적으로 들어 설명해 보겠습니다.

2008년 가을 미국에서부터 시작된 경제위기는 사실 이미 예고된 것이었습니다. 연기의 법칙에 밝은 사람이라면, 세계 최강국으로서의 미국의 저력은 소련이 무너지면서부터 쇠퇴하기 시작한 것임을 알고 있습니다. 스스로를 비춰볼 거울을 잃어버렸기 때문입니다. 그러나 정작 미국의 정치인들은 언제까지나 미국이 세계의 독보적 존재인 것처럼 과시하며 으쓱대고 있었던 것이지요. 그 결과로 세계의 도처에서 해결사인 것처럼 무리한 힘의 낭비를 일삼았습니다. 바로 그런 여러 요인들이 금고를 비우게 했고, 이제 자기 집안 살림을 유지하기에도 어렵게 된 것이지요. 그러나 연기의 법칙에 밝은 사람이라면 미국이 하루아침에 추락하지 않을 것이라는 것도 물론 알 수 있습니다.

얼마 전의 한 조사 결과는 기성세대들을 매우 실망시켰을 것입니다. 가장 어려운 50년대에서 70년대를 거치며 오로지 가난에서 벗어나기 위해 노력했던 부모님들은, 어떻게 해서라도 자식들은 고생시키지 않겠다는 일념으로, 자녀들의 말이라면 그 요구를 만족시키려 애썼습니다. 그러나 그 귀하게 자란 자식들은 경제적 능력이 없어진 부모님들을 모실 생각이 별로 없다는 답을 했던 것이지요. 고생을 해보지 않은 자식들은 부모의 힘든 삶을 이해할 수가 없는 것입니다. 부모들의 지나친 보호가 자식들의 통찰력을 없애 버리고 오로지 자기만 아는 이기적인 사람으로 만들어버린 셈입니다.

요즘 발효차에 관한 관심이 부쩍 커져서 중국의 보이차를 많이 마십니다. 그 중에 아주 귀하여 구하기가 거의 불가능한 백 년쯤 된 차도 있는데,

이런 차들은 척박한 땅에서 수십 미터 아래까지 뿌리를 내리고 수백 년의 풍상을 이겨 낸 야생의 차나무 잎으로 만든 것입니다. 전통적인 방법으로 만든 지 40여 년이 될 때까지는 떫고 쓴 맛이 강해 마시기 거북한 이런 차들이, 세월이 흐르며 계속 발효를 하여 점차 오묘한 깊은 향과 맛을 드러내기 시작하는 것이지요. 이 경지는 오늘날 재배한 중국차의 잎으로는 절대로 만들어낼 수 없는 것입니다. 왜냐하면 재배한 차는 너무 약해서 십여 년쯤 발효되면 이미 향과 맛이 사라지기 때문입니다.

이 전후의 관계성이 바로 연기의 원리입니다.

연기의 법칙을 깨달아야 하는 가장 중요한 이유는 바로 괴로움의 원인을 파악하고 그로부터 벗어나기 위해서입니다. 즉 집착과 아만(이것)이 있으므로 괴로움(저것)이 있는 것이며, 집착과 아만(이것)이 사라지면 괴로움(저것)도 사라지는 것입니다.

연기의 법칙으로 깨달을 수 있는 또 하나의 중요한 사실은, 내가 존재하려면 타인이나 세상이 존재해야 한다는 것이며, 내가 행복하기 위해서는 남들도 행복해야 한다는 사실입니다. 앞에서 지적한 미국의 위기는 미국만으로 끝나는 것이 아니라 우리에게도 영향을 미치는 것이라는 점을 알았을 것입니다. 바로 공존과 공멸의 원리인 것입니다.

파계하면 벌을 받게 되는가?

問 : 영화나 책 등에서 파계에 대한 벌을 받게 되는 것을 보게 됩니다. 불교에서도 계율을 어기면 부처님의 노여움을 사게 되어 벌을 받게 되는 것인지요?

答 : 부처님은 자비의 눈으로 사람들을 보셨으며 항상 바른 길로 인도하려고 하셨지요. 그리고 잘못된 길을 계속 가게 되면 그 결과로 괴로운 일이 일어날 것임을 가르쳐 주셨습니다. 이 모든 것은 부처님 자신의 만족을 위한 것이 아니라 사람들의 행복을 위한 것이었습니다. 그러므로 부처님의 마음에는 안타까움이 있을지언정 미움이 있을 수 없습니다. 따라서 노여움으로 인한 벌을 내린다는 것은 있을 수도 없는 것입니다.

계는 가장 현명하게 살 수 있는 방법에 대한 조언이며 권고입니다. 즉 원인제공과 그로 인한 결과에 대해서 이미 밝은 지혜로 아신 부처님께서, 어떻게 사는 것이 가장 고통 없는 삶이 될 수 있는지에 대해 말씀해 주신 것이라고 생각하면 좋을 것입니다. 고통이 없는 삶을 바란다면 당연히 고통이 생길 수 있는 일들을 하지 않는 것이 좋겠지요.

계율은 엄격히 말하면 '계(戒)'와 '율(律)'로 나누어집니다. 계는 개인적인 인과의 성격이 강해서, 미리 충고하여 경계심을 가져 주의시키는 것입니다. 그래서 미래의 삶을 보다 나은 방향으로 개선시키고 상승시킴으로서 행복의 세계로 인도하는 것이지요. 물론 완전히 혼자만의 삶이 있을 수 없기 때문에 타인이나 다른 생명체 또는 환경 등에 영향을 미칠 수 있기는 합니다.

반면에 율은 단체생활의 질서와 연관된 성격이 강합니다. 율을 어기게 되면 곧바로 전체에 좋지 못한 영향을 미치게 되므로 강제적인 징계가 따릅니다. 이것은 상호간에 서로 방해되지 않는 방향으로 인도하여 수행환경을 좋게 하는 예방책인 동시에 교단의 질서를 지키려는 노력인 것이지요.

예컨대 출가한 스님이 수행생활을 포기하고 일반인의 세계로 돌아간다면 이는 엄연히 미래에 대한 개인적 선택이 됩니다. 이 경우 미래의 생활에서 일어나는 모든 것은 본인이 책임을 지고 해결해 나가면 되는 것이지요. 그런데 산속에서 오래 살았다면 현실감이 떨어져 여러 가지로 시행착오를 일으킬 수가 있는데, 이것은 어디까지나 본인이 판단을 잘못한 결과이지 출가생활 포기로 인한 부처님의 벌은 아닙니다.

만약 출가생활을 계속하는 수행자가 깊은 산에 혼자 살면서 부처님의 충고를 계속 어기는 생활을 한다면, 이는 다른 사람에게는 큰 영향을 미치지 않기 때문에 외형상으로는 별로 문제가 되지 않는 듯이 보일 것입니다. 그러나 잘못된 생활을 하면 큰 고통이 올 것이라는 부처님의 충고를 어겼기 때문에 언젠가는 반드시 그 결과로 나타나는 괴로움을 피할 수는 없을 것입니다.

반면에 여러 수행자와 더불어 사는 입장에서 계속 대중의 화합을 깨트리는 행위를 한다거나 교단의 질서를 어지럽히는 경우라면, 이 사람의 언행이 곧바로 큰 분란을 일으키게 되므로 규제를 할 수밖에 없는 상황이 됩니다. 그러므로 전체적인 회의를 거쳐 공개적으로 잘못을 참회하게 하고, 그래도 계속될 경우에는 더욱 강한 징계를 받게 되는 것이지요. 그러나 이 경우도 부처님의 노여움을 사서 벌을 받는 차원이 아니라, 더 많은 수행자를 위한 교단의 방편인 것입니다.

재가불자의 경우에도 계율을 위와 같은 이치로 생각하면 될 것입니다. 개인적인 인과를 개선시키는 것과 타인과의 관계성을 개선시키기 위한 것으로 이해하면 좋을 것입니다. 계율은 연기법의 원리에 의한 방편입니다. 그 원리를 따르는 것이 자기발전과 사회조화를 이뤄 행복해지는 지름길이 되는 것이지요.

절에서도 아이들을 키우나?

問 : 비구니스님들이 계시는 절에 갔는데 아이들이 여러 명 있고, 그 아이들이 스님을 엄마라고 불렀습니다. 그 연유를 알고 싶습니다.

答 : 절에서도 당연히 아이들을 키웁니다. 입양한 아이들이지요. 비록 친자식은 아니지만 아이들에게 가정과 같은 분위기를 만들어 주기 위해 딸처럼 키우는 것입니다. 그래서 스님이라는 호칭 대신 엄마라고 부르게 한 것입니다. 사실 오래전에는 어려서 부모를 떠난 대부분의 아이들이 절에서 양육되었습니다. 남자애는 비구스님들이 아들처럼 키웠고, 여자애는 비구니스님들이 딸처럼 키웠습니다.

요즘은 입양의 조건을 아주 까다롭게 만들어 놓았기 때문에 사실 스님들이 입양하는 것 자체가 매우 힘듭니다. 그렇기 때문에 절에서 자라는 아이들이 예전에 비해서는 적은 편이지요. 30여 년 전만해도 최소 수백 명의 아이들이 전국의 사찰에 있었습니다. 그렇지만 워낙 친자식처럼 키웠기 때문에 고아원과는 전혀 형편이 다르다고 할 수 있습니다. 어떤 이들은 출가시키기 위해서 키웠다고 생각할지 모르지만, 출가하는 것은 완전히 자기 의사에 맡겼기 때문에 아이들은 잘 성장하여 사회로 돌아가는 경우가 대부분이었습니다. 물론 출가자도 있었지요.

아이들을 키우는 스님들은 대체로 사중의 책임을 맡고 있는 경우에 해당합니다. 자유로이 떠돌며 수행에만 열중하는 경우에는 자신의 일신도 여유로운 생활이 아니기 때문에 결코 아이들을 양육할 수가 없기 때문입니다. 사중의 책임자란 일반 가정의 살림보다 훨씬 복잡하고 다양한 일들을 책임져야 합니다. 그렇기 때문에 결코 시간적으로나 체력적으로 여유롭지가 않습니다. 대개 1인 10역 정도는 소화해야 하지요. 그럼에도 아이들을 키우는 것은 오로지 조건 없는 사랑이지요.

스님들은 평생을 신도들의 신심어린 시주에 의해 살아갑니다. 그렇기 때문에 열심히 정진하여 부처님의 가르침을 완전히 깨달아 신도들을 바른 길로 인도하는 선지식이 되어야 합니다. 그래야 빚을 갚을 수 있는 것이지요. 신도들이 재물이나 노력을 보시한다면 스님들은 부처님의 가르침을 보시하는 것입니다.

그러나 한편 생각하면 빚을 갚는 것이 꼭 법문이라야만 하는 것은 아닐 것입니다. 바로 자비를 베풀면 되는 것이지요. 자비의 대표적인 것으로 방생을 꼽는데, 방생 중에서도 어린 아이들을 고난의 운명으로부터 벗어나게 돕는 인간방생이 으뜸이 될 것입니다. 그러므로 아이들을 입양하여 자식 이상으로 사랑을 베풀며 키우는 것이 부처님의 가르침에도 결코 어긋나지 않습니다.

  절에서 생활하는 것이 아이들에게 최상의 삶은 아닐 것입니다. 그러나 집단적인 수용시설에서 버려졌다는 슬픈 생각으로 성장하는 것보다는 스님들을 아빠 엄마라고 부르며 구김살 없이 자라는 것이 훨씬 좋을 것입니다. 그런 점에서 보면 시설만 잘된 곳이면 아이들을 잘 키울 수 있다고 생각하는 행정적인 판단은 생각할 여지가 있겠지요. 어린 시절을 절에서 자란 이들이 사회적으로 큰 문제를 일으킨 경우는 역사적으로도 없는 일입니다.

  어쩌면 타인들의 오해와 비난을 받을 수 있음에도 불구하고, 혈육이 아닌 아이들을 아무 조건 없이 사랑하며 키우는 비구니스님들이야 말로 또 하나의 어머니상이라 해도 좋을 것입니다.

업경대를 어떻게 이해해야 하나?

問 : 큰 사찰의 여러 법당을 참배하던 중에 업경대라는 것을 보았습니다. 사후에 심판을 받는 것이라 들었는데, 현실적으로 이해하기 어렵습니다. 어떻게 받아 들여야 할까요?

答 : 사후에 가서 살펴보기 전에는 업경대(業鏡臺)의 존재 여부는 알기가 어렵겠지요. 문헌적인 상세한 설명을 해도 믿기는 어려울 것입니다. 그러므로 여기서는 다른 각도에서 업경대를 설명해 보려 합니다.

우리가 가장 쉽게 볼 수 있는 업경대는 매일 자신의 얼굴을 보는 눈앞의 거울입니다. 좀 더 엄격히 말하면 자신의 얼굴이 업경(業鏡)입니다. 업(業)이란 이제까지 자신이 살아온 흔적이면서 나아가는 방향성입니다.

자기가 듣고 싶은 말을 하는 사람만을 가까이 하는 사람, 겉모양만을 쫓아다니는 사람, 아무 생각 없이 하고 싶은 대로 뱉듯이 말하는 사람, 수시로 흥분하여 거친 숨을 몰아쉬는 사람 등은 나쁜 업을 쌓아가는 사람입니다. 이 나쁜 업은 이윽고 얼굴에도 그 흔적을 남기기 시작하고 오래되면 얼굴 자체를 변하게 만듭니다. 그러니 세월이 지나면 자기 얼굴에 그 업이 고스란히 나타납니다. 이 경우는 사람들이 기피하는 인상을 갖게 되겠지요. 좋은 업도 같은 방식으로 얼굴을 변하게 만듭니다. 물론 호감을 갖게 하는 얼굴이 될 것입니다.

옛 어른들은 젊은 사람을 최고로 칭찬할 때 '그 사람 이목구비가 반듯하군!' 하였습니다. 이 말은 얼핏 생각하면 귀와 눈과 입과 코가 잘 생겼다는 뜻으로 받아들일 수 있겠지만, 언행이 바르고 칭찬할 만하다는 뜻으로 이해해야 합니다. 이목구비가 반듯하다는 것은 열린 마음으로 다른 사람의 얘기를 잘 듣고 받아들여 자기 것으로 만드는 능력과 편견이 없이 살필 수 있는 바른 안목과 언제나 진실을 말할 수 있는 표현력과 늘 안정을 취하기에 가능한 고른 숨을 갖춘 것을 뜻합니다. 이것이 제대로 되면 굳이 병원의 힘을 빌리지 않더라도 얼굴이 평화롭게 바뀌기 때문에, 외형적인 이목구비도 반듯해지거나 적어도 타인들에게 흉하게 보이질 않게 되지요.

친구도 자신의 업경이 될 수 있습니다. 흔히 하는 말에 친구들을 보면 그 사람의 됨됨이를 알 수 있다고 하지요. 직접 보면 알 것을 뭐 친구들까지 볼 것이 있느냐고 하겠지만, 사실 오래 사귀기 전에는 진실을 알기가 쉽지 않습니다. 그래서 지금까지 사귄 친구들을 보면 그 사람이 들어내 보이지 않았던 감추어진 업의 모습이 어느 정도 보인다는 것입니다. 그러므로 부처님께서는 나쁜 업에 물들지 않기 위해서 "현명한 동반자를 만나면 기쁘게 함께 가고, 만약 그런 동반자를 만나지 못한다면 무소의 뿔처럼 홀로 가라."고 하셨던 것입니다.

직업도 하나의 업경이 됩니다. 대개 오래 종사한 직업이라면 어느 정도 마음에 든다고 생각하기에 선택한 것입니다. 또 처음에는 마음에 들지 않았다고 해도 오래 그 직업을 갖다보면 마음에 변화가 일어나기도 하지요. 그렇기 때문에 부처님께서는 바른 직업을 선택해야 한다고 말씀하셨습니다.

업경대는 과거의 업을 보여주어, 그 결과를 정확히 심판함으로써 미래를 결정하는 물건입니다. 업경대는 바로 현재의 자기 모습입니다. 현재의 자신의 모습에는 과거의 모든 것들이 녹아 있습니다. 그것을 정확하게 읽어낼 때 비로소 미래가 보일 것이며, 그 미래의 삶은 곧 자기가 하기 나름이라는 것도 깨닫게 되겠지요.

청소년들의 범죄에 어떤 인과가 있나?

問 : 요즘 청소년들의 범죄가 계속 심각하다고들 하는데, 불교적으로 보면 어떤 인과를 찾을 수 있는지요.

答 : 청소년들은 이성적 판단력이 미흡한 상태라고 할 수 있습니다. 그런 청소년들에게는 인성교육이나 독서 또는 여행 등의 건전한 취미활동을 통해서 바른 판단력을 키울 수 있는 기회가 주어져야 합니다. 그러나 현실은 어른들의 욕심으로 인해 만들어진 틀에 박힌 성적위주와 입시위주의 숨 막히는 환경에 내몰리고 있다고 할 수 있습니다. 그러므로 이런 상황을 만들어 버린 어른들이 그 원인을 제공했다고 할 수 있겠지요.

청소년들은 다양한 경험을 통해 사람들과 어울리면서 자연히 세상의 질서를 배우게 됩니다. 뿐만 아니라 실수를 통해서 남을 포용하는 것도 배우고, 고생을 통해서 부모나 주위의 고마움도 깨닫게 됩니다. 그러나 왕자나 공주처럼 성장한 청소년은 세상의 질서에 대해서도 잘 모르고, 고생하며 키우는 부모님이나 주변의 많은 인연들을 고마워하지도 않을 뿐더러, 남을 포용하는 것 자체를 모르는 듯합니다. 그렇다고 해서 스트레스를 받지 않는 것은 아니지요. 오히려 자연스럽게 자극을 받아들이고 흘려보낼 수 있는 내면의 힘이 부족해서, 상대적으로 훨씬 더 어려운 시절을 보낸 어른들보다 스트레스가 심한 듯이 보입니다.

어른들은 모든 것을 부족함이 없이 다 해주는데 무슨 스트레스를 받느냐고 할 수 있겠지요. 그것은 어른들의 생각일 뿐입니다. 청소년들의 입장에서는 재미있게 놀 시간도 없고, 취미활동을 할 시간도 부족하며, 혼자 사색할 여유도 없습니다. 사랑이라는 말로 포장된 부모들의 욕심 때문에 청소년들은 일등을 향한 줄서기에 내몰리면서, 스스로의 판단도 결정도 실행도 하기 어려운 상황에 처하여, 세상을 알아갈 기회를 박탈당하고 있는지도 모릅니다. 그 결과로 청소년들은 예상치 못했던 새로운 것에 대해 신체적으로나 정신적으로 면역력이 매우 약한 상태입니다. 보모님들은 엄청난 투자를 하면서도 질병과 범죄에 약한 자녀들을 만들고 있다고 할 수 있습니다.

예전의 교육은 모든 사람이 함께 잘 사는 것을 목표로 했습니다. 다시 말해 건강한 사회를 만드는데 교육의 목적이 있었던 것이지요. 그래서 교육이라고 하면 성현들의 삶을 배워 자신의 일상에서 실천하게 함(學而時習之)으로써 어른이 되도록 하는 것이었습니다. 이 학습을 통해 건전한 인격체로 성장시킴으로써, 스스로 미래를 열어갈 멋진 사회인이 되도록 도왔던 것이지요.

삶은 재미있어야 합니다. 청소년들도 어떻게든 재미를 찾을 수밖에 없습니다. 그래서 찾은 것 중의 하나가 컴퓨터 게임이지요. 그런데 이 게임이라는 것이 자기의 손끝에서 살인도 파괴도 마음대로 할 수 있습니다. 판단력이 미숙한 상태에서 폭력적인 게임에 중독된다면, 현실과 게임을 혼동한 청소년들이 재미삼아 폭력을 하게 될 것이 뻔합니다. 게임을 멈추게 할 수 없다면 모험심을 키우면서 논리성이 확립되는 멋진 방향으로 바뀌어야 하겠지요.

청소년들의 범죄를 줄이려면 어른들이 과욕을 버려야 합니다. 자녀를 대리만족의 도구로 생각해서는 안 됩니다. 청소년들의 특징을 잘 파악하여 곁에서 도와주면서, 청소년 스스로가 자기의 삶을 살게 하고 멋진 인생을 알게 해야 합니다.

불만은 어떻게
다스려야 하나?

問 : 법문에서 '만족하며 사는 것이 편안해지는 지름길'이라는 말씀을 듣고, 그렇게 살아가려고 노력하고 있습니다. 그러나 막상 어떤 일이나 사람을 대하게 되면 또 다시 불만이 생기고 맙니다. 불만을 어떻게 다스려야 합니까?

答 : 오유지족(吾唯知足)이라는 말이 있습니다. '나는 오직 족함을 안다'는 뜻이지요. 이것은 행복해지는 비결이라고 할 수 있습니다. 그런데 문제는 이 비결이라는 것도 실제로 터득한 이가 아니면 결코 쉽지 않다는 것이지요.

　몇 년 전에 스페인 정부초청으로 여러 곳을 둘러볼 기회가 있었습니다.

일행은 거의 대부분 최고경영자들이었지요. 열흘 정도 극진한 대접을 받으며 공짜로 여행을 하는 것이었기에 불만이라는 것이 있을 수 없는 상황이었습니다. 그러나 사흘 뒤 쯤 대화를 자유롭게 나눌 정도로 친해졌을 때, 하나 둘 불만이 튀어 나왔습니다. 먼저 문제가 된 것은 인터넷이었습니다. 가지고 다니던 노트북을 호텔에서 연결해 쓰는데, 속도는 엄청 느리고 이용료는 매우 비싸다는 불만이었습니다.

다음으로는 저녁마다 이어지는 만찬이 문제였습니다. 저녁 9시쯤 시작된 만찬은 대개 자정이 넘어야 끝나는 것이었지요. 한국시각으로는 새벽부터 시작되는 것이니, 긴 여정으로 지친 몸이 말을 듣지 않게 된 것이었습니다. 이 만찬이 매일 되풀이되다 보니 연세가 많은 이들은 먹다가 졸다가 얘기하다가 졸기를 되풀이할 수밖에 없는 것이었습니다. 받는 사람이야 매번 되풀이 되는 것이지만, 각 지역의 정부요인이나 경영자들은 처음 대접하는 것이니 사양할 수도 없는 것이었지요.

이렇게 지친 사람들은 일정이 끝날 때쯤에 이르자 아주 사소한 것에도 불만을 토하며 서서히 지친 모습들로 바뀌었습니다. 스페인 사람들이라면 너무나 행복해 할 상황임에도 우리 일행에게는 불만이었습니다.

만족한다는 것은 현실을 직시할 때 가능합니다. 시차나 스페인의 만찬 관행은 우리의 불만으로 바뀔 성질이 아닙니다. 인터넷사정이나 여타의 잡다한 사정이야 개선될 수도 있겠지만 한참 세월이 흐른 뒤, 엄청난 노력 뒤에나 바뀔 일입니다.

과거의 경험이나 현재의 욕구나 미래에 대한 바람에 비추어, 눈앞의 상황이 미흡하다는 것 때문에 불만이라는 것이 일어납니다.

친구의 삼층 누각에 올라가 먼 곳의 경치를 본 부자가, 그 누각을 지은 목수를 불러 삼층 누각을 지으라고 했습니다. 터를 닦는 목수를 보고 부자가 화를 냈지요. 왜 삼층 누각을 지으라고 하니 쓸데없는 일을 하고 있느냐고. 그렇게 해야 삼층 누각을 지을 수 있다고 설명했지만, 부자는 다른 것은 필요치 않으니 그냥 삼층만 만들면 된다고 했지요.

눈앞의 상황은 오직 그것만으로 존재하는 것이 아닙니다. 보이지 않는 수많은 요건들을 바탕으로 눈에 보이는 것이 있는 것이지요. 타인의 성공을 그 결과만으로 봐서는 안 되며, 타인의 행복을 지금의 현상만으로 보려고 해서는 안 됩니다. 보이지 않는 눈물겨운 노력의 결과로 지금의 웃음이 있음을 알아야 합니다.

지금 자신의 현실은 과거의 모든 행위로 인한 끝자락입니다. 그렇기 때문에 만족해야 합니다. 그러나 지금의 현실은 펼쳐질 미래의 시작이 됩니다. 미래를 개선시키려면 그 방향으로 노력해야 하겠지요. 그러므로 바꿀 수 없는 현재는 만족하되, 바꿀 수 있는 미래는 노력하면 됩니다.

성형으로 운명을 바꿀 수 있는가?

問 : 사람의 생김새로 그 사람의 운명을 예측하는 관상에 대해 누구나 관심을 갖게 됩니다. 그런데 요즘엔 성형이 일상의 일처럼 되었습니다. 만약 성형을 하면 관상이 바뀔 텐데, 성형으로 운명도 바꿀 수 있는지요?

答 : 바뀔 수도 있고 그렇지 않을 수도 있습니다. 바뀌는 경우라도 좋은 결과가 있을 수 있고 또 나쁜 결과도 있겠지요.

요즘의 세태를 보면 아마도 성형을 하지 않으면 손해를 보게 된다는 생각이 지배적인 것 같습니다. 연예인들은 이제 공공연히 성형한 것을 밝히고 있고, 학생들까지도 부모에게 요구한다는 얘기도 들었습니다.

불의의 사고를 당해 심각한 손상이 생겼다면 당연히 모든 의학적인 도움을 받아야 하고, 성형도 필수적인 것이 될 것입니다. 또 어떤 질환으로 인해 견디기 어려운 변형이 일어난 경우에도 성형은 필수적일 것입니다. 태어나면서부터 장애를 지닌 경우도 물론 도움을 받아야 하지요.

성형을 하는 이유야 매우 많겠지만, 들리는 말로는 좀 더 예쁘게 보이기 위해서라고 하는 답이 가장 많은 듯합니다.

아름다워지기 위해 노력하는 것을 나쁘다고 할 수는 없을 것입니다. 자신을 가꾼다는 것은 매우 긍정적이지요. 당연히 타인에게도 호감을 주게 될 것입니다. 그러나 누군가 겉모습을 보고 호감을 가졌다고 해도 그 효과는 결정적이지도 않지만 항구적인 것도 아닙니다.

성형을 하는 이들의 심리에는 신체적인 콤플렉스가 차지하는 비중이 클 것입니다. 만약 성형을 해서 완전히 콤플렉스로부터 벗어날 수만 있다면 그보다 좋은 일은 없을 것입니다. 이렇게 성형 효과가 있는 경우라면 당연히 운명을 크게 바꿀 수 있습니다. 물론 좋은 방향으로 바뀐다는 것이지요. 그러나 성형을 해서 반짝 효과를 본 사람은 또 다른 콤플렉스를 갖게 되고, 그것을 극복하기 위해 다시 성형을 원할 것입니다.

콤플렉스의 이면에는 자기 불만족이 있습니다. 자신의 모습에 만족하는 사람은 자신감이 있기에 다른 사람들의 시선을 즐기게 되지만, 불만인 사람은 자신감이 없기에 타인의 시선도 부담스럽고 피하게 됩니다. 콤플렉스가 있는 사람은 끝없이 타인과 자신을 비교하지요. 그리고는 타인에 비해 자신이 부족한 부분을 찾아냅니다. 하지만 비교의 우열을 정하는 명확한 기준 따위는 본래 없습니다.

공동묘지에 갔을 때 매력을 느낀 무덤이 있던가요? 그 무덤이 다 그 무덤인지라 매력을 느낄 수가 없습니다. 아파트 단지에 가면 특별히 눈길을 끄는 건물이 따로 있지를 않습니다. 개성이 사라진 것은 특별할 수가 없지요.

물론 개성 없이 그저 평범하게 살 수는 있지요. 그렇다면 애써 돈 들이고 시간 투자하며 고통을 받을 이유가 없겠지요. 일견 단점을 없앴다고 생각할지는 모르지만, 혹여 더 큰 장점마저도 잃어버리지나 않을 지 걱정입니다.

운명을 좋은 방향으로 바꾸는 가장 강한 에너지는 자신감이며, 그 자신감을 충만케 하는 것은 긍정적인 생각일 것입니다. 언제나 타인과 닮으려 할 것이 아니라 자신만의 멋진 장점을 찾아 당당하게 보여주는 것이 성공하는 사람이 될 것입니다.

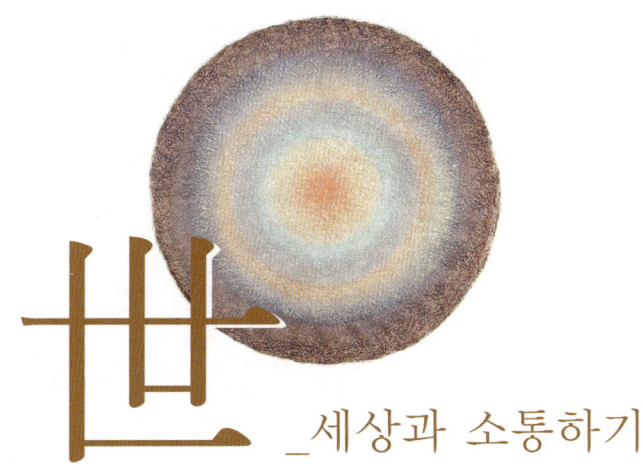

世_세상과 소통하기

사람의 본성은 선과 악 어디에 속하나?

問 : 인간의 본성에 대해 다른 주장이 있습니다. 어떤 이들은 성품이 본래 선하다고 주장하고, 또 어떤 이들은 성품이 본래 악하다고 주장합니다. 불교에서는 본성을 어떻게 설명하는 것입니까?

答 : 불교의 가르침을 따라가노라면 언제나 마지막엔 '본성(本性)'이라는 것과 만나게 됩니다. 그것은 본성이라는 것이 우리가 깨닫고자 하는 바로 그 자리라는 뜻이 되겠지요. 그렇기 때문에 본성에 대해 아무리 자세히 설명해도 깨닫기 전에는 궁금증을 완전히 해소할 수 없습니다.

질문에서 말한 성선설(性善說)과 성악설(性惡說)은 본성이 어떻다는 결론을 내리려는데 목적이 있었던 것이 아니라 교육의 필요성을 강조하기 위한 것이었습니다. 성선설은 본성이 본래 선한 것이기는 하지만 교육을 통해서 그 상태를 유지해야만 악에 물들지 않는다는 것이고, 성악설은 본성이 본래 악하므로 교육을 통해 선을 가르쳐야만 악이 밖으로 드러나지 않게 된다는 것이지요. 주장이 서로 다른 것처럼 보여도 결국은 교육을 하지 않으면 악한 세상이 된다는 것을 강조하려 했던 것입니다.

불교에서는 본성을 악하다거나 선하다고 하지 않습니다. 우리가 겪는 괴로움은 본성과 멀어진 잘못된 심리 작용으로 일어난 현상입니다. 그래서 이 심리작용의 차원에서는 선이니 악이니 하며 분석하기도 하지만, 본성을 두고는 이런 표현을 하지 않습니다. 가장 많이 사용하는 표현으로는 '본래 스스로 청정하다(本自淸淨)'거나 '공(空)하다'고 합니다. 사실 불교에서 사용하는 청정과 공이라는 용어는 같은 것을 가리킵니다. 바로 본성의 자리이지요.

어떤 이들은 이렇게 따집니다. 부처님이나 깨달으신 분들의 본성이 청정하다거나 공하다는 것은 이해가 되는데, 어리석은 중생들은 끝없이 문제를 일으키면서 괴로워하는데 어찌 청정하다거나 공하다고 할 수 있느냐는 것이지요. 이 경우는 청정과 공을 잘못 알고 있는 것입니다. 우리의 본성이라는 것은 부처님이나 중생이나 다르지 않습니다. 청정하다거나 공하다는 것은 어떤 조건 아래에서만 그런 것이 아니라 어떤 조건에서도 항상 청정하고 공하다는 것입니다. 예컨대 흐린 날이나 맑은 날에 우리는 하늘이 흐리다거나 하늘이 푸르다고 하지만, 하늘 자체는 흐린 것도 아니며 푸른 것도 아닙니다. 이때 하늘 자체를 청정하다거나 공하다고 하는 것이고, 흐리거나 푸르게 보이는 것은 마치 사람의 심리 작용이 악한 상태이거나 선한 상태인 것에 해당합니다.

부처님이나 중생이나 똑같이 본성이 청정하고 공한데 왜 수행을 해야 할까요? 그것은 깨달음과 어리석음의 차이가 있기 때문입니다. 본성이 본래 정청함을 깨달아 해탈한 이가 있고, 본성을 등지고 엉뚱한 것을 보며 괴로워하는 어리석은 이가 있을 뿐입니다. 스스로 괴로워하는 이에게는 행복을 설명해봐야 꿈같은 얘기일 뿐이며 더욱 괴로워질 뿐이겠지요.

불교에서 본성을 설명하는 이유는 오직 깨달음을 위해서입니다. 우리 모두는 본질적으로 고통스러운 존재도 아닐뿐더러, 바깥의 상황들이 우리를 고통스럽게 할 수도 없다는 것을 분명히 깨닫게 하여 괴로움으로부터 해탈시키려는 것입니다.

화합하기 위해선 어떻게 해야 하나?

問 : 불교에서는 화합이 미덕이라고 가르치는데, 화합하기 위해서는 반대하지 말라고 얘기하기도 합니다. 정말 반대하지 않는 것이 화합이 되고 부처님의 가르침에 합당한지요?

答 : 화합이란 '조화로 멋진 모습을 갖추는 것'으로 해석할 수 있을 것입니다. 그렇기 때문에 대의를 위해서는 반대하지 말고 다수의 뜻을 무조건 따르는 것이 화합이라는 주장은 조화를 무시한 힘의 논리일 뿐이며, 더 큰 대립과 투쟁을 일으키게 됩니다.

불교에서는 출가자 전체를 통칭할 때 '승가(僧伽)'라고 하는데, 이 승가의 뜻이 바로 '화합대중'이 됩니다. 석가모니부처님 당시의 초기 승가가 어떤 분위기였는지를 짐작케 하는 것으로 십대제자를 들 수 있는데, 만약 개성이 완전히 무시된 집단이었다면 십대제자가 아닌 수제자로 표현되었을 것입니다. 십대제자는 서열상의 순서가 아니라 수행의 각 분야별로 가장 뛰어난 제자를 가리킨 것입니다. 이것은 각자의 개성을 충분히 살려, 그것을 방편으로 한 수행으로 깨달음에 나아가는 조화로운 대중이 승가인 것을 뜻합니다.

승가의 화합을 나타내는 대표적인 말로 육화(六和)를 들 수 있습니다. 육화의 가르침을 보면 마치 모든 사람이 한가지로 생각하고 한가지로 말하며 한가지 행위를 해야 하는 것처럼 생각할 수 있겠지만, 백인백색의 특징을 놓고 볼 때 적어도 그렇게 보일 때까지 노력을 해야 한다는 것입니다. 그렇기 때문에 육화의 근본이 자비와 존경이라고 하는 것입니다. 설득하고 이해하며 포용하는 노력이 없이는 이 육화는 실현될 수 없기 때문입니다.

흔히 효율성을 들면서 다수결의 원칙이 가장 좋은 방법이라고 말합니다. 그러나 다수가 찬성했다고 주장하면서 다른 의견을 무시한 채로 벌였던 일들이 십수 년 뒤에 백지 상태로 되돌려지는 것을 종종 봅니다. 처음부터 다른 의견들을 귀담아듣고 서로 이해하고 장점을 취하는 노력을 기울였다면, 결과적으로는 훨씬 빠른 성과를 거둘 수 있었겠지요.

우리가 비록 다수결의 제도 속에 살고 있다 해도 화합의 장점을 충분히 살릴 수가 있습니다. 예컨대 선거에 의해 정치지도자를 뽑으면 그것은 선택일 뿐입니다. 여러 사람 중에서 어쩔 수 없이 그 사람을 선택했다고 그 사람의 모든 주장을 다 찬성한 것은 아닙니다. 그러므로 다시 정책마다 충분한 의견 수렴과 다른 의견들에 귀 기울여야만 합니다. 지도자의 포용력과 설득의 노력은 다른 의견을 가진 사람의 마음이 열리게 합니다. 이러한 결과로서 조화로운 새 세상을 만들어 갈 수 있는 것이지요.

 한반도대운하문제를 놓고 설명해 보겠습니다. 우리나라의 모든 강물이 자연스레 흘러 바다에서 만나는 것은 대자연의 조화로 하나가 된 것이지요. 그러나 육지의 강물을 하나로 만들기 위해 산을 무너뜨리고 물이 역류하게 하는 것은 조화의 모양이 결코 아닙니다. 그럼에도 대운하의 필요성을 역설하는 사람들은 그 효과에 관심을 두고 있습니다. 반면에 직관력을 가진 사람들의 눈에는 그것이 불러일으킬 대재앙이 확연히 보이는 것이지요. 이 상반되는 의견을 두고 다수결로 결정을 짓자는 것은 매우 어리석은 일입니다. 이런 경우는 오랜 시간을 가지고 같이 검토하고 많은 얘기를 나누면서 서로 다른 의견을 이해할 수 있어야만 하는 것입니다. 그래야만 국민이 화합할 수 있는 것이지요.

 화합하기 위해서는 나와 다른 주장을 인정해야만 합니다. 다름을 인정할 때에만 개선이 되고, 개선이 될 때에만 먼 거리감이 없어져서 대립과 투쟁이 사라지기 때문입니다.

왜 선행을
감추어야 하는가?

問 : 요즘은 선행을 많이 한 종교 단체가 존경받는 분위기입니다. 그렇지만 불교에서는 무주상보시라 하여 좋은 일 한 것을 알리지 않는 것을 원칙으로 하는데, 선행을 알리는 것이 세상을 바꾸는데 도움이 되지 않겠습니까?

答 : 선행은 좋은 일이지요. 그렇지만 부처님께서 말씀하신 깊은 뜻을 잘 살펴야 합니다. 처음도 좋고 중간도 좋고 마지막도 좋은 일이 바로 집착 없는 무주상보시(無住相布施)인데, 이는 좋은 일 했다는 생각마저도 갖지 말고 베풀어야 한다는 것입니다.

한 번도 선행을 하지 않았던 사람은 선행을 하는 그 자체가 힘든 일입니다. 그래서 선행을 해도 워낙 서툴러 주위에서 다 알게 합니다. 처음에는 주위에서 자연스럽게 그 일을 알고 격려의 뜻으로 칭찬을 하게 됩니다. 사람들의 환대와 칭찬을 받은 이 사람은 선행의 기쁨을 비로소 알게 됩니다. 그러나 이런 기쁨만을 좇는 선행은 결과적으로는 부작용을 일으키게 됩니다. 나중에는 사람들의 칭찬과 존경심을 얻기 위해 스스로가 자신의 선행을 떠벌리게 되고, 선행 자체보다는 알리는 것이 더 주가 되고 맙니다. 결국 사람들은 그 실상을 알고는 못마땅해 하겠지요. 그는 자만심이 매우 커져 있기에 사람들의 이런 태도에 화를 내며 선행을 그만둘 것입니다.

어떻게 보면 우리는 스승의 가르침과 반대로 가고 있는 것 같습니다. 성경에도 분명히 무주상보시(無住相布施)와 같은 가르침이 있습니다. '오른손이 하는 일을 왼손이 모르게 하라.'는 말씀이지요. 그럼에도 불구하고 '좋은 일 한 것' 보다도 몇 배의 홍보비를 써 가며 자신들을 세상에 알리는 데 더 열중한다면, 그것은 분명히 예수님의 가르침과는 반대로 가는 것입니다.

사람들은 세상에 알려진 그런 것을 보고 불교를 비판하고, 이런 비판을 받은 불교계는 어느덧 '무주상보시'는 시대에 뒤떨어진 것으로 판단한 것인지 '좋은 일 한 것'을 홍보하는데 열을 올립니다. '경쟁에 뒤지면 살아남을 수 없다'는 세속적 위기감 때문일까요?

불교의 모 단체를 통해 해외봉사를 다녀온 경험이 있는 어떤 젊은이는 이렇게 느낌을 말했습니다.

"처음에 참 좋은 일을 한다고 생각했는데, 며칠 지나면서 점차 회의감이 들기 시작했습니다. 단체의 이념을 교육받는 데 많은 시간을 보내야 했으며 기록 사진을 찍는 일에 더 많은 시간을 낭비해야 했습니다. 그리고 봉사의 대상이 된 그 나라의 청소년들은 봉사대원들의 당당한 베풂에 주눅 들었고 어느덧 자기들의 처지를 비관하는 눈치였으며, 한 번도 본 적이 없는 한국을 동경하게 되었습니다. 그들의 형편을 근본적으로 바꾸지도 못하면서 그들의 마음에 그림자를 드리우는 이런 것을 부처님께서 보신다면, 우리가 당신의 가르침을 실천하고 있다고 생각하실까 하는 의심이 들었습니다."

종교는 정치집단이 아닙니다. 이익을 좇는 사업집단은 더욱 아닙니다. 그럼에도 교세가 곧바로 자기종교의 부흥이라고 생각하는 것은 종교인의 바른 판단은 아닙니다. 교세가 그 종교의 우월성을 증명하는 것은 더더욱 아닙니다. 우월하다고 행복해지는 것은 물론 아니지요.

모든 종교의 성현들은 모두 선행을 하라고 가르치셨고, 다른 사람들을 위해 한없이 베풀어야 한다고 권하셨습니다. 그러나 어느 한 분도 그 베푼 행위를 힘써 알리라고 말씀하시지는 않았습니다. 모든 성현들이 선행을 남모르게 하라고 말씀하셨고, 마음에 좋은 일 했다는 생각도 일으키지 말라고 했던 것입니다. 왜냐하면 그래야만 자신이 편안하고 남도 편안하며 세상도 편안하기 때문입니다. 그래서 불교에서는 '무주상보시'를 강조하고, 성경에서는 비록 '하나님이 보상한다'는 단서가 붙지만 '오른손이 한 일을 왼손이 모르게 하라.'고 가르치고 있는 것이지요.

불교를 금욕주의로 봐도 되는가?

問 : 불교를 공부하다 보면 '하지 말라'는 금지조항을 많이 만납니다. 스님들은 엄청나게 많은 금지조항을 지켜야 하고 또 신자들도 계를 받으면 여러 가지를 지켜야 한다고들 하는데, 그렇다면 불교를 금욕주의로 봐도 되는 것인지요?

答 : 어느 종교든지 지켜야 할 계율이라는 것이 있게 마련입니다. 전문적으로 수도를 결심한 이들은 특히 더 많은 금지조항이 따르지요. 불교의 수행자도 아주 많은 금지조항에 서약을 합니다. 그렇기 때문에 불교를 금욕주의의 한 유형으로 생각할 수도 있을 것입니다. 그러나 '하지 말라'고 한 것들은 부처님께서 제자들의 수행을 돕기 위해 부득이 설정한

것들입니다. 사실 계율은 꼭 수행자에게만 해당되는 것이 아니라, 사람들을 행복하게 살 수 있도록 조언을 해 주신 것으로 보면 좋겠습니다. 예컨대 교통신호라고 하는 것이 전문적으로 운전을 하는 이들에게만 해당되는 것이 아니라, 모든 사람들이 안전하게 거리를 다닐 수 있도록 하기 위해 만들어진 부득이한 조치인 것과 같은 이치입니다.

우리는 모두가 욕망을 갖고 있습니다. 특히 재욕·성욕·식욕·수면욕·명예욕의 다섯 가지 기본욕구는 누구나 그 즐거움을 떨치기 어려운 것이기에, 이것을 어떻게 조절 또는 제어할 수 있느냐에 따라 괴로운 삶·평범한 삶·자유로운 삶으로 구분될 수 있을 것입니다.

괴로운 삶이란 끝없이 욕구를 충족시키려는 결과로 벌어지는 현상입니다. 욕구라는 것은 한계가 없는 것이기에, 욕구에 끌려 다니게 되면 몸도 마음도 피폐해지고 맙니다. 이것은 본능적인 욕구뿐만 아니라 명예욕까지도 예외가 아닌 것이지요.

평범한 삶이란 욕구를 다 충족시킬 수는 없다고 생각하여 적당히 즐기자는 식입니다. 이는 대부분의 사람들이 선택할 수밖에 없는 삶의 형태입니다. 문제는 '적당히'라는 것이 분명한 구분이 되지 않기에 역시 괴로움으로부터 자유롭지 못하다는 것입니다. 그러기에 이도 또한 어리석은 삶이라고 표현됩니다.

자유로운 삶이란 욕망으로부터의 자유로움을 뜻합니다. 이것을 흔히 해탈이라고 표현하는데, 보통은 괴로움으로부터의 자유라고 표현됩니다.

그러나 괴로움이란 욕망이 충족되지 못함으로부터 비롯된 심리적 상황이기에, 욕망을 충족시키려는 것이 부질없음을 알아서 끌려다니지 않게 되면 괴로움도 바로 사라져 버립니다.

부처님께서도 처음에는 금욕적 수행을 통해 해탈을 이루려 하셨습니다. 그것이 바로 6년의 고행이었지요. 그러나 결과적으로 욕망을 실존하는 적으로 생각하고 억누르려는 그 자체가, 욕망을 즐거움이라고 생각하고 충족시키려는 것만큼이나 어리석다는 것을 깨달으신 것이지요. 그래서 중도를 말씀하신 것입니다.

우리가 수행을 한다는 것은 욕망을 누르는 금욕적 생활을 뜻하는 것이 아닙니다. 본능적 욕구나 정신적 욕망을 채우려는 자체가 허망한 것임을 통찰하고, 그 모든 것으로부터 자유롭게 되는 것입니다. 예컨대 식욕으로부터 자유롭다는 것이 결코 굶는 것을 뜻하는 것이 아니듯이, 자유로운 삶은 모든 것을 금한다는 것과는 다른 차원의 삶입니다. 그러므로 '하지 말라'고 한 것은 수행력이 부족한 상태에서 괴로움에 떨어지지 않도록 배려한 것으로써, 그것만이 최고라는 뜻은 아닙니다.

불교에서 욕망을 어떻게 보나?

問 : 불교에서는 욕망을 좋지 않은 것으로 설명하는데, 만약 욕망이 없다면 아무 노력도 하지 않을 것 아닙니까?

答 : 욕망을 전문적으로 분석할 때는 매우 복잡해집니다. 본능적인 것도 있고 심리적인 것도 있으며, 독소로 일컫는 탐욕도 있고 불국정토를 이루겠다거나 성불하겠다는 큰 원도 있습니다. 불교에서는 분명 번뇌인 욕망이 남아 있으면 깨달음의 경지는 아니라고 유식론 등에서 밝히고 있지요. 그렇긴 하지만 무언가를 하고자 하는 욕망 자체를 무조건 나쁘다고만 하는 것은 아닙니다. 욕망은 모든 것을 이룰 수 있는 동기가 됩니다. 반대로 욕망이 없으면 무기력해지고 무능력해지지요. 욕망을 조절

할 수 없는 지경이 되었을 때를 탐욕이라고 하는데, 이것은 걷잡을 수 없는 화재와 같이 위험한 것이며, 필연적으로 고통을 수반하게 되는 것입니다. 불교에서는 조절능력을 상실한 탐욕을 경계하는 것이지요.

심리적 욕망은 바람(願)입니다. 이 바람이 잘못된 방향으로 진행되면 문제가 되는 것이지요. 그래서 항상 바른 방향으로 집중해야하고, 그에 따른 적절한 노력이 수반되어야 하는 것입니다. 바람이 자리, 이타적인 방향으로 확고해지고 그에 따른 노력이 수반되는 것을 원력(願力)이라고 합니다. 욕망을 원력으로 승화한 사람은 다른 방향을 돌아보지 않고 매진해야만 합니다. 그것을 정진이라고 하지요. 노력을 하되 결코 중단하지 않고 목적을 이룰 때까지 최선을 다하는 것을 뜻합니다.

출가한 수행자는 다른 사람들보다 훨씬 강한 바람을 지닌 사람들입니다. 그렇기 때문에 일반적인 삶에 만족하지 않지요. 대부분의 사람들이 바라는 결혼생활이나 재산의 축적 등에 만족하지 않고, 해탈의 길을 선택한 것입니다. 그래서 마음을 해탈에 집중하여 장기적으로 계획을 세우고 실천하게 됩니다. 이것을 수행이라고도 하고 바라밀행이라고도 합니다. 큰 원력은 욕망에 사로잡히지 않는 힘인 선정과 지혜를 갖게 하지만, 사사로운 작은 욕망을 탐하는 것은 욕망의 포로가 될 가능성이 짙습니다. 물론 겉모습만으로 판단하는 것은 어려운 일이긴 하지요.

요즘의 젊은이들을 보면 진정한 바람이 없어 보일 때가 많습니다. 그저 무기력하게 세상의 관행을 따라가거나 아니면 부모님 품 안에서 안주하려고 합니다. 억대가 넘는 교육비를 투자하여 대학을 나오고도 세상을 탓하며 무위도식하기도 합니다. 이런 사람은 매사에 무기력하기만 하여 어떤 일도 성취할 수가 없는 것이지요. 그저 게임 따위나 하며 세월을 보냅니다. 이 경우에는 큰 욕망의 기운을 불어넣어 주는 것이 좋은 처방이 됩니다.

성공한 사람이라고 일컫는 이들은 욕망을 하나로 집중할 줄 안 것이지요. 찰나마다 다르게 일어나는 자잘한 욕망을 쫓아다니지 않고 큰 욕망의 그림을 선명하게 그려두고, 그것을 이루려고 많은 것을 포기하며 한 길로 내달렸던 이들입니다. 물론 그 결과가 행복한 것이냐 하는 것은 별개의 문제이긴 합니다.

욕망은 불과 같습니다. 철없는 아이들이 불을 가지고 놀면 화재를 일으켜 비극이 될 가능성이 많고, 어머니가 불을 다루면 가족을 건강하게 할 음식을 만들지요. 나쁜 마음으로 불을 사용하면 사람들을 죽이는 재앙이 되고, 좋은 마음으로 불을 사용하면 세상을 따뜻하고 환하게 만드는 것입니다. 욕망도 이와 같아서 어리석고 삿된 사람의 욕망은 화근이 되고, 지혜롭고 자비로운 이의 원력은 세상을 아름답고 밝게 만들지요.

경쟁사회에서
인욕은 손해 아닌가?

問 : 우리는 무한경쟁의 시대에 살고 있다고 해도 틀린 말은 아닐 것입니다. 경쟁에서 이겨야만 하는 상황에서 무조건 참는 것은 아무래도 손해를 볼 수밖에 없을 것 같은데, 그래도 인욕바라밀을 실천해야 합니까?

答 : 우리가 보통 인욕을 '참는 것'이라고만 생각하기 쉬운데, 인욕은 보다 넓은 의미를 갖습니다. 인욕은 마치 대지가 깨끗한 것이건 더러운 것이건 모두 받아들여 분노함도 좋아함도 없는 것과 같이, 누군가의 찬탄과 멸시에 좋아하거나 싫어하는 마음을 일으키지 않는 포용력을 뜻합니다. 그러므로 이것은 평정과 자비의 다른 표현이라고 해도 좋을 것입니다.

 물론 단순히 참는 것도 실수를 줄이는 효과를 거둘 수 있지만,

포용할 수 없는 이가 억지로 계속 참다 보면 언젠가는 폭발하게 되고, 그때는 매우 큰 비극을 초래할 수 있습니다. 우리가 가끔 보게 되는 불특정 다수를 향한 무차별적인 총기사고 등이 한 예가 될 것입니다.

우리는 참는다고 할 때 일반적으로는 대상을 먼저 떠올리게 됩니다. 억울한 일이나 화나는 일을 참는다거나, 또는 자극하는 사람에 대하여 참는다는 것이지요. 그러나 인욕의 입장은 스스로의 내면을 향하고 있는 것입니다. 상대나 그 행위를 먼저 보는 것이 아니라 자기 자신을 살피는 것입니다. 스스로의 평정심과 자비심이 없어지지 않도록 노력하는 것이지요.

우리는 살아가면서 수많은 사건과 만나게 됩니다. 그런데 그 사건을 어떻게 받아들이느냐에 따라 결과는 판이하게 달라집니다. 만약 '그럴 수도 있지!' 라고 생각하는 사람이라면 상대를 너그럽게 대하게 되고 그 행위에 대해서도 별일 아닌 것처럼 넘길 것입니다. 그러나 부정적인 반응을 보이는 사람이라면 '뭐가 이래!' 라고 생각하면서 상대를 힐난하게 될 것이고 행위에 대해서도 좋지 않은 것들을 나열하게 될 것입니다. 같은 성격의 사건일지라도 그것을 받아들이는 사람에 따라 진행되는 결과는 상대와 친구가 될 수도 있고 원수가 될 수도 있을 것입니다.

할아버지는 철부지 손자의 실수를 안타까워할 뿐 노여워하지는 않습니다. 그러므로 손자를 끌어안고 타이르지 화를 내지는 않지요. 사랑과 포용심이 바탕이 된 인욕은 이처럼 모든 것을 긍정적으로 포용함으로써 미래를 좋은 방향으로 바꾸는 힘입니다.

바다가 바다일 수 있는 이유는 무한한 포용성에 있습니다. 세상의 모든 물이 흘러들어 오는 것을 거부하지도 않고 차별하지도 않지요. 모든 물은 시간이 지나면 곧 하나의 바다가 되고 바닷물이 되는 것입니다. 물론 하나의 바다라고 해도 깊이의 차이도 있고, 물맛의 미묘한 차이도 분명 있습니다. 또한 바다는 자정의 능력이 있는데, 이것도 포용력과 무관하지 않습니다. 여러 가지가 함께하는 바다는 서로 감싸고 서로 돕는 구조에 의해 스스로 정화하는 엄청난 힘을 발휘하는 것이지요. 대부분의 수행집단이 공동체적인 생활을 하는 것도, 각기 다른 물길이 모여 하나의 큰 바다를 이루는 원리에 따른 것이라 할 수 있습니다. 따라서 이기심을 버리지 않으면 수행공동체의 일원이 되기가 어려운 것이지요.

부처님의 가르침이 세상을 조화롭게 할 수 있는 것은 이 바다와 같은 마음을 지향하기 때문입니다. 그리고 그것을 가능하게 하는 수행이 바로 보살의 바라밀행인데, 그 중에서 인욕은 관계 개선에 으뜸입니다. 진정한 평화와 행복은 바로 포용과 배려의 어울림에 의해 가능한 것이지 경쟁의 승리에 의해 획득되는 것이 아닙니다.

성탄과 성직은 특정 종교에만 있는가?

問 : 왜 크리스마스만 성탄절이라고 하며, 기독교 지도자를 성직자라고 합니까? 불교나 다른 종교도 그런 표현이 가능합니까?

答 : 기독교 교리에서 삼위일체설에 의해 예수님을 절대자인 유일신과 동격으로 보며, 따라서 예수님의 탄생일로 정해놓은 크리스마스를 성탄절이라고 표현했습니다. 그리고 조직의 지도부를 성직자라고 하는 것은 절대자의 성스러운 일에 종사한다는 뜻을 담고 있습니다. 그러나 이런 내용도 처음부터 있었던 것은 아니며, 오랜 세월에 걸쳐 교리의 정비와 조직의 체계화에 의해 만들어진 것이라고 보면 됩니다.

다른 종교에서도 교주에 해당되는 분에 대해 성인(聖人)이라는 표현을 하고 있지만 기독교적인 성격과는 다르다고 할 수 있으며, 탄신일도 성탄이라는 표현을 잘 쓰지 않습니다. 불교 종단 내에서는 부처님의 탄신일을 여러 표현으로 사용하다가 몇 년 전부터는 '부처님 오신 날'로 정해서 쓰고 있습니다.

성탄과 성직자라는 표현은 불교의 가르침과는 거리가 멉니다. 불교에서는 성탄과 성직자라는 용어가 의미하는, 일반인과의 차별성을 인정하지 않기 때문입니다.

석가모니부처님은 당시 일반인과는 엄격히 차별된 신분으로 태어나셨지만 그 모든 것을 버리셨고, 깨달음을 이뤄 부처님이 되신 후에는 오히려 보통 사람들 속으로 가셨습니다. 경전에서 표현된 부처님과 중생(범부)이라는 용어는, 현재의 정신적인 경지가 평화로운지 아니면 고통스러운지를 기준으로 한 것입니다. 석가모니부처님도 성불하시기 전에는 중생이었으며, 많은 고뇌의 과정과 수행을 거쳐 이윽고 다시는 고뇌가 없는 경지에 이르신 것입니다.

불자들은 부처님에 대해 보통 일반 사람과는 아주 다르다고 생각하며, 아득히 먼 높은 세계에 계시므로 불국정토는 우리의 현실과는 완전히 다를 것이라고 상상합니다. 그렇기 때문에 부처님께서는 당신을 구원자라고 지칭하시지 않았지만, 어떤 신자들은 부처님이야말로 자신을 고해로부터 건져 줄 구원자라고 생각하여 맹목적으로 매달리기도 합니다. 그러나 부처님은 늘 당신을 스승의 위치나 인도자로서 말씀하셨고,

비록 처음에는 당신의 가르침을 받더라도 이윽고는 당신을 의지하는 것까지도 넘어서야 한다고 말씀하셨습니다.

모든 생명은 외형적인 차이가 있지만 근본적으로는 평등하며, 일체의 차별은 사람들에 의해 규정된 것에 불과한 것입니다. 그러므로 성스러운 것과 비천한 것이 따로 존재하는 것이 아닙니다.

불교의 출가자는 성직자가 아닙니다. 직업으로써 출가를 선택한 것이 아니라 부처님의 제자가 되고자 한 것이며, 따라서 수행자나 구도자라고 해야 합니다. 출가자는 특별한 권능을 부처님으로부터 부여받는 것이 아니라 오히려 출가 이전의 모든 지식이나 사회적 지위 등을 버리고, 일체의 정신적 구속과 고뇌로부터 벗어나려는 피나는 노력을 함으로써 이윽고 해탈과 열반의 경지에 나아가는 것입니다.

부처님께서 깨달음을 이루신 후 사람들 속으로 나가시어 자유와 평화의 삶을 가르치셨듯이, 스님들도 수행을 한 후에는 인도자로서의 스승의 역할을 해야 하는데, 이때를 선지식이라고 합니다.

선지식은 높은 곳에 군림하는 것이 아니라 함께하는 것입니다. 잘못된 생각으로 괴로워하는 이에게 바른 길을 제시해 보이고, 스스로가 괴로움을 만드는 것을 그치게 도와주는 것입니다.

비록 사용하는 용어가 다르고 제도가 다르다고 하더라도, 종교의 근본 목적은 모든 생명을 사랑하고 고통으로부터 벗어나게 하는데 있습니다. 요즘은 사찰에 성탄을 축하하는 현수막이 걸리고, 성당이나 교회에서 부처님 오신 날을 축하하기도 합니다. 모습이 약간 다르다고 전혀 다른 것으로 생각하고 차별하면, 아마도 그로부터 조화로움이 아닌 대립과 갈등이 나올 것입니다.

선의 화두와
언론의 화두는 같은가?

問 : 신문이나 방송에서 '올해의 화두'라는 표현을 많이 하는데, 불교의 선 수행에서 사용하는 화두라는 말과 같은 것입니까?

答 : 유래는 불교의 화두(話頭)에서 비롯된 것이지만, 뜻이나 방향이 일치하지는 않습니다.

중국에서 체계화된 공안(公案) 또는 화두는 큰 의심을 촉발시키는 함축적인 말입니다. 이 화두라는 형태는 비록 중국에서 이루어진 것이지만, 그 근본은 부처님으로부터 비롯됩니다. 싯다르타태자는 당시의 모든 학문을 섭렵하였고 모든 사상을 접했으나 삶의 근본에 관한 의문이 풀리지 않자 결국 출가를 하게 되었고, 명상수행에서 이를 수 있는 최고의 선정에도 도달하였지만 의심이 풀리지 않자 6년이라는 고행을 하였으며, 그래도 의심이 풀리지 않자 역시 고행마저도 버립니다. 고행으로 쇠잔해진 몸의 건강을 어느 정도 회복한 후, 자리를 옮겨 부다가야의 보리수 아래에 정좌하셨고, 바로 거기에서 깨달음을 이루시게 됩니다. 보리수 아래의 수행이 지금 선수행의 시작이 되고 부처님이 품으셨던 의심이 화두의 기본이 되는 것입니다.

요즘 언론에서 자주 사용하는 화두라는 용어는 대개 '주된 초점, 풀어야 할 숙제, 목표' 등의 뜻으로 사용되는 경우가 많습니다.

만약 '풀어야 할 숙제'의 뜻으로 사용하는 경우라면, 화두가 깨달음으로 나아가는 관문과 같은 것이니까, 깨달음을 목표로 한 사람에게는 평생의 숙제와 같다는 점에서는 통한다고도 볼 수 있습니다. 그러나 화두 그 자체가 초점은 아니기 때문에 '주된 초점'이라는 뜻으로 사용하는 것은 본래의 화두에는 맞지 않습니다. 또 화두 그 자체가 목표가 아니기에 '목표'라는 뜻으로 사용하는 것도 잘못입니다. 흔히 인용되는 말이지만, 부처님께서 하셨던 표현대로 교(敎)나 선(禪)이 모두 달을 가리키는 손가락에 불과한 것이지요. 화두는 비유컨대 인공위성의 발사대나 다이빙의 도약대와 같은 역할을 합니다. 발사대와 도약대에 머물고 있다면 인공위성도 다이빙도 아니듯이, 화두에 머물고 있는 것은 깨달음이 아니며 결코 불교의 목표가 될 수 없습니다.

간화선이 생기기 전의 옛 스님들은 정형화된 화두를 참구한 것이 아닙니다. 화두의 생명력은 맹렬한 의심에 있는 만큼 정형화된 화두를 들어도 의심이 없으면 깨달을 수 없고, 비록 정형화된 화두를 들지 않아도 근본 문제에 대해 간절한 의심을 계속 참구하는 사람은 깨달을 수 있는 것입니다.

화두가 의심이라고 했지만, 현상적 문제의 해결에 대한 의문을 계속한다고 해서 그것이 화두가 되는 것은 아닙니다. 예컨대 "어떻게 하면 우리나라가 부자가 될 수 있을까?"라는 의문을 계속한다고 그것이 화두가 되는 것은 아닙니다. 부자가 되는 것은 깨달음과는 다른 것입니다. 깨달음이 생의 본질을 깨치고 더 이상의 고뇌가 없는 삶이라면, 부자는 가난한 것보다는 편리할 수는 있겠지만 그것으로 고뇌가 없어지는 것은 아니기 때문입니다.

선에서 사용하는 화두는 그 지향점이 고정관념 등을 깨뜨리고 버림으로써 '없음'으로 가는 것입니다. 더 이상 번뇌로 인한 고통이 없는 평화로움인 적멸의 깨달음에 드는 것이 화두를 참구하는 수행자의 목표입니다. 그러나 요즘 언론 등에서 사용하는 화두는 그 지향점이 모으고 이룸으로써 '있음'으로 가는 것이며, '있음'에 대한 집착은 고뇌의 요인이 되므로 부처님의 가르침과는 다른 방향으로 가는 것입니다. 그러므로 용어는 같으나 내용은 다른 것입니다.

정치적 중도와 불교의 중도는 같은가?

問 : 근래에 중도보수라거나 중도개혁이라는 용어를 많이 사용하는데, 이런 경우의 중도가 부처님 가르침의 중도(中道)와 같은 뜻입니까?

答 : 질문에서 예를 든 중도보수는 개혁적 성향을 가진 보수라고 해석할 수 있고, 중도개혁이라고 하면 어느 정도는 보수적인 것을 수용하는 개혁이라고 풀이할 수 있을 것입니다. 표현은 좋은 것 같지만 이것은 타협점을 찾으려는 정치적인 용어이지 결코 부처님께서 설파하신 중도라고 할 수 없습니다.

불교에서의 중도는 타협점을 찾기 위한 배려나 단순한 배분의 균형점을 찾으려는 것이 아닙니다.

석가모니부처님께서는 당시 세상에 중심적인 사상의 흐름을 직접 체험해 보신 분입니다. 즉 태자로서의 삶은 당시의 쾌락주의자들이 주장하는 매 순간마다 인생을 즐기는 것이 최고의 삶이 된다는 방식의 중심에 있었습니다. 그러나 이런 쾌락적인 삶의 방식이 싯다르타태자를 행복하게 해 주지는 않았습니다. 그래서 출가의 길을 택하게 됩니다.

다음으로 체험하신 것은 요가선정주의적인 삶이었습니다. 출가 직후 만난 이는 요가선정주의의 대가인 아라라 칼라마와 웃다카 라마풋타였는데, 이들에게서 무소유처정(無所有處定)과 비상비비상처정(非想非非想處定)이라는 명상의 최고 경지에 도달했지만, 생각이 지극히 고요해지는 이 경지로도 깨달음의 평화는 불가능했습니다.

더 이상 스승이 없음을 안 태자는 고행의 길을 선택하여 6년 동안 그 누구도 하지 못했던 극단적인 고행을 했지만 결국 깨달음의 평화는 이룰 수 없었습니다.

독자적 방식으로 보리수 아래에서 깨달음을 이루신 후 부처님은 설법을 통해 새로운 수행법을 제시하시는데, 그것이 어떤 극단적인 방법에도 치우치지 않는 중도법입니다. 그렇다고 여러 수행법을 적당히 섞는다는 뜻은 더더욱 아닙니다.

중도(中道)는 불교교학의 근간을 이루고 있는 만큼 대단히 복잡한 내용으로 전개되지만, 가장 기본적인 내용을 살펴보면 '치우침으로부터의 자유'입니다. 이 중도가 가능하기 위해서는 연기법을 철저히 알아야 합니다. 즉 세상의 모든 것은 독자적으로는 한 순간도 고정된 모습으로 있을 수 없으며, 언제나 상관관계에 의해서 생성되고 유지되며 소멸됩니다. 그러므로 절대적이고 영원한 선(善)도 악(惡)도 있을 수 없으며, 늘 깨어 있음으로서 있는 그대로의 모습을 볼 수 있어야 하는 것입니다. 이를 다른 표현으로는 '둘 아님(不二)의 경지' 라고도 합니다.

중도가 수행법으로 제시된 것이 팔정도인데, 정확하게는 팔정중도(八正中道)라고 해야 합니다. 이것은 우리의 모든 삶에서 연기의 이치를 환하게 알아서 견해·사유·언어·행동·생활·노력·기억·정신통일에 이르기까지 치우치거나 왜곡됨이 없어야 함을 뜻합니다. 이러한 삶의 태도는 우리를 자유롭고 평화로운 경지에 이를 수 있게 합니다.

부처님의 중도는 언제 어디서나 가장 필요하고 알맞은 삶의 방식입니다. 중도는 갖가지 분별에서 벗어나 자기중심적 손익 계산도 하지 않는 지혜와 자비의 실천을 뜻합니다. 그러므로 적당히 타협하고 적당히 섞는 것을 두고 중도라고 하는 것은 부처님의 가르침과는 전혀 맞지 않습니다. 특히 자신은 어떤 단체의 이익을 취할 수밖에 없는 입장에 있으면서 입으로만 중도를 외치는 것은 아무 의미가 없습니다.

불교에서는 자살을 어떻게 보나?

問 : 요즘 세계적으로 자살자가 늘어나며 특히 우리나라가 심하다고도 합니다. 최근에는 지도자였던 분이 자살을 함으로써 국민들이 크게 상심하기도 했는데, 일부 불교지도자까지 그 자살을 미화하듯 발언을 하기에 혼란스럽습니다. 불교에서는 자살을 어떻게 보는 것입니까?

答 : 망자에 대한 좋은 얘기는 유족을 위한 배려이며 추모의 뜻으로서, 결코 자살에 대한 미화는 아닐 것입니다.

　　지도자였던 이의 자살은 두 가지 측면에서 매우 안타까운 일임에 틀림없습니다. 한 가지는 자살이 일어나기까지의 정치적인 상황 전개가 아름답지 못했다는 것이고, 또 하나는 최고지도자의 자리까지

갔던 이로서 국민이나 가족에 대한 배려가 깊지 못했다는 점입니다.

어떤 이는 그 자살을 두고 다른 사람들의 고통을 대신 안고 간 대승보살적인 행이었다고 표현했습니다. 그러나 부득이한 선택이었을지는 모르지만 결코 대승적 보살행이라고 할 수는 없으며, 아울러 이런 시각은 자칫 각자의 고귀한 생에 대해 그릇된 판단을 갖게 할 수 있습니다.

삶은 단순히 개인의 것이 아니라 수많은 인연으로 이루어지며, 그 인연들은 자기만을 위해 있는 것이 아닙니다. 그러므로 개인의 뜻대로 하려고 고집하면 온갖 문제와 그로 인한 괴로움이 일어납니다. 괴로움을 해결하는 방법은 원인을 제거하는 것입니다. 그 원인은 육체나 목숨에 있는 것이 아니라 바로 자신이 일으킨 '집착'에 있습니다. 그러므로 목숨을 끊을 것이 아니라 바로 집착을 놓아야 하는 것이지요.

대승적이라는 것은 좋은 일도 함께 하고 괴로운 일도 함께 풀어가는 것을 뜻하지요. 함께 하는 것을 포기하면 극단적이 됩니다. 정치건 경제건 개인의 삶이건 다 함께 아우르는 것을 포기하면 극단적 생각들이 대세를 이루게 되고, 이 생각들이 정책이나 생활에 반영되며, 이어서 극단적인 대립과 투쟁으로 전개됩니다. 지도자였던 이의 자살도 이 범주를 벗어나지 못한 것입니다.

보살행이라는 것은 베풀고 포용하며 절제하고 통찰하는 삶을 뜻합니다. 그런 삶에는 자기중심적인 것이 있을 수 없으며, 따라서 고통마저도 포용하기에 이미 고통이 아닙니다. 부처님이 인욕수행자였을 때 흉포한

왕의 칼에 팔과 다리를 잘리면서도 왕의 뜻에 맡겨 두었고, 한 번도 미움이 일어나지 않았다고 했습니다. 결국 왕은 그것을 계속할 수 없게 됩니다. 예수님도 십자가에 못 박히는 상황에서 혀를 깨물어 자진하진 않습니다. 그리고는 모든 것을 안고 간 그분의 가르침이 세상을 바꾸게 되지요.

자살을 시도하는 이들에게 나타나는 공통점은 목숨을 끊으면 모든 것이 사라질 것이라는 '단견(斷見)'을 갖는다는 것입니다. 이것은 영원히 죽지 않으려 발버둥치는 '상견(常見)'과 더불어 극단적인 견해지요. 진시황제처럼 죽지 않으려 발버둥치는 경우나 모두 끝내겠다고 자살하는 경우나 둘 다 잘못된 견해며, 결코 해탈의 경지에 이를 수 없습니다. 불교에서 가르치는 '내려놓음'은 수많은 은혜로 형성된 육신을 버린다는 뜻이 아니라 극단으로 치우친 어리석은 생각들을 놓으라는 뜻이지요.

자기의 몸이나 생각이 영원하기를 바라는 것은 참 어리석은 일입니다. 그러나 육신이 사라지면 모든 고통이 사라질 것이라는 생각도 어리석기 짝이 없습니다. 자살자의 영혼이 겪는 고통은 산 사람이나 자연스럽게 인연이 다해 죽은 영혼인 경우보다 훨씬 더 큽니다. 그래서 불교에서는 더욱 정성스럽게 49재를 베푸는 것입니다.

불교에는
순교자가 없는가?

問 : 여행을 하다 보면 다른 종교의 성지가 많습니다. 대부분 순교한 분들을 기리는 곳이라는데, 불교에서는 그런 곳을 보지 못했습니다. 어떤 이들은 불교가 세상과 타협을 잘했기에 순교자가 없는 것이라고 설명하던데 사실인지요.

答 : 세상과 타협을 잘했다고 한 것은 불제자들이 포용과 조화에 최선을 다한 것을 잘못 표현한 듯이 생각됩니다. 불교의 목적은 누구나 괴로움에서 벗어나 편안한 삶을 살게 하는데 있습니다. 그렇기 때문에 괴로움을 일으키는 본질적인 잘못이 아니라면 굳이 그것을 바꾸라고 할 이유가 없습니다. 그러므로 부처님의 가르침을 새로운 나라에 전파하는 경우

그 나라의 고유한 문화나 전통을 부정할 이유가 많지 않았던 것이지요. 크게 충돌도 않으면서 해로운 일을 하지 않는 불교 전법사에게 적개심을 드러내는 일이 별로 없었다고 할 수 있을 것입니다. 내 것을 억지로 강요하지 않고 상대방의 장점을 인정하면서, 보다 나은 삶의 길을 제시하는 이에게 살의를 품는 경우는 극히 드문 일이지요.

그렇다고 해서 불교에 순교자가 없었다는 것은 아닙니다. 신라의 이차돈님에 대해서는 잘 아시겠지만 오히려 부처님 당시의 인도에서 순교자가 많았습니다.

불교가 일어나기 전의 인도는 철저한 계급사회였으며, 그 체제를 뒷받침하던 것이 바라문교였습니다. 그런데 부처님은 모든 생명의 절대적인 평등을 가르쳤을 뿐만 아니라 인종적인 차별을 타파하셨습니다. 현실적인 방법으로는 당신의 제자들이 천민출신이라 해도 왕이나 사제계급인 바라문들로 하여금 예를 갖추게 한 것입니다. 모든 기득권을 가졌던 바라문계급으로서는 심각한 도전을 받았다고 생각했을 것입니다. 그렇기 때문에 그 가르침의 내용을 전하는 부처님이나 그 제자들을 적대시하게 된 것입니다. 그 결과로 어떤 바라문들은 폭력을 행사하기에 이릅니다. 폭력에 희생된 대표적인 분으로 부루나존자나 목련존자를 들 수 있을 것입니다. 특히 목련존자는 부처님의 제자들 중에서 신통력이 가장 뛰어났던 분입니다. 그러나 부처님의 가르침을 전하는 일에 물리적인 힘을 사용할 수 없다는 신념으로 고스란히 폭력을 당하면서 부처님의 가르침을 설명했던 것이지요. 그 결과로 치명적인 상처를 입게 되어 결국 순교하게 되는 것입니다. 그렇지만 부루나존자나 목련존자가 존경받는 것은 그분들이 부처님의 십대제자이기 때문이지 순교자이기 때문이 아닙니다.

중국의 승조법사는 당신의 수행생활을 계속하기 위해 재상이 되라는 황제의 요청을 거절했습니다. 화가 난 황제가 사형을 시키겠다고 했지만 결코 재상의 길을 택하지 않았습니다. 결국 32세에 생을 마쳐야 했지요. 오늘날 후학들이 승조법사의 뛰어난 저술인 보장론 등을 공부하며 존경할지언정 순교한 성자로 떠받들지는 않습니다.

스님들이 생명처럼 여기는 문구가 있습니다. 바로 '법을 위해 몸을 잊는다.' 는 뜻인 위법망구(爲法忘軀)입니다. 이 말은 두 가지로 해석할 수 있습니다. 하나는 깨달음을 위해서는 몸의 편함을 생각하지 않는다는 뜻이며, 다른 하나는 정법을 수호하기 위해서는 목숨도 버린다는 뜻입니다. 그렇지만 법을 위해 몸을 잊는 것은 수행과 전법에서 기본이기 때문에, 설령 그런 일로 목숨을 잃었다고 해서 성자 또는 위대한 사람이라는 표현을 하지 않는 것입니다. 당연히 순교자를 기리는 성지도 흔치 않지요.

경전에서 옮긴 우화가 많은가?

問 : 어린 시절 즐겨 읽었던 이솝우화 등의 많은 이야기가 사실은 불교경전 속에 있는 것이라고 들었습니다. 그것이 사실인지요?

答 : 우화나 동화는 작가가 창작한 것도 많겠지만 경전 등에 이미 있는 것들을 새롭게 각색한 것이 많고, 어떤 것은 거의 그대로 옮겨 놓은 것도 많이 있습니다. 우리나라에 잘 알려져 있는 〈별주부전〉도 사실은 경전에 나온 이야기를 각색한 것이며, 일본의 동화나 유럽의 우화집도 부처님의 수행담을 각색한 것이 많지요.

부처님의 가르침은 이미 오래전에 전 세계로 전파되어 있었습니다. 우리가 익히 알고 있는 '실크로드'는 다른 말로 표현하면 전법의 길인

'달마로드'라고 할 수 있습니다. 동쪽으로는 우리나라를 거쳐 일본까지 이어지고, 서쪽으로는 아프리카북부와 유럽까지 이어지는 이 길을 통해 부처님의 가르침은 전 세계로 전해졌습니다. 그 가운데서 재미있게 구성된 얘기들은 곧바로 우화로 각색되었지요. 그래서 불교라는 이름표를 떼고 일반사람들에게 지혜의 얘기로써 사랑받게 된 것입니다.

우화나 동화 중에는 불교의 가르침이 완전히 상징적인 옷을 입고 새로운 얘기로 만들어지기도 합니다. 대표적인 예가 '알라딘의 램프'라고 할 수 있지요.

개구쟁이 알라딘은 우리의 모습입니다. 삼촌이라고 나타난 마법사는 지식입니다. 땅은 마음이고 동굴은 본성으로 통하는 길입니다. 램프는 본성이고 램프의 요정 '지니'는 지혜이며, 마법사의 반지는 지식의 힘이지요. 만지면 같은 모양으로 변한다는 동굴 속의 보석은 우리의 욕망입니다. 알라딘이 동굴을 탈출하여 부자가 되고 공주와 만나 행복하게 산다는 것은 우리가 꿈꾸는 행복한 세상이겠지요.

우리가 그토록 의지하는 지식이나 정보는 행복의 근원이 아닙니다. 지식 그 자체로는 우리의 근본성품을 깨달을 수 없습니다. 그래서 마법사는 순수한 알라딘이 필요한 것이지요. 알라딘은 우리가 지식의 노예가 되기 전의 상태를 뜻합니다. 순수한 열정으로 마음의 내면을 살필 때가 바로 알라딘이 동굴로 들어가는 순간입니다. 그러나 마음속에는 갖가지 욕망이 또 유혹을 하지요. 유혹을 뿌리치고 가장 깊은 곳에 도달해야만 합니다. 그때 비로소 본성과 만납니다. 그러나 처음에는 지혜를 잘 쓸 줄 모르지요. 그래서 지식의 힘인 반지의 도움으로 현실로 돌아옵니다. 그러다 램프를 문지르는 순간 진짜 본성과 하나가 되어 지혜를 불러낼 수 있게 되고, 모든 것은 뜻대로 행복해지는 듯합니다. 그러나 지식의 마법사는 언제나 호시탐탐 엿보고 있음을 알아야 합니다. 어느 순간 모든 것은 물거품이 되고 말지요. 결국은 지식의 힘인 마법사를 잠재우고 나아가 죽여야만 비로소 완전한 행복이 열립니다.

우리에게는 가장 막강한 마법사가 앞을 가로막고 있습니다. 그것은 불경이며 성서이고 코란입니다. 그것이 비록 본성의 길로 인도하기는 하지만 어디까지나 손가락에 불과합니다. 세 손가락이 가리키는 곳은 행복이라는 동일한 목표이지만, 손가락들은 각기 다른 반지를 끼고 있습니다. 우리가 그 반지에 혹해 있는 한 행복을 보지도 누리지도 못할 것입니다. 그러므로 손가락을 잘라버리고 떠날 때 깨달음의 길이 열리는 것이며, 온전히 자유롭고 행복해질 수 있겠지요.

우리가 행복해지는 길은 자기가 믿는 종교나 경전에만 있는 것은 아닙니다. 우화건 경전이건 자연이건, 대하는 모든 것마다 항상 열려있어 진실을 볼 수 있는 참마음에도 있습니다.

나치문양이 왜 卍자와 비슷한가?

問 : 집에 있는 고가구에 만(卍)자문양이 있습니다. 외국인이 그것을 보더니 왜 나치의 문양을 한 것이냐고 기분 나빠하기에, 불교의 전통문양이라고 설명했습니다. 그랬더니 나치는 불교적이었기에 유대인을 살해했나보다며 불교를 좋지 않게 생각하는 것이었습니다. 혹시 나치의 문양과 만자가 연관이 있는 것인지, 또 卍자의 뜻도 궁금합니다.

答 : 나치의 문양은 '하켄크로이츠(Hakenkreuz)'로 '갈고리십자가'라는 뜻이 되며, '게르만십자가'라고 불리는 것입니다. 또 게르만족의 원류인 아리안족이 사용했던 고대문양이라고도 하지요. 물론 아리안족이 사용했을 때의 하켄크로이츠의 뜻도 매우 좋은 것으로 생명·

힘·자유 등의 상징이었다고 합니다. 기독교의 십자가에도 여러 종류가 있는데, 우리가 흔히 알고 있는 아래쪽이 긴 십자가는 예수님이 사형당한 형틀에서 유래한 것이라고들 합니다. 가로와 세로의 길이가 같은 십자가는 기독교이전부터 있던 동양의 길상문자라고 볼 수 있습니다. 동방정교의 십자가는 또 다르지요.

히틀러의 종교는 기독교였다고 합니다. 그리고 기독교를 믿지 않는 유대인들을 죄인처럼 생각하여 몰살해야한다는 강박관념에 사로잡혀 있었다고들 하지요. 그러므로 히틀러의 전쟁관은 기독교적 선(善)으로 세상을 평화롭게 만들 제국을 건설하기 위한 것이라고도 합니다. 이와 비슷한 일들은 히틀러 이전에도 많이 있었고, 또한 현재까지도 진행되고 있는 일이기도 하지요. 히틀러는 게르만족이 세상에서 가장 뛰어난 혈통이라고도 생각하여 '하켄크로이츠'를 문양으로 사용했다고 합니다.

卍자는 아주 오래전부터 각 민족들이 사용한 길상문자입니다. 그 상징만 해도 완성·길상·광명·자비·생명·자유·충만 등의 뜻이 있다고 합니다. 또 불교뿐만 아니라 조로아스터교나 힌두교 등의 타종교에서도 상징처럼 사용하기도 했던 것입니다.

불교의 경전에서는 여러 곳에서 卍자의 언급이 있습니다. 특히 부처님의 특별한 몸 모양을 설명하는 32상에는 부처님의 가슴에 이 卍자가 있다고 설명하고 있습니다. 이는 부처님의 깨달음을 상징적으로 표현하고 있다고 볼 수 있는데, 바로 연기의 원리에 가장 적합한

 상징이 되는 것이지요.

卍자는 네 개의 꺾임으로 표시되고 있지만 사실은 무한한 흐름을 나타낸 것이라고 볼 수 있습니다. 글자에는 두 개의 유선이 교차하고 있지만, 무한한 유선의 수를 두 개로만 표현한 것이라 볼 수 있습니다. 무한한 흐름의 교차는 온 법계와 통함을 뜻한다고 볼 수 있으며, 그때의 교차점은 우리 개개인의 자리로 볼 수 있는 것이지요. 그 한 점은 모든 것이 흘러 들어오는 자리이면서 동시에 모든 것이 흘러 나가는 자리이기도 한 셈입니다. 무한히 먼 시공의 세계로부터 흘러와서 무한히 먼 시공의 세계로 흘러가는 온갖 흐름이 나를 스쳐 지나가고 있지요. 그 모든 흐름을 관찰하기도 하고 또 그 흐름에 영향을 주기도 하는 것을 우리는 '나'라고 표현합니다.

만약 무한한 흐름에 집착하고 그 흐름을 탁하게 한다면 그때의 '나'는 중생일 것이며, 그때의 卍자는 고해를 뜻하게 될 것입니다. 만약 흐름으로부터 자유롭고 그 흐름이 맑고 밝게 보인다면 그때의 '나'는 부처일 것이며, 그때의 卍자는 정토를 상징하는 것이 되겠지요.

세상이 고해라면 행복은 불가능하지 않은가?

問 : 부처님께서 가르치셨다는 네 가지 성스러운 진리에 의하면 이 세상은 고통이라고 했습니다. 그렇다면 고통이 없는 세상은 어디이며 언제 어떻게 갈 수 있는 것입니까?

答 : 불교에서 가장 많이 오해되는 대표적인 것이 바로 이 세상은 고해(苦海)라고 부처님께서 말씀하셨다는 것입니다. 그러나 고해라는 표현은 깨닫기 전의 어리석음의 상태를 지적한 것으로, 객관적 세상과는 상관없는 심리 상태를 뜻하는 말입니다.

태자시절의 싯다르타는 세상을 매우 고통스런 곳이라고 보았습니다. 태자로서 수학했던 모든 학문이 그렇게 지적하고 있었고, 당시의 모든 종교가 그렇게 강요하고 있었던 것입니다. 싯다르타가 배운 모든 학문에는 신(神)이 인간의 운명을 쥐고 있다는 것을 밝히고 있었고, 그 신에 복종하는 체념적 업(業)의 삶과 출가하여 고행을 행함으로써 신과 가까이 하는 두 가지 길을 제시하고 있었던 것입니다. 그 길은 절대적인 권력을 지닌 왕이라도 어쩔 수 없다는 것을 알게 됩니다. 그래서 체념적인 삶을 살아야 하는 왕의 길보다는 출가를 택하게 되는 것이지요. 고행을 통해 정해진 고통의 업을 벗어날 수 있다고 생각했던 것입니다.

출가 직후 선택한 길은 현실을 잊는 명상법이었지만 최고의 경지에 이르렀어도 다시 현실로 돌아오면 역시 고통스럽다는 것을 알고는 지도자의 자리도 마다하고 고행을 선택하게 됩니다. 익히 알려져 있듯이 거의 죽음의 문턱에 이르는 극심한 고행으로 성자에 가까운 존경을 받게 되지만, 스스로는 역시 극복되지 않는 상태임을 너무나 잘 알았기에 결국은 그 고행을 끝내고 맙니다.

6년 고행 후 자리를 옮긴 보리수 아래의 수행은 밖의 문제가 아닌 철저한 자기 성찰로 전환됩니다. 거친 생각은 말할 것도 없고 미세한 심리상태까지도 철저히 관조(觀照)하기 시작했고, 이윽고는 생각이 일어나는 근본자리까지를 관통하는 삼매(三昧)에 이르게 됩니다. 그리하여 35년에 이르도록 자신을 얽매고 있는 모든 것으로부터 해탈하게 되는 것이었습니다.

도를 깨치신 후의 부처님께서는 더 이상 고통 따위가 남아 있지 않았습니다. 뿐만 아니라 당신의 눈으로 본 세상 또한 더 이상 고통의 세상은 아니었지요. 그래서 고통이라는 것은 그저 아지랑이처럼 어떤 조건에 의해 있는 것처럼 보이는 허상에 불과하다는 것을 말씀하신 것이 바로 사성제(四聖諦)라는 가르침입니다.

사성제에서의 고성제(苦聖諦)는 부처님께서 '세상은 고통이다' 라고 가르치신 것이 아닙니다. 정확하게 말하자면 '집(集)의 상태에 있는 사람들에게는 세상이 고통스럽다' 는 것입니다. 즉 지혜롭지 못한 번뇌의 상태에 있는 사람이라면, 그 번뇌로 인해 스스로 고통이라고 인식한다는 것이지요. 그러므로 혼탁한 심리 상태인 번뇌를 제거하면(道) 온갖 고통도 사라진다(滅)는 것이 부처님께서 사성제를 말씀하신 본뜻입니다. 문제는 오염되지 않은 마음상태로 완전히 돌아간다는 것이 쉽지만은 않다는 것이며, 따라서 팔정도(八正道) 등의 수행을 통해서 언제나 편안하고 행복한 삶을 회복할 수 있다는 것입니다.

불교를 공부하는 사람이 '세상은 고해다' 고 부처님께서 가르치셨다고 주장한다면, 이는 지난 악몽의 두려움에서 벗어나지 못하는 사람에게 '그건 단지 악몽일 뿐이다' 고 일깨워 줬는데, "내 삶은 악몽일 뿐이다" 고 집착하는 것과 같은 것입니다.

왜 삼계를
불타는 집이라고 하나?

問 : 법문에서 삼계는 불타는 집과 같다는 내용을 들었습니다. 우선 삼계라는 것이 구체적으로 와 닿지도 않지만, 법문에서 들은 그대로라면 이 세상은 별로 희망이 없겠다는 부정적인 생각을 할 수 밖에 없습니다. 이런 생각이 정상적인지 알고 싶습니다.

答 : 법화경에서 어리석은 이들의 삶을 비유로 설명한 내용이며, 번뇌에서 벗어나지 못한 삶의 위험성을 설명한 것입니다.
　　삼계(三界)란 깨닫지 못한 존재들이 살 수 있는 경계를 셋으로 나눈 것인데, 욕계(欲界)와 색계(色界)와 무색계(無色界)를 말합니다. 전통적으로는 지옥에서부터 천상의 세계를 아우르는 전문적인 분류법이 있지만,

일반인으로서는 복잡한 내용을 전문적으로 분석할 필요는 없을 것입니다. 그러므로 정신적 경계가 어떠한가로 구분해 보면 좋을 것 같습니다.

어떤 사람은 끝없는 욕망에 자극 받으면서 그 욕망을 현실화시키려 애씁니다. 그러면서 하나씩 자기 뜻대로 될 때는 기쁨을 느끼고 그렇지 못하면 고통을 느끼게 되지요. 여기에는 지극히 본능적인 욕구에 끌려가며 끝없이 고통을 받는 부류가 있고, 어느 정도는 조절하려고 애쓰는 부류도 있습니다. 이러한 부류의 삶은 그 가치관의 중심에 오직 욕망만 있는 것으로, 가장 아랫단계의 삶인 욕계라 할 수 있습니다. 쉽게 생각하자면 각종 범죄를 일삼거나 늘 다툼으로 인해 행복을 느낄 겨를이 없는 삶이라 볼 수 있겠지요.

물질이 삶의 중심인 부류(색계)가 있습니다. 이 경우는 기쁨을 느끼는 기준이 재산의 증식이라거나 또는 멋진 신체나 얼굴 등을 갖는데 있습니다. 이것은 노력에 의해 개선될 가능성이 열려 있으므로, 목표를 이룸으로써 기쁨을 느끼게 되지요. 그러나 너무나 잘 알다시피 그 목표라는 것이 이루어지는 순간 바로 '더 많이' 나 '더 좋게' 로 다음목표가 설정되기 때문에 기쁨은 짧고 다시 불만에 빠집니다.

삶의 목표를 정신적인 측면에 비중을 두는 이들(무색계)이 있습니다. 예술가나 학자나 종교인 등이 대표적일 것입니다. 우리가 흔히 가장 고상하다고 생각하는 이들의 심적 상황은 일반인들보다 훨씬 힘든 상태인 경우가 많습니다. 다른 사람들과의 소통의 문제나 아니면 이상과 현실의 괴리감 등이 스스로를 못 견디게 만들기에 담배나 술에 심하게 의존하는 이들이 있습니다. 그래서 대부분 '심각한 사람'이라는 인식을 갖게 합니다.

법화경에서는 삼계를 불타고 있는 낡고 엄청나게 큰 집에 비유했습니다. 그리고 어리석은 사람들의 삶을 그 불타는 집안에서 놀이에 빠져 나오지 않는 철부지 아이들로 설명합니다.

사람들은 자신의 심리에 따라 번뇌의 집을 만들어 그 속에 머물며, 자신이 좋아하는 놀이를 하려고 합니다. 놀이에 빠진 상태에서는 재미있겠지만, 그런 놀이는 매우 위험하기도 하지요. 그래서 원치 않는 고통을 수반합니다. 어리석은 사람의 마음은 불타는 집과 같기에, 자신의 굳은 생각을 깨트리고 감옥 같은 마음의 집에서 벗어나야 합니다.

자유롭고 행복하려면 어떤 것에도 끌려다녀서는 안 됩니다. 그 대상이 비록 자신의 육체나 정신적인 것이라 할지라도 놓아 버려야만 합니다. 그 순간 위대한 깨달음의 세계를 만나게 될 것입니다.

불국정토 발원은 불교국가를 원함인가?

問 : 스님들은 기도하는 시간에 우리나라가 불국정토가 되길 발원하고, 불교의 각종 행사에서도 불자들은 이 땅을 불국정토로 만들자는 결의를 하기도 합니다. 이런 일들은 우리나라가 불교국가가 되기를 바라는 것인지요? 만약 그렇다면 요즘 기독교인들이 우리나라를 하나님의 나라가 되게 해달라고 비는 것이나, 이 나라를 하나님께 바친다는 것과 큰 차이가 없는 것 아닌지요?

答 : 오늘날과 같은 다종교시대에 어느 한 나라가 특정 종교의 국가가 된다는 것은 국민 개개인의 종교자유를 인정치 않는 일이기에 옳지 못한 일입니다. 스님들이 발원하는 불국정토는 단일종교의 국가를 뜻함이 아닙

니다. 모든 사람이 평등하며 서로 포용하고 사랑하는 세상이 불국정토인 만큼, 그런 세상이 하루빨리 이루어져 모두가 함께 평화롭게 살기를 발원하는 것입니다.

만약 기독교인이 참된 사랑 가득한 하나님의 세상이 되길 바라는 뜻에서 한 말이라면, 그것은 스님들의 발원과 같은 내용이 될 것입니다. 그러나 공직자가 공적인 자리에서 자신의 역량인양 떠벌린다면 그것은 한갓 사기꾼이나 할 행동인 것이지요. 스스로의 잘못을 잘 알면서도 하나님의 이름을 방패삼아 비겁하게 하나님의 뒤에 숨는다고 과연 청결한 사람이 되는 것일까요? 타락한 사람의 뇌물을 하나님이 받을 리가 만무하다는 것을 잘 알면서도 자신의 치적인양 떠벌린다면 그것은 분명 사기극입니다.

현재 지구상에는 특정 종교를 국교처럼 표방하는 나라도 많이 있습니다. 불교를 국교처럼 여기는 나라도 있고, 기독교나 이슬람교를 국교처럼 표방하는 나라도 있습니다. 그런데 이런 나라에도 전쟁과 테러와 살인 등이 끊임없이 일어납니다. 과연 그런 일들이 부처님과 하나님과 알라께서 진정으로 바라는 것일까요? 만약 누군가가 부처님이나 하나님이나 알라의 이름을 걸고 전쟁을 일으키고 살인을 하며 이웃과 다투며 원수처럼 지낸다면, 그들을 위해 천국이나 극락의 문을 열어 환영할까요? 그들을 위해 환영의 잔치를 벌이고 맞아들인다면 그들은 부처님도 하나님도 알라도 아닐 것입니다. 오히려 그는 사탄이거나 마라(魔羅)일 것입니다.

세상의 종교는 각기 교주가 다르고 그 언어적 표현은 약간씩 다릅니다. 그러나 잔가지나 잎사귀에 연연하지 않고 뿌리에 이르러 보면, 모든 성현들의 가르침은 '밝고 맑은 사랑' 입니다. 여기서 '밝고 맑은 사랑' 이라고 표현한 것은, 사랑이라는 구실로 전쟁을 일으키거나 원수처럼 되는 어리석음을 범하지 않는, 지혜롭고 무한한 사랑을 뜻하는 것입니다. 불경의 '동체대비' 나 성경의 '원수를 사랑하라' 는 표현이 좋은 예가 되겠지요. 세속적이고 계산적인 입장에서는 원수도 있을 수 있겠지만, 그럼에도 불구하고 부처님이나 하나님의 뜻은 그것을 극복하고 나 자신처럼 사랑하라는 것입니다. 그렇지 않으면 영원히 평화로운 세상은 올 수 없다는 것이지요.

　우리나라는 현재 국민들의 세금으로 꾸려가는 관공서에서 근무시간에 예배를 보고 법회를 열고 있습니다. 뿐만 아니라 국민들의 세금이 그들의 모임에 당연한 듯이 지원되고 있습니다. 일정 기간 동안 외부의 출입이 제한되는 군부대에 법당과 예배당이 있는 것은 이해가 됩니다. 그러나 매일 신앙생활이 가능한 공무원들이, 국민을 위해 봉사해야 하는 근무시간에 패거리 작당을 하는 것이 통하는 나라의 국민은 참 불쌍하지요. 자신이 서 있는 곳이 어디인지도 모르고, 자신이 무엇을 하는지도 모르는 어리석은 이들을 위한 극락이나 천국은 존재할 수 없는 것입니다.

　참된 종교인이 바라는 세계는 그 이름이 천국이건 극락이건 모두 함께 평화로울 수 있는 곳입니다.

불교 공부, 그 시행착오를 없애는
송강 스님의 백문백답

초판 2쇄 발행	2011년 11월 30일
지은이	송강
표지 작품	방혜자
발행인	김광호
발행처	도서출판 도반
편집팀	고은미, 이상미, 박정미
대표전화	02-885-1285
이메일	doban@godstoy.co.kr
주소	서울특별시 관악구 낙성대동 1625-16 2층

* 이 책은 저작권법에 의해 보호를 받는 저작물이므로 무단 전재와 무단 복제를 금합니다.

인터넷에서 개화사를 검색하시면 송강 스님을 만나보실 수 있습니다.
http://cafe.daum.net/opentem